明治大学人文科学研究所叢書

人類史と時間情報
～「過去」の形成過程と先史考古学～

阿部 芳郎 著

雄山閣

人類史と時間情報〜「過去」の形成過程と先史考古学〜　目次

序　章　人類史の復元と時間情報……………………………阿部芳郎　3

第Ⅰ章　理化学的な時間情報と年代測定—炭素年代と考古学—
　1　AMS 年代測定の方法…………………………………………吉田邦夫　13
　2　AMS 年代測定の諸問題………………………………………吉田邦夫　33

第Ⅱ章　考古学と古病理学—人体形成の時間性と古病理—
　1　古病理学的に見た縄文人……………………………………谷畑美帆　57
　2　古病理学的所見から見た縄文後期における埋葬の一様相
　　　—福岡県山鹿貝塚出土人骨を中心として—………………谷畑美帆　67

第Ⅲ章　動物遺存体と時間情報—資源利用の季節性と物質変容—
　1　持ち運ばれた海の資源
　　　—印旛沼南岸地域における鹹水産貝塚の出現背景—……阿部芳郎　81
　2　貝類の流通からみた縄文時代の社会関係
　　　—オキアサリの成長線分析の試み—………………………樋泉岳二　99
　3　縄文時代遺跡における焼骨生成の実験考古学的研究………阿部芳郎　117

第Ⅳ章　行為の時間情報—遺跡形成における時間性と単位性—
　1　移動生活に組み込まれた石材交換
　　　—「砂川類型」に見る旧石器時代の移動システム—………栗島義明　141
　2　縄文後期の集落と土器塚
　　　—「遠部台型土器塚」の形成と加曽利B式期の地域社会—……阿部芳郎　163
　3　縄文時代遺跡における活動痕跡の復元と時間情報
　　　—土器型式の制定にみる層位認識と遺跡形成に関わる問題—…阿部芳郎　187

あとがき……………………………………………………………阿部芳郎　213

序　章　人類史の復元と時間情報

阿部芳郎

　人類史の復元に、時間情報は不可欠である。歴史は過去形でしか語ることができないために、個々の事象が「いつ」起こったものであることかを知ることは「どこで」、「誰が」、「なぜ」、「何のために」という問いを解き明かすための重要な前提条件でもある。

　それでは人類活動の総体を扱うさまざまな考古学資料のなかで、時間情報とは、いったいどのように認識され、またいかなる性質をもって存在するのだろうか。

　本研究では、時間という概念を個々の研究の中で、より具体化させるため、季節性や人間行動の規則性、人体の発育過程と病理、行為や文化現象の時間的単位性など、複数のキーワードに変換した。問いかけ方によって、時間情報はさまざまな研究を生み出す。本研究では、こうした問いかけ方を共有しつつ、今進められている個々の具体的な分析研究のなかで、あらためて人類史における時間情報の性質について考察したものである。

　遺跡や遺物の中にのこされた人間行為の痕跡の中から時間情報を取り出すためには、伝統的な考古学の手法だけでなく、関連理化学の分野との連携も重要で、近年ではこの方面の研究の進展にも著しいものがある。

1　炭素年代測定の方法と実際

　第Ⅰ章では、その中で、理化学的な年代情報として炭素年代測定を取り上げ、その方法を整理解説するとともに、具体的な分析事例を紹介しながら、関連する諸問題について言及している。

　先史時代の遺物のなかで炭素14による年代測定は日本では1950年以降、急速に普及した方法であり、特にそれは文化的に直接的な関係をただちに見出し難いような地域間での時間的関係の整理に有効である。日本の場合は、とくに縄文時代では山内清男らによって推し進められてきた土器型式編年が詳細な年代的組織を構築しており、炭素年代はこれらの枠組みに理化学年代を与えるという形で浸透してきた。

　しかし、分析の当初は試料的な制約から木炭や貝殻といった自然遺物を測定対象としていたため、直接的に土器などの道具（考古遺物）の年代を測定することはできなかった。この点が土器の形態や文様という直接的な属性を手掛かりとする型式学とは異なる点だ。

　ところが近年では繊維土器など器体内に存在する微量の試料での測定が可能になり、かつまた使用時に土器の表面に付着した炭化物や、土器の内部に残存する炭素を試料に用いることで直接的な人工物の測定が行われるようになった。また近年では測定誤差を修正する較正も行われ、ますます精度を増しつつある。

　しかし、これらの方法にまったく問題がないわけではない。サンプルの汚染や炭化物の由来に

関係する海洋リザーバー効果など、炭素年代をより有効に利用するための問題点・改善点の共有化とその具体的検討は、この方法の有効性を高めるために必須である。また分析資料のもつ固有の性質から年代以外の情報が取り出されていることも重要である。

炭化物を単なる時間情報としてのみ用いるのではなく、炭素や窒素の同位体分析などからその由来に人間活動を読み解こうとする視点も、今後一層注目されて良い。こうした手法の開発から、考古学者が遺跡で取り出し記録しなければならない資料は増加の一途をたどっている。

2 ヒトの時間情報と社会

第Ⅱ章では主に古病理学的な手法から、歴史の主体者たるヒトそのものを取り上げた。人体の成長は生物学的な加齢による形質の変化だけでなく、生活習慣や労働形態により後天的な変形を受ける。

たとえば虫歯などは、縄文時代の中期以降の人骨に発見例が増加する傾向がすでに指摘されており、この時期における食料の形状や種類などの変化を反映している可能性もある。そうした事実をふまえて生業活動、食物調理加工具などを再検討する意味は小さくはないだろう。人体は個体単位で「成長」「老齢化」という体内時計と共に、ヒトが属する文化的・社会的な座標軸の上に置かれて独自の変形を遂げるものである。古病理学はそうした観点から、人類史の構築に新たな情報をもたらしてくれる分野である。

本章では考古学における時間情報の研究に関わる視点の1つとして、古病理学的な研究の成果を取り上げ、発症の年齢や性別などから病理痕跡の示す文化的特性に注目した。さらに、変形性脊椎症など特定の骨格部位に残される病理痕跡は、労働形態や具体的な労働の動作に関係した情報である。

これらの病理痕跡は、年代という時間情報とは別に、ヒトの成長過程で個体ごとの置かれた環境の中で固有に生じる現象であり、その要因は多分に文化的、社会的な性質を内在させている。こうした切り口は文化の多様性を労働形態から考える際に興味深い入り口を用意してくれる。

第2節では古病理学的にみた縄文人の特質を整理するとともに、縄文時代後期の福岡県山鹿貝塚の人骨の古病理学的検討を行った。山鹿貝塚に人骨には多量の装飾品をもつ女性人骨があることで著名であるが、これらの人骨は壮年であり、埋葬時に「断体行為」が行われ、2号人骨では肋骨と腰椎が、3号人骨では胸郭部が外されるという、他の人骨には認められない異様な光景が復元され、これまでのやや特異な性格をもつとされてきた被葬者の横顔をより鮮明にしている。

また頭骨の形態からは、縄文人の特徴である低顔の集団だけでなく大陸に類縁の高顔の個体も共存しており、形質学的な集団の多様性が指摘されている。これらの観察から得られた個体間の差異と、埋葬方法や副葬品の在り方など、後天的な現象がどのような関わりをもつのか、今後の研究が待たれるところである。

3 動物遺存体の体内時計と資源利用

第Ⅲ章では遺跡出土の動物遺存体に関わる時間情報の研究を取り上げた。

縄文時代は多様な資源の利用技術が開発され、地域的な適応により定住化が確立した時代である。このなかで魚介類の利用は、温暖化をとげた完新世人類の環境適応の特徴の1つでもある。貝塚は縄文時代の生業を特徴づける1つであり、海浜部における縄文人の資源利用形態として広く知られてきた。

　これに加えて近年の貝塚研究のなかでは、海浜部においても水産資源の利用形態が一様ではないこと、すなわち、自給自足的な利用だけでなく、集約的な採集と加工を行い、それを広く流通させるシステムをもつ地域があることがわかってきた。

　さらに、海浜部から10km以上も内陸の地域に鹹水産貝類が流通して形成された貝塚があることが近年の筆者らの研究によってわかってきた。こうした近年の貝塚研究は、これまでのやや漠然とした貝塚の認識に変更の余地があることを明らかにしつつある。これらの新たな研究動向のなかで、時間情報はどのような役割と展開の可能性をもつのだろうか。

　第1節では縄文時代の定住的な社会構造の特質を考察するために、海浜部から遠く離れた内陸地域に出現する貝塚の形成過程の検討から、生業活動と資源流通の問題について論じた。また貝塚の形成が、海浜部の集団の資源利用という一面だけでなく、次第に食品における嗜好品化の過程をたどり、内陸地域へと流通していく時間的な経過を考察した。

　東京湾東岸地域では、前期から中期で比較的広い範囲を中心に、東京湾岸の河川を遡る形で少量の貝類がもち運ばれる。これは規模の小さなブロック状の貝層であるのに対して、後期中葉になると内陸の八木原貝塚において、大量の鹹水産資源が集積した貝塚が出現する状況を指摘できる。

　こうした現象は、狩猟採集社会にある縄文社会が、必ずしも自然環境に制限されることなく、資源を流通させ利用した事実を示す。貝類を出土する遺跡分布とその貝種組成から、それらが東京湾岸から2つのルートを通過してもち込まれ、さらにこの遺跡を起点にして、より内陸地へともち運ばれるという集約化された流通形態へと変化したことを指摘した。

　それでは、さらに一歩踏み込んで内陸地域にもち運ばれたのは年間のなかで、一体いつの季節であったのだろうか。考古資料のなかで季節性を復元できる資料は、日本の場合はほぼ動物遺存体に限定されており、しかも短期間の絞り込みが可能で、貝塚遺跡から豊富に入手できる資料だ。そしてこれまで一定の研究の蓄積があるのは貝殻成長線分析である。

　第2節では、内陸地域における資源流通の問題を主要貝類の採集季節の推定から掘り下げて詳述するために、内陸に形成された鹹水産貝塚である八木原貝塚の貝殻成長線分析を行った。

　この地域で流通する主要二枚貝は、ハマグリとオキアサリである。とくにオキアサリは東京湾沿岸の貝塚でも出土地域が比較的限定されており、流通の基点が推定しやすい。分析試料としては八木原貝塚の複数の貝層サンプルのなかから、後期中葉の加曽利B2式期から加曽利B3式期のオキアサリの成長線分析を行い、採集季節を判定した。

　その結果、分析試料数は限定されているものの、季節的ピークをもつものの周年にわたる採取季節が判定された。この事実は、内陸地域におけるオキアサリの流通が季節を限定して行われたものではなく、年間を通じて恒常的に流通していたことを示唆する重要な証拠である。

貝の体内時計ともいうべき成長線は分析の可能な貝種が限定されているが、季節性という時間情報を保有しており、今後も分析範囲を拡張してその成果を利用できる可能性がきわめて大きい。

第3節では動物資源の利用形態と行為論に関する視点からは、縄文時代後晩期に顕著となる焼骨の生成過程と遺跡形成の関係を検討した。

これまで遺跡から出土する焼骨については、食肉の調理とは異なり、焼骨行為そのものを一元的に祭祀的な行為として理解する場合が多い反面、焼骨生成にいたる考古学的な検討が十分ではなかった。

また、焼骨自体の生成過程も特殊性を潜在的に付加した指摘や解釈にとどまり、焼骨は遺跡内での特殊な行為の解釈の肉付けとしてのみ利用されてきた経緯がある。

ここでは実際に焼骨の生成実験を行い、それらが従来の指摘にあるような高温の環境のみで生成されるのではなく、600度程度の通常の解放熱によっても十分に生成が可能である点、さらに燃焼過程でチョーク化にいたる複数の表面変化の過程があることを指摘した。遺跡における焼骨の出土状況については焼骨の生成に関わる燃焼部に伴う場合や、焼骨の他所へのもち出しや、または自然的な要因により一定箇所から拡散した場合など、複数の異なる状況が認められることを具体的な事例を掲げて指摘した。焼骨は単純に祭祀に結び付く生成物ではないようだ。

こうした議論は遺跡にもち込まれた資源がどのような行為連鎖と経過のなかで消費され、遺跡化・遺物化されたか、その過程に注目したものであり、資源利用における多様な行為や現象の時間的な累積の結果として捉えることができるものである。さまざまな人間の行為、あるいはそれが関係して起こる諸現象の時間連鎖の問題は、たとえば遺跡形成における垂直的な時間関係として、これまで土器編年において注目されてきた層位論にも反映させるべき視点であろう。

4　人間行動の時間性と社会性

第Ⅳ章は集団の地域への適応形態という観点から、旧石器時代と縄文時代の地域社会の状況を検討した。ここには、考古学的な事象における時代性という属性と、先史集団における行為や行動の契機という問題が内在している。

第1節では、後期旧石器時代の砂川期における武蔵野台地と大宮台地の集団関係を、集団の移動的な生活と石材交換という観点から検討した。

旧石器時代の集団は、地域内での移動的な生活が計画され、そうした社会環境のなかで主要な道具の素材である石器石材の獲得が行われていた。

遺跡から出土する石器群の石材の中には、在地で供給が可能な石材とともに、遠隔地の石材が含まれている。これらの遠隔地から搬入された石材の由来は、隣接集団の定期的な接触の際に、台地単位の集団のあいだで交叉的に交換されていたことを指摘した。これは、旧石器時代の遊動的活動が決して無計画に行われた結果ではなく、地域的な定着を前提として成り立っていたことを示唆する。彼らの中での生活世界とはいかなるものであったのか。

その活動痕跡としての石材交換行為の背景は、多分に社会的な性質を内在させたものであった。こうした理解は、これまで一元的に移動的な生活を繰り返していたと漠然と考えられてきた旧石

器時代社会を再考させるものである。定住的な地域社会の成立以前において、すでに他の集団を意識した対面関係が形成されていたわけである。集団相互の接触と交流という場面には、石材交換という社会的な動機に起因した集団同士の目的的な動きが関係したのだ。

　それでは、定住的な縄文社会の中ではどのような集団関係が形成されていたのだろうか。

　第2節では縄文時代後期の集落遺跡の一角に形成される土器塚の形成過程について、行為論的な観点からの検討を加えた。関東地方の縄文時代後期の集落遺跡には古くから土器塚と呼ばれてきた局所的な土器集積が認められる。これらの遺跡は多量の土器の出土によって特徴づけられてきたが、ここではさらに土器型式という時間枠のなかで、土器自体の出土状況の詳細な検討を加えることによって、行為としての土器集積の実態について検討した。これは、社会的な動機による行為の反復と時間的な累積として捉えることができる。

　その結果、土器塚形成当初の加曽利B1式後半期においては、個体や大型破片を単位とした集積行為が行われたのに対して、上層では破片を単位とした集積へと時間的に変化していること、とくに下層においては土器塚の空間内部における器種ごとの集積単位が存在したことを明らかにした。

　さらに大半の煮沸用土器には煮沸痕が残されていることや、亀裂を補修孔で補修した土器が存在することから、これらの大量の土器は製作時の破損品ではなく、使用後の土器の処理行為であったことが指摘できた。

　一方で、遺跡全体の構造からみた場合、土器塚は特定の集落にしかも1ヵ所のみが残されていた。また曲輪ノ内貝塚では複数の居住単位が環状を呈する構成の中で特定の居住単位に付随するように形成されている点からみて、集落内で土器塚の形成に関わる集団が集落構成員全体の中でも限定的であった可能性を指摘した。行為の時間的な連鎖の結果として形成された土器塚には、必ずしも等質的ではない集落構造に迫りうる情報を内在させている。

　こうした観点から遺物の出土状況に分析を加えた場合、遺跡における遺物の存在状況にはさまざまな時間情報が内在していることがわかる。

　縄文時代の研究では、戦前より土器型式の編年学的な研究が推し進められてきたが、土器型式の制定の手続きの中で、土器の層位的な出土状況の検討が進められてきたことは良く知られることである。しかも、過去の遺跡の学術的な調査の中には、そうした視点が目的化した発掘が多かった。つまり、土器研究における発掘とは遺跡における層位差による時間的独立性の確認作業という側面が強かったのである。

5　遺跡形成と土器型式の制定

　最後に時間情報に関わる学史的な検討として、縄文土器の型式制定において、遺跡に内在する時間情報がどのように認識され、情報として取り出されてきたのか、また遺跡における層位差と土器型式の細分の関係について、山内清男による土器型式の制定とそれに関わる作業をたどり、今日的な検討を加えた。

　山内の土器型式の層位的な区分は、大別を単位とした遺跡内での垂直層位と水平層位（出土地

点の違い）を基本としており、細別での層位確認は山内の記述では明確ではない。また、山内の土器研究の代表作の1つである『日本先史土器図譜』における資料配列の中には、細別を超えた型式学的な時間関係が表示されている点も確認できた。つまり、山内の土器型式における時間構造は、大別による時間関係の遺跡形成における確認を前提として、その上に型式学的な分類と比較が行われ、細別が制定されているのである。これら細別土器型式の遺跡における実在性は、必ずしも明確な検証を伴うものとは言えない。

山内の層位区分は貝層や土層などの層位であり、その違いは人為的な堆積層を対象とした区分で、層位内の平面的な普遍性を求めにくい性質をもっている。これは遺跡特有の層位形成過程を前提とした区分であり、地質学的な層位区分とは異なるものである。

それでは、さらに一歩踏み込んで、型式差を生み出す遺物の堆積とは、いったいどのような人間の行為と過程を経たものなのか。本論では具体的に遺跡形成論的な観点から、神奈川県上土棚南遺跡における土器の集積状況を検討した。

遺跡における遺物の分布には空間的、層位的な粗密が認められるが、集中部分における土器の個体接合関係を見ると、同一個体の破片が集中する部分が形成されていた。これを遺跡全体のなかでの在り方として見ると、住居跡などの施設と周囲の空間を取り巻くようにして形成された遺物廃棄空間と考えることができた。

さらに、破片の接合関係から個体の破損過程を復元してみると、大半の個体が破損した直後の状況をとどめるものではなく、その後の砕片化を繰り返した結果のものであることがわかった。ポンペイはどこにでも存在するわけではなさそうだ。

すなわち、遺物包含層として認識されている大半の土層は、こうした遺物の多次的な廃棄活動の最終的な形として遺跡化したものと考えることができる。翻って、土器型式の制定の手続きとされた層位論的な単位性とは、一面においてこうした行為痕跡の認識に他ならないのである。

そうであるならば、「型式は層位に優先する」または、「層位は型式に優先する」という論理は、遺跡形成論からみた場合、必ずしも有効な情報の認識手段とは言えないことが明らかになる。

遺跡における時間性とは、このように行為痕跡の累積的モザイク的な積み木構造を成しており、また層位自体の平面的な均質性を保証するものではない。土器型式における時間性とは、このような遺跡における時間情報の内部において、選択的に取り出された情報の一部分から成り立っているのである。

しかし一面において、層位によって検証された土器型式の時間関係を前提とすることによって、多次的な行為による遺跡形成の過程を明らかにすることが可能となる。したがって、我々が注目すべきことは土器型式の一括性の確認だけでなく、土器型式という時間的指標から構成されている遺跡形成における不等質な時間単位の形成要因とそれらの累積の空間的な広がりの問題である。

6　時間情報の複雑性と階層性

本書において紹介する考古学における時間情報の問題は、個別的な、たとえば縄文時代では土器型式の研究などによって深められてきたが、それらはいわば歴史学の中での時間的・空間的な

単位の認識を確立するために費やされてきた、多大な労力の一部である。

　土器型式の編年的な関係は、遺跡における土器群の層位的な関係の確認や土器の型式学的な分類作業を相互に補完することによって構築されてきた。そして山内清男による土器編年は、炭素年代測定が普及した現在においても、時間的な序列において変更の余地のない点は注目されて良い。

　本書は関連理化学の連携が強化されつつある今日の考古学において、考古資料を構成する物質的資料（遺物）に内在する時間的情報について、それを取り出す方法とその成果を利用した研究を紹介しその展開について素描を試みたのである。

　本研究の目的は、人類史の再構築において、考古資料として我々が認識する資料が、いったいどのような時間的な情報を内在させているのか、またそれらの情報を利用して先史社会を復元する際の、その有効性とはいったい何か、その点を確認することにある。

第Ⅰ章　理化学的な時間情報と年代測定
―炭素年代と考古学―

1　AMS 年代測定の方法

吉 田 邦 夫

はじめに

　縄文土器や弥生時代の始まりが早くなるなど、この十年ほど、新聞やテレビなどのマスコミで、考古学における年代が盛んに取り上げられている。これは、AMS 法を用いた ^{14}C 年代測定が、さらに発展し洗練されて、新しい形態の資料への適用や、これまで測定出来なかった資料についての分析が進んできた結果である。しかし、同時に、かつて指摘した「年代戦争」とでも言うべき、考古学者と年代学研究者の対立が、相変わらず一部に存在する。
　ここでは、AMS 年代測定法について理解を深めるために、その原理と方法についてまとめてみよう。

1　年代を決めるためには、時計が必要

　紀年が記された文書などが残っていない古い時代に、ある事件が何年前に起きたのか、発掘された骨が何年前のものかを決めるためには、何らかの時計が必要である。^{14}C 年代測定法は、言葉通りに ^{14}C を時計として使う。
　シカゴ大学の W. F. リビー博士は、1946 年に上層大気で生成する放射性炭素 ^{14}C の生成量を推測し、生命体が有する比放射能を予想し（Libby 1946）、その翌年に、自然界に存在する ^{14}C を捉えた結果を報告している（Anderson *et al.* 1947a・b）。この論文の最後で、宇宙線で生成する ^{14}C の検出は、様々な分野での 1,000〜30,000 年前の年代決定に応用できる可能性をもつことに言及している。その後、世界各地、島や高山、南北両半球の木材、貝殻などを測定し、地球規模で ^{14}C 濃度が一定であることを確認した上で、^{14}C 年代測定の有効性を示すために、年代がわかっている 6 資料についての測定結果を報告した（Arnold *et al.* 1949）。
　そして 1951 年 2 月、初めて未知資料についての年代値リスト "Radiocarbon Dates" を報告したのである（Arnold & Libby 1951）。矢継ぎ早に、同年 9 月第 2 報が報告され、この中に日本の資料が初めて登場した。多くの人々が、夏島貝塚の年代値が最初のものであると思っているが、その 10 年も前に、しかもリビー博士の第 2 報（Libby 1951）に報告されているのである。千葉県市川市姥山貝塚の資料である。このように、^{14}C 年代測定法は、1940 年代の終わりに産声をあげ、まさにその時期から日本考古学界は、年代測定に関心を示し関与してきたのである（吉田 2004・2007・2012）。

2 放射性炭素 ^{14}C の生成と壊変

　自然界の炭素原子には、質量が異なる3種類の同位体がある。^{12}C（存在度98.90％）、^{13}C（1.10％）、^{14}C（1.2×10^{-10}％）であり、最も重い ^{14}C が放射性で、約1兆分の1だけ存在する。左肩の数字は相対質量を表している。放射性炭素 ^{14}C は、β線を放出して規則正しく壊変する。壊変によって ^{14}C の原子数が半分になる時間、半減期は、5730±40年（Godwin 1962）であるので、ちょうど人類文化について研究するのに適している。

　地球のはるか上空で、宇宙線が大気の原子に衝突して中性子が出来る。この中性子が大気中の窒素原子 ^{14}N と原子核反応を起こし、^{14}C が生成し、陽子が放出される。

　　^{14}N + n（中性子） ⟶ ^{14}C + p（陽子）

　生成した ^{14}C は、すぐさま大気中の酸素で酸化され一酸化炭素 ^{14}CO となり、さらにその後、2・3ヵ月かけて二酸化炭素 ^{14}CO$_2$ となり、^{12}CO$_2$、^{13}CO$_2$ とともに大気中に拡散していく（Werner et al. 2000）。前述の半減期で壊変するが、対流圏と成層圏の境界付近において一定の速度、およそ2原子／cm²・秒で生成するので、単位時間に壊変によって減少する個数と、生成する個数がつりあって平衡状態となる。また、半減期に比べて拡散速度はかなり速いので、大気中にはどこでも約1兆分の1の割合で、^{14}CO$_2$ が存在する。

　　^{14}C ⟶ ^{14}N + e$^-$（β線；電子）+ 電子ニュートリノ

　陸上の生態系では、植物が光合成により大気中の CO$_2$ を取り込み、セルロースやデンプン

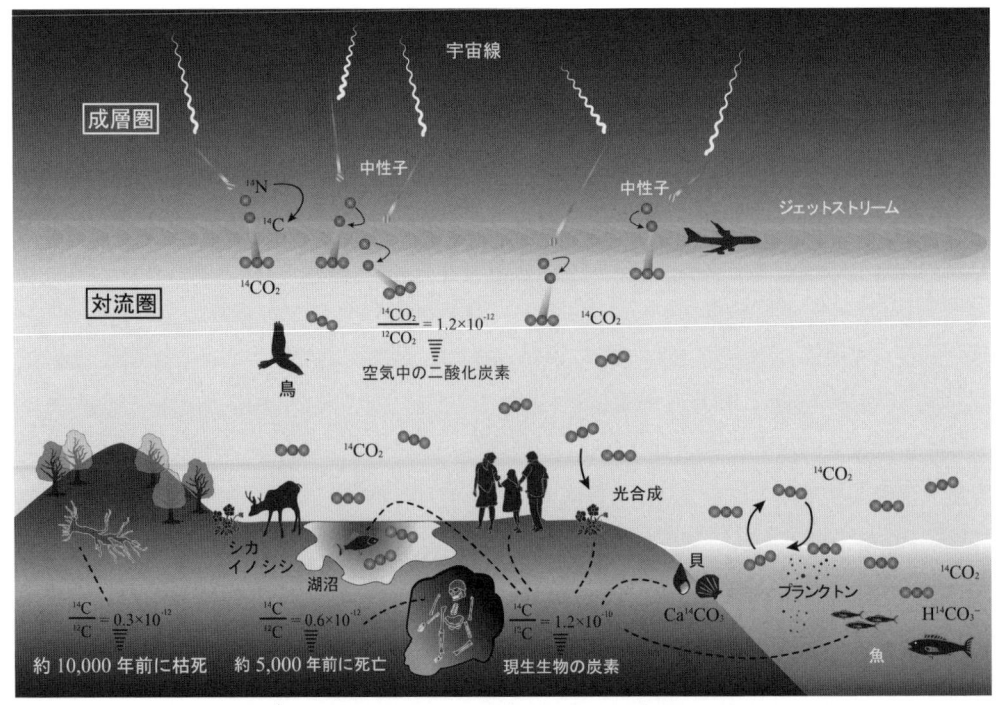

第1図　放射性炭素 ^{14}C の生成と拡散、年代測定への利用

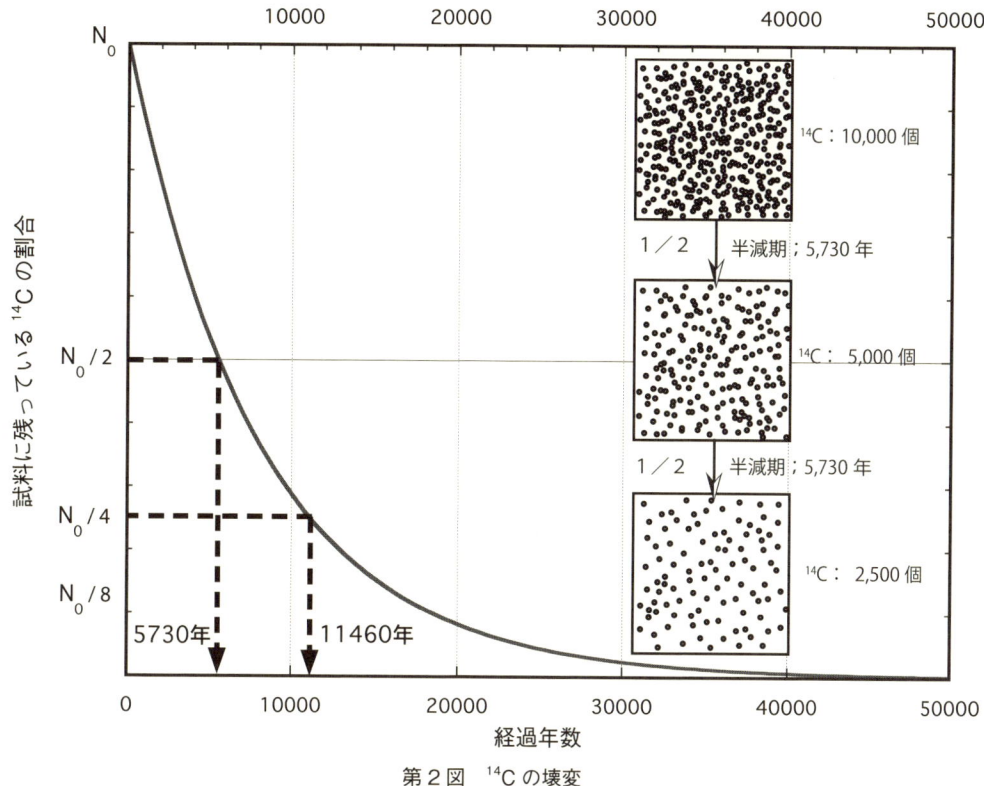

第2図 ¹⁴C の壊変

を形成する。大気中の CO_2 には約1兆分の1の $^{14}CO_2$ が含まれているので、植物体内で出来るセルロースやデンプンを構成する炭素にも約1兆分の1の ^{14}C 原子が含まれている。草食動物は、これを食べ、さらに肉食動物、ヒトへと食物連鎖に伴い炭素化合物が移動する中で、約1兆分の1の割合で存在する ^{14}C 原子は引き継がれていく。生きとし生けるものは生命活動を続けている限り、体内に約1兆分の1の ^{14}C を持ち続けることになる。海洋や湖沼、河川においても、大気に接触していれば、二酸化炭素が溶け込むので、植物プランクトンに始まる食物連鎖の中で、魚介類、海獣なども、一般的に体内に約1兆分の1の ^{14}C を保有することになる（第1図）。

　一般に、同位体存在度は、炭素全体に対する割合を指すが、第1図では ^{14}C 濃度を同位体比 $^{14}C/^{12}C$ の値で示している。分母の ^{12}C は、98.9％を示すので、両者はほぼ同じと考えることができる。

　動植物が生命活動を停止すると、炭素を含む物質を新たに取り込むことが出来ないので、その時点から、壊変により ^{14}C 原子が減少する一方になる。ここで、^{14}C の時計がスタートするのである。減少は、半減期に基づいて、一定の割合で進行する。半減期は5730年なので、生命活動を停止した動植物に含まれる ^{14}C 原子の割合（^{14}C 濃度）は、1半減期5730年後には半分になり、約2兆分の1、さらに5730年たつとその半分、約4兆分の1に減少する（第2図）。

遺跡には、木炭や柱根、貝殻や獣骨・人骨、土器に残された煮炊きの跡など、かつて生命活動を行っていた生物の残骸が多数取り残されている。これらの中に残っている ^{14}C 濃度を測定すれば、いつ生命活動を停止したのかが判明する。炭素を含む遺骸の中に、^{14}C 原子が2兆分の1の割合で残っていれば、5730年前に死んだものであることがわかるし、4兆分の1ならば、その2倍11460年前に生命活動を停止したという具合である[1]。

3 放射性炭素を測る方法

(1) 壊れるのを待つ—β線計測法

さて、この気が遠くなるような極微量の ^{14}C 原子を測定するには、どうしたらよいのであろうか。

リビー博士らが用いた方法は、^{14}C 原子が壊変する時に放出するβ線（電子）の数を数えるβ線計測法だった。分析対象の資料から、炭素粉末や気体（二酸化炭素、アセチレンなど）や液体（ベンゼン、エタノール）などの測定試料を作り、試料が放出する微弱な放射能を検出、計数するのである。問題は、半減期が長いので、なかなか壊変してくれないことである。原理からわかるように、^{14}C 濃度が最も高いのは、現代の炭素であるが、それでも、1gの炭素を使っても1分間に約14個しか壊変しない。つまり数秒間で1個のβ線しか計数出来ず、古いものについてはさらに計数が少なくなる（第1表）。地上には絶えず宇宙線が降り注ぎ、床や壁に使われる材木やコンクリートの中の砂利からは、放射性元素が壊変する時に放射線が放出されるので、我々の周りには、これらの放射線が飛び交っている。したがって、微弱で数少ないβ線を数える放射線計測装置は、宇宙線や周辺の放射線からの影響を遮り、しかも特殊な計数回路を使い、長い時間をかけて測定を行う必要がある。

逆に、半減期が長いということは、壊変しないで残っている ^{14}C 原子が多数存在していることになる。

(2) 加速器質量分析法—AMS法

加速器を使って、この残っている ^{14}C 原子の数を直接数えようというのが、加速器質量分析法（Accelerator Mass Spectrometry；AMS法）である。1977年にムラーがサイクロトロンを用いる方法を提案し（Muller 1977）、その年のうちに、カナダ・マクマスター大学（Nelson et al. 1977）と米国ロチェスター大学（Bennett et al. 1977）において、タンデム加速器を用いたAMS法によって初めて ^{14}C 測定が行われたことが、相次いで報告された。その後タンデム加速器を用いた手法が一般化した。

第1表 死後年数と ^{14}C 濃度、計数率、残存原子数の関係

死後年数		現代炭素	1万年	3万年	6万年
^{14}C 濃度	%	1.2×10^{-10}	3.6×10^{-11}	3.2×10^{-12}	8.5×10^{-14}
計数率	個/g・分	13.6	4.0	3.6×10^{-1}	9.6×10^{-3}
^{14}C 原子数	個/mg	6.0×10^{7}	1.8×10^{7}	1.6×10^{6}	4.2×10^{4}

3万年前の資料でも、わずか1mgの炭素中に、160万個の^{14}C原子が残っているので、これを利用しない手はない（第1表）。ちょっと考えると、^{12}Cと^{14}Cは重さが違うので、普通の質量分析計で分離できるように思えるが、大気には^{14}Cの同重体である^{14}Nが大量にあるので、両者を分離して測定することは、きわめて困難である。タンデム加速器では、炭素の負イオンを生成して初段の加速をするので、負イオンが出来にくい窒素原子をイオン源で効率よく除去することが出来るのである。

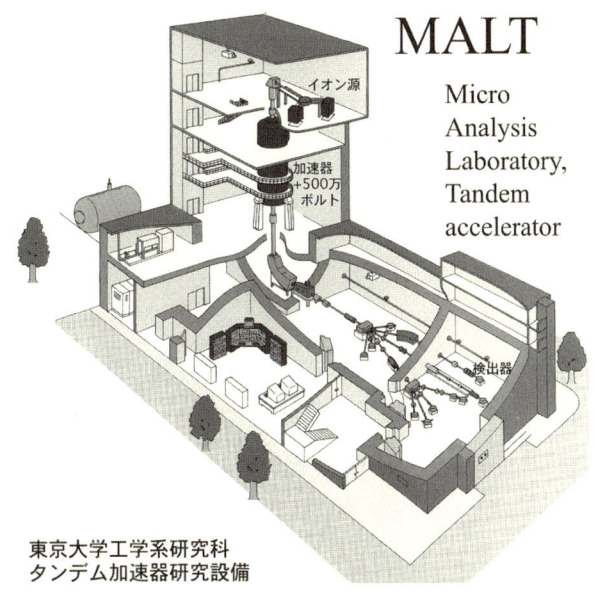

第3図　東京大学加速器質量分析装置

　このように、AMS法は大型の装置を必要とするが、β線計測法に比べて、①1000分の1以下の炭素1mgを用いて、②5〜6万年前の古い資料まで、③短時間で測定することが出来るという、特徴を持っている。

　東京大学のAMS装置は5階建ての建物に収容されている大きなものであるが（第3図）、最近は、小型の年代測定専用機も登場している。

　イオン源で生成し、数十kVで引き出された炭素負イオンは、＋数十万〜数百万ボルトのプラス電圧をかけた加速器の中央電極に引きつけられ加速する。中央電極付近で、希薄なガス層を通過させることによって、負イオンの電子をはぎ取り、荷電変換により正イオンへと変換する。ここで、一緒に飛んできた$^{13}CH^-$や$^{12}CH_2^-$などの分子イオンは、分解する。生成した正イオンは、中央電極が正電荷を帯びているので、正電荷同士の反発力で、二段目の加速が行われる。このように、初段は負イオンで、二段目は正イオンで二段階の加速が行われるので、タンデム加速器と呼ばれる（tandem：縦並びの二頭立ての馬車）。

　高速（高エネルギー）に加速された炭素イオンを、重さの違いを利用して、電磁石で分離する。磁石の強さを一定にしておくと、軽い^{12}Cは強く曲げられ小さな曲率で動き、重い^{14}Cは大きな曲率の運動をするので、分離することが出来る。電磁石で分離した後、不純物イオンを除外しつつ^{14}Cイオンを個数で、^{12}Cイオンを電流で計測し、測定試料に存在する原子数の比、$^{14}C/^{12}C$比を算出する。1秒あたりの^{12}Cイオンの個数は、電流値をイオンが持っている電荷の大きさで割り算すると求めることが出来る。同様にして^{13}Cイオンの電流を計測して$^{13}C/^{12}C$比が算出される。$^{14}C/^{12}C$比がわかっている標準試料、バックグラウンド試料を別に測定し、未知試料の年代を決定することが出来る。

4　AMS法で用いる年代測定用試料の調製

　木炭や炭化物などは、そのまま測定できると思っている人が多いが、すべての資料について前処理をして、炭素負イオンを効率的に生成するために、測定用のグラファイト試料を調製することが必要である。資料の年代を測定する上で最大の問題は、現代の炭素が最高の^{14}C濃度を持っているということである。遺物が埋蔵中に受ける外界からの汚染だけでなく、取り上げる時や化学処理においても汚染を受ける可能性がある。AMS法の特徴である極微量の資料で測定できるということは、同時にこのような汚染にきわめて敏感であることになる。AMS法でも測れないような10万年以上前の資料でも、わずか0.1％の現代炭素が混入すると、測定して得られる年代は55,000年を示すことになる（第4図）。

　前処理の主要な目的は、このような汚染を除くことにある、通常、AAA（酸―アルカリ―酸）処理を行った上で、測定用試料を調製する。原理的には、炭素を含むすべての物質について、その炭素を取り出せば年代を測定することが出来る。言い方を変えると、資料の中に含まれている^{14}C濃度を測定し、その濃度が示す年代を算出することが出来るということである。したがって、生物遺存体が死んだ年代を正確に知ろうとするには、頭を使う必要がある。最も信頼出来る年代値を得るためには、生命活動によって生成した有機物を取り出すことが最良の方法で、骨に含まれるコラーゲンや、植物組織のセルロースなどを抽出することが望ましい。ミイラや肉片や毛などの動物組織の年代、泥炭の形成年代なども決めることが出来る（第5図）。いくつかの応用例については、次節で述べることにする。

　AAA処理は、遺物が土壌の中に長い時間閉じ込められていたことを念頭に、外部からもたらされた炭素を含む成分を除去することを目的としている。まず、希塩酸を加え、雨水や地下水から入り込んだ炭酸塩、土壌起源である腐植物質のフルボ酸を溶かし出す。次に、これも土壌から入り込む腐植物質の中心となるフミン酸（腐植酸）を水酸化ナトリウムNaOH水溶液で溶出させる。この操作は、有機物などを激しく溶解させるので、処理する資料によって、薄い水溶液から徐々に濃度を上げていく。使用する水溶液の濃度と処理温度は、資料の状況で個々に判断しながら決定し、すべての資料が溶解してしまわないように、注意深く進める必要がある。最後に、アルカリ処理中に空気中の二酸化炭素を吸収して出来た炭酸塩を除いている（第6図）。

　このようにして汚染除去した試料に酸化銅(II)を加え、真空中で850℃に加熱した際に発生する酸素ガスによって、試料に含まれる炭素をすべて二酸化炭素に変える。

　貝殻は、炭酸カルシウムで構成されているので、酸を加えると、二酸化炭素を発生して溶解する。真空中でこの処理をする必要があるので、揮発性の酸を使うことが出来ず、85％リン酸を使用している。炭酸カルシウムは水分があると、空気中の二酸化炭素と入れ換わる反応が起きるので、貝殻の表面を精密グラインダーで削り取って、この影響を取り除く必要がある。

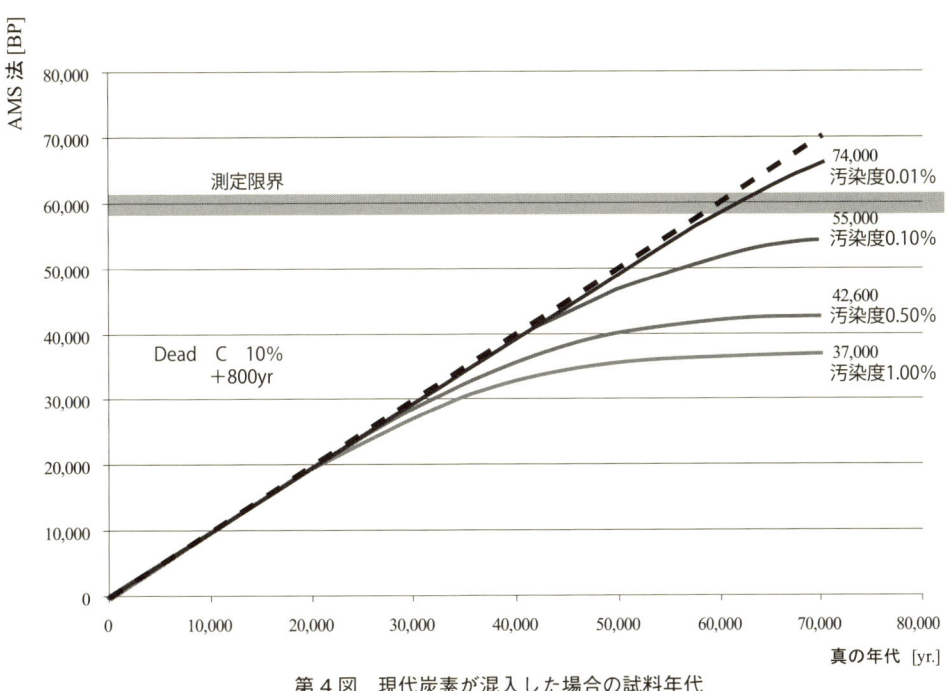

第4図　現代炭素が混入した場合の試料年代

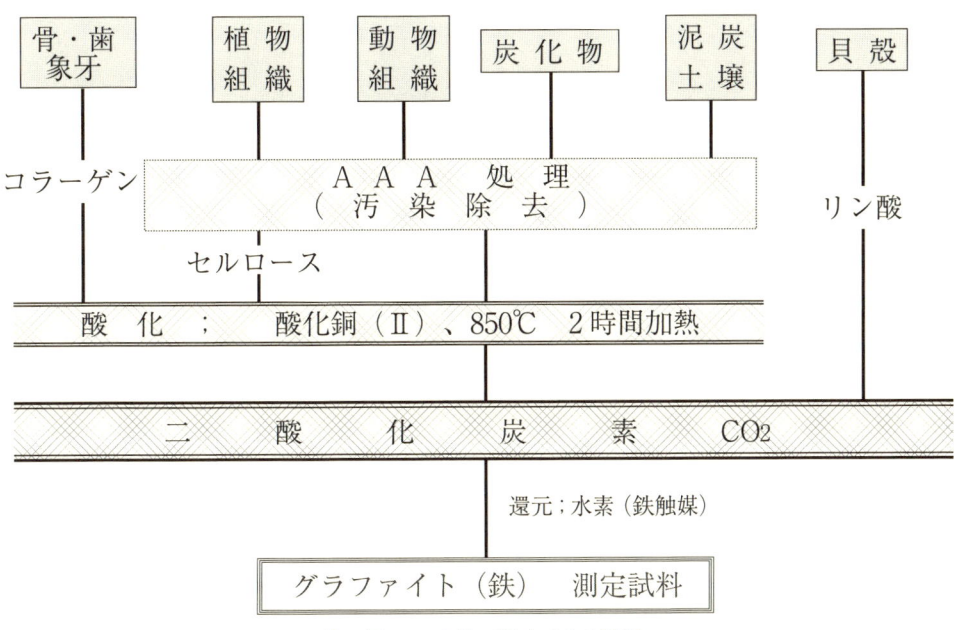

第5図　AMS法で測定出来る資料

第Ⅰ章　理化学的な時間情報と年代測定 —炭素年代と考古学—

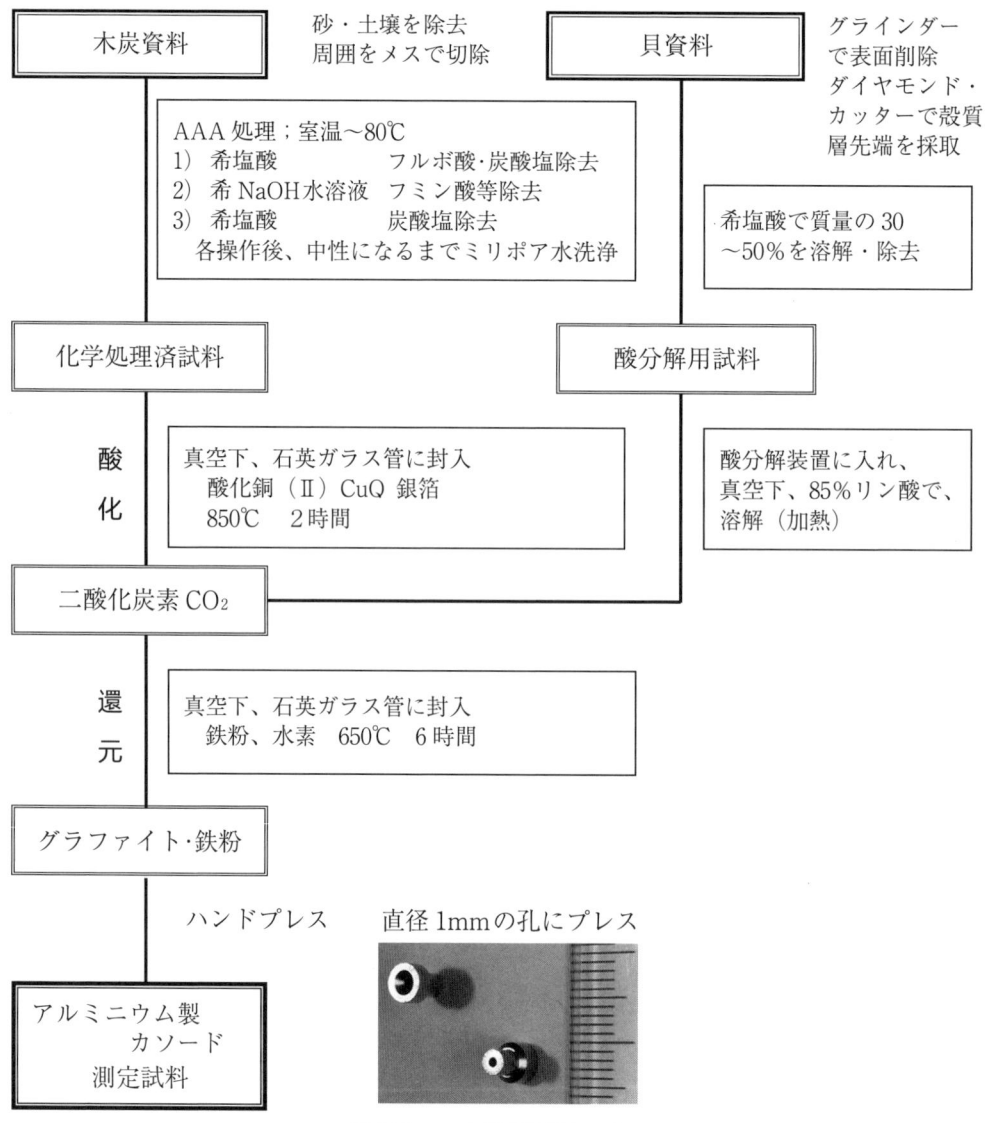

第6図　AMS測定試料をつくる

　試料から得られた二酸化炭素を、液体窒素などの寒剤を用いて、真空中で水やその他の不純物気体を取り除き、精製する。精製した二酸化炭素を、高純度鉄粉を触媒として水素ガスで還元して、グラファイト（純粋な炭素粉末）を生成する。グラファイト・鉄粉混合物を、直径1mmのアルミニウム製試料ホルダーに入れ、プレスして測定用試料とする（吉田2004）。
　注意深く調製された試料を用いて測定すると、数千年前の資料について、±30年程度の誤差で年代値を求めることが出来る。通常、600秒の測定を5回繰り返し、7〜8万個の^{14}Cを数えると、この程度の誤差で年代を決定することが出来る。

5　放射性炭素年代と実際の年代

測定によって得られた ^{14}C 年代値は、BP という単位で表わされる。

それまで BP を Before Present として用いていたが、^{14}C 年代は、AD 1950 を基準年として、それより何年前かを BP 値として報告することが、第5回放射性炭素国際会議（1962、Cambridge）で決定された。つまり、これ以後、BP＝Before AD 1950 ということになる。

このように表される ^{14}C 年代値は、我々が使っている時計の尺度と必ずしも一致しない。^{14}C 年代 1000 BP＝暦年代 AD 950（＝1950−1000）とはならないのである。放射性炭素年代の前提は、①半減期が正確な値で、②生命体は、地球上のどこでも、過去のどの時代でも一定の ^{14}C 濃度を示す必要がある。実際には、どちらも成り立たない。

半減期は、すでに報告された年代値との整合性を保つために、リビー博士が最初に年代測定値を報告した時の値、5568 年を使用することが上記国際会議で決められている。したがって、現在最も信頼できる値である 5730 年を用いると、約3％古い年代になる。

さらに、^{14}C の生成量は、地球に降り注ぐ宇宙線強度に依存するために、地球磁場や太陽活動の変動によって変化し、大気と海洋との間での交換も影響するので、大気中の ^{14}C 濃度は、そもそも一定ではなかったということがわかった。そこで、そのための補正が必要になる。

この補正の説明をする前に、そもそも測定結果として報告される年代値とは、どのように決定されるのかを見てみよう。

6　^{14}C 年代値を算出するために—基準になる現代炭素

AMS 法で測定されるのは、試料の $^{14}C/^{12}C$ 比、つまり同位体比で表わした ^{14}C 濃度である。測定試料の年代値を算出するためには、^{14}C が壊変を始める前の一定値、^{14}C の初期濃度を決めなければならない。通常、「現代炭素」と呼ばれる基準である。現代の大気中の CO_2 や現生の植物などは、主として2つの理由から、残念ながら基準として用いることは出来ない。

1760 年代に始まるイギリスの産業革命は、ヨーロッパ全体に波及し、特に 19 世紀後半から 20 世紀にかけて、急速に機械文明が発達した。この中で、石炭などの化石燃料が大量に使用されたために、大気中の ^{14}C 濃度が減少している。石炭・石油は、^{14}C の半減期に比べて非常に古い時代に生成したものなので、^{14}C を含んでいない。これらは、dead carbon（死滅炭素）と呼ばれる。したがって、石炭・石油を燃焼させると発生する CO_2 には ^{14}C が含まれていないので、化石燃料を大量に使用した結果、1900 年〜1950 年の間に大気中の ^{14}C 濃度は、およそ3％減少したとされる（シュース Suess 効果）。

さらに、1954 年以降、大気圏内核実験で大量の ^{14}C が生成し、大気中に拡散したため、1964 年前後には大気中の ^{14}C 濃度が現代炭素の約2倍にまで増加した。その後減少しているが、まだ 2010 年段階で約 1.1 倍の高さにある。しかし、この期間は、一年毎に ^{14}C 濃度は大

きく変化するので、場合によっては、1年刻みの年代を決定できる可能性がある。1955年以降の大気中 ^{14}C 濃度が報告されている（Hua et al. 2004）。

このように、年代算出の基準は「現代炭素」としているのだが、現代の大気中の ^{14}C 濃度を基準として使うことは出来ない。また、よく誤解される点であるが、BP値がAD1950を基準にしているために、「現代炭素」がAD1950の ^{14}C 濃度を基準にしているとされることがあるが、シュース効果により基準に使うことは出来ない。

リビー博士が年代測定を始め、世界のたくさんの国々で測定が始まった1950年代には、それぞれの測定機関で主として19世紀の年輪木材を標準試料として用い、1950年までの期間に壊変した分を補正して「現代炭素」基準としていた。1959年にオランダ・グロニンゲンで開催された第4回放射性炭素国際会議で、NBS（アメリカ国立標準局；現在はNIST：国立標準技術研究所）が発行するシュウ酸SRM4990の放射能（^{14}C 濃度）の95％値を、現代炭素の値とすることにした。その値は、13.56 ± 0.07dpm/gC である（dpm：壊変／分）。また、これは、^{14}C 濃度；^{14}C/C として（1.176 ± 0.010）× 10^{-10}％ に相当する（Karlen et al. 1964）。

その後、2代目のシュウ酸SRM4990Cが頒布され、第11回放射性炭素国際会議で、次項にある同位体補正をした後に、0.7459を掛けた値が、旧標準試料の0.95倍に等しいものと合意された。HOxⅡと呼ばれるものがこれである。

すなわち、年代算出の基準になる現代炭素なるものは、実体がない仮想的な数値なのである。

7　同位体分別補正 ^{14}C 年代

さらに、現在、測定結果として報告される年代値は、資料の ^{13}C 濃度による同位体分別補正を行った放射性炭素年代値（Conventional Radiocarbon Age）である。なぜ、この補正を行う必要があるのだろうか。

年代測定の仕組みは、大気中の ^{14}C 濃度が一定であると見なし、生命体が取り込んだ ^{14}C が死後に壊変を始めて、測定時に残っている生命遺存体の中の ^{14}C 濃度から、死後年数を算出している。大気中の ^{14}C 濃度と、生命活動を停止した時点における生命体の ^{14}C 濃度が等しいものとして年代値を求めているのである。ところが、生命体が外部から炭素化合物を取り込んで化学反応を行う際に、原子の重さ（^{14}C が一番重く、^{12}C が一番軽い）によって反応の速さが異なる場合がある。これは、化学反応の過程で同位体分別効果が生じているのである。同位体の質量の相違によって生じるもので、一般に軽い同位体ほど反応速度が大きくなる場合が多い。これが同位体分別効果で、この結果、反応生成物の同位体の比率が変化する。光合成や食物の代謝などで同位体分別が生じると、当然、生命体の ^{14}C 濃度が変わってしまう。そこで、同位体分別効果の補正をして、正しい年代値を求める必要がある。

資料炭素の ^{13}C 濃度（^{13}C/^{12}C）は、前述したようにタンデム加速器で測定出来る。変化が小さいので、標準物質との偏差 δ^{13}C（デルタ13シー）を千分率（‰、パーミル）で表す。標準

物質はPDB（白亜紀のベレムナイト（矢石）類の化石）で、$\delta^{13}C=0$である。

$$\delta^{13}C = \frac{{}^{13}R_{sample} - {}^{13}R_{PDB}}{{}^{13}R_{PDB}} \times 1000 \ ; \ {}^{13}R = \frac{{}^{13}C}{{}^{12}C}$$

大気中のCO_2は、およそ−8‰を示す。二酸化炭素中の重い同位体^{13}Cが、標準物質より$^{13}C/^{12}C$比で8/1000だけ少ないことを示している。化石燃料から発生する二酸化炭素は重い同位体が少なく、また、各種呼吸によって排出される二酸化炭素も重い同位体が少ないので、都市や地表付近では$\delta^{13}C$が小さな値を示す。

$\delta^{13}C = -25$‰ということは、基準に比べて、^{13}Cが25‰、つまり2.5%少ないということになる。地上の樹木の値がほぼ−25‰なので、すべての測定値を、この値に規格化して報告しようというのが、国際的な申し合わせ事項である。^{13}Cの割合が変化するならば、当然^{14}Cの割合も変化するはずだが、この変化を測定する方法がないので、次のように推定している。^{14}Cと^{12}Cの重さの差は^{13}Cと^{12}Cの差の2倍なので、$^{14}C/^{12}C$比の変動は$^{13}C/^{12}C$比の変動の、ほぼ2倍（あるいは2乗）と考える。例えば、海産貝殻の場合は、約0‰なので、これを−25‰にすると、$^{14}C/^{12}C$比はその約2倍、50‰（5%）小さくしなくてはならない。つまり$^{14}C/^{12}C$比を、測定値から約5%減らすことになる。年代値は、$^{14}C/^{12}C$比が1%変化すると、約80年動く。つまり、海産貝殻の$\delta^{13}C$値を0‰から−25‰に規格化すると、$^{14}C/^{12}C$比は5%小さくなり、80年×5で、約400年古い年代を示すことになる。木炭と$\delta^{13}C=0$‰を示す同時代の貝殻を測定すると、貝殻の年代は約400年古くなる。

β線計測法によって測定された年代測定結果（Gak、TK、Nなど）は、基本的に同位体分別補正を行っていないので、注意が必要である。

ところで、この$\delta^{13}C$は年代補正のために必要なだけでなく、重要な情報を保持している。炭化物の由来がわかる場合がある。樹木などのC_3植物は、$\delta^{13}C$がほぼ−25‰前後である。これは、カルビン・ベンソン回路（還元的ペントースーリン酸回路）によって、炭素数3のホスホグリセリン酸を入り口として炭素数6の糖を合成して、光合成（炭酸固定）を行う。例えば、クロレラ、ホウレンソウ、ダイズ、イネ、コムギなどを含むほとんどすべての植物が該当する。一方C_4植物と呼ばれる一群は、約−10‰の値を示す。ハッチースラック回路により炭素数4のジカルボン酸を初期産物として炭酸固定を行い、続いてカルビン・ベンソン回路により最終的に炭酸固定を行う植物で、熱帯原産のイネ科を主とし、カヤツリグサ科その他の単子葉植物および双子葉植物を含む20科、2,000種以上の植物が知られている。キビ、アワ、ヒエ、エノコロ、トウモロコシ、ウシクサ、カヤ、ススキ、ジュズダマ、シバ、ヒユ、カヤツリグサ、ハマビシ、オギなどが、その代表である。雑穀類はC_4植物に分類される。また、海産魚介類は、−12～20‰に分布している。

8　暦年代較正曲線　IntCal 09

過去に、大気中の^{14}C濃度が変動した影響を除くために、補正が必要である。補正に用い

る暦年代較正曲線は次のように作られる。

　年輪年代測定法によって年代決定された年輪試料を、一般的には10年毎にまとめて、その中に含まれている ^{14}C 濃度を、β線計測法（主として液体シンチレーションカウンター）やAMS法により精密に測定して ^{14}C 年代を求める。1万年も生き続ける木はないので、何本もの年輪試料を使って、ウィグルマッチングと呼ばれる方法でつなぎ合わせて12,550年前までの測定値が得られている。樹木は、ドイツ、アイルランド、アメリカ西部で発掘された German pine、German oak、Irish oak、Pacific Northwest Douglas fir など、松やオークやモミが使われている。それより古い年代については、U/Th（ウラン/トリウム）法によって暦年代を決めたサンゴの年輪部分と海洋堆積物について、^{14}C 年代を測定し、地上試料の年代に変換している。

　2009年12月に発表された最新の IntCal 09 では、50,000年前までのデータが提出されている。12,500年前までは5年毎、15,000年前までは10年毎、25,000年前までは20年毎、40,000年前までは50年毎、それ以前は100年毎の値が与えられている。横軸は年輪年代（および海洋資料の暦年代）として、それぞれの ^{14}C 年代測定値をプロットすると、測定で得られた ^{14}C 年代値を暦年代に変換する曲線「暦年代較正曲線」を作ることが出来る（第7図；Reimer *et al.* 2009）。過去も現在と同様に一定の ^{14}C 濃度であった場合は、破線上（理論値）に来るはずであるが、最近2000年間を除くと、常に破線の下側にある。

　この較正曲線を用いて、測定値から暦年代への変換を行う。例えば、測定した ^{14}C 年代が10,000 BP であった場合、縦軸の測定値から右に直線をのばし、較正曲線と交差した年輪年代を読み取ればよい。約11,500cal BP となり、測定した値は約1500年新しい年代値が得られていることになる。このようにして、暦年代較正した年代を cal BP（Calibrated BP）で表す。つまり、12,550cal BP は、年輪年代に基づく12,550年前（AD1950年を基準として）を示している。この年代の年輪資料を実際に測定すると、放射性炭素年代値としては、約10,550 BP の値が得られることになる。

　それぞれの年輪試料の測定値から、当時の ^{14}C 濃度を算出してプロットしたものが第8図である。縦軸は、現代基準との差を‰（パーミル：千分率）で表している。15,000年前には、^{14}C 濃度は約26％も大きかったことがわかる。

　実際に、測定された ^{14}C 年代を暦年代較正するには、公開されている暦年代較正プログラムを用いて計算することになる。よく使用されている代表的なものは、Oxford大学で提供している OxCal 4.1 と、ワシントン大学で制作され、現在ベルファストのクィーンズ大学で運用されている CALIB 6.0 である。どちらも、オンライン版とダウンロード版が用意されている。それぞれのホームページの URL は次の通りである。OxCal については、名古屋大学のOxCal. JP グループによって、日本語版が提供されている。

　　OxCal　　　：http://c14.arch.ox.ac.uk/embed.php?File=oxcal.html
　　OxCal. JP　：http://sites.google.com/site/oxcaljp/
　　CALIB　　　：http://calib.qub.ac.uk/

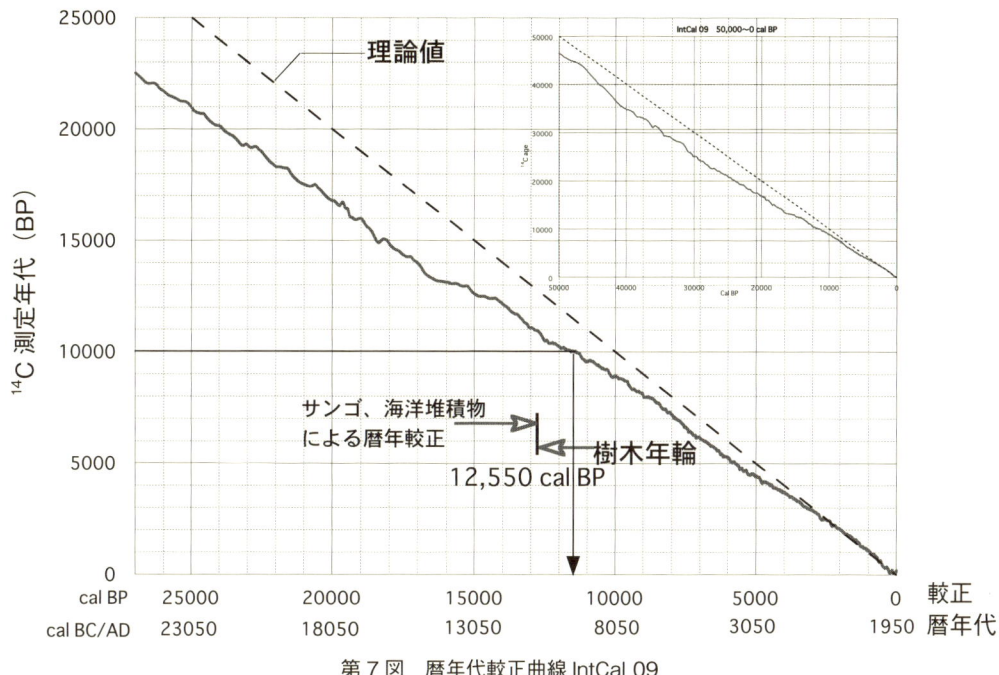

第7図　暦年代較正曲線 IntCal 09

さらに、南半球の資料については、暫定的ではあるが SHCal 04（McCormac et al. 2004）を使用するべきであろう。南半球では、海洋が占める面積が大きいために、海洋から供給される古い炭素の影響を受けて、年代値は北半球に比べて 40 ± 20 年古くなるとされている。

9　海洋資料の ^{14}C 年代

海水域に生きる生命体の年代決定は、さらに厄介である。大気に接している海水は、長い目で見ると大気中の $^{14}CO_2$ が溶解する一方、海水からも大気中に放出され、両者がつり合った平衡状態にあるが、海水の垂直循環により、深い海水に含まれる古い CO_2 も表層に供給される。その結果、表層の海水に溶けている CO_2 に含まれる ^{14}C の割合は、地上より少なくなり、年代を測定すると、同じ時代に生きていた陸上生物に比べて、約 400 年古い年代が得られる。海は二酸化炭素の巨大な貯蔵庫（リザーバー）になっているので、この現象を海洋リザーバー効果と呼んでいる。海洋生物のためには、モデル計算により求めた、表層海水の ^{14}C 年代は大気に比べて 405 年古いという値をもとに、海洋における暦年代較正曲線 Marine 09（Reimer et al. 2009）が作成されている。貝塚から出土する貝殻や魚骨は、このようにして暦年較正年代を求めるのである

海洋資料はこれを用いて暦年代較正をするのだが、問題はそれにとどまらない。地域と時代によってさらに差異が生じるのである。例えば、海洋大循環によって北部太平洋では、1800 年前の海水が湧昇している。大西洋の北部で冷却された冷たい海水は重いので沈み込み、深層海水の流れとして、アフリカ大陸、オーストラリア大陸の南を通り、太平洋の中央を北

上し、北部太平洋でわき上がる。約1800年前に沈み込んだ海水がわき上がっているのである。海表面では、コンベアベルトのように、おおむね、この逆の方向に海流が流れている。

　この結果、北海道の縄文貝塚から出土したオットセイの骨は、陸上に住んでいるニホンジカより約800年古い年代を示すことが知られている。サハリン（樺太島）から北海道東岸にかけて、この古い海水を含む海流が流れているので、その影響を受けて古い年代を示しているのである（Yoneda et al. 2001）。

　海水を運ぶコンベアベルトが止まるようなことがあれば、この差は見られなくなるので、時代によって変化する恐れもある。実際、最終氷期最寒冷期以降、地球は温暖化するのだが、ヤンガードリアス期に全地球的な寒冷化が起きた。この一時的な寒冷化現象は、1万2〜3000年前に、このベルトが停止したことによって引き起こされたものと考えられている（吉田 2008）。

　また、浅い海では垂直循環も限定されるし、河川水の流れ込みの影響も無視できない。この海洋リザーバー効果、および地域オフセットと呼ばれる地域ごとの違いについては、地域と時代について十分な検討が必要で、注意しなくてはならない。次節で詳しく取り扱う。

10　^{14}C濃度の変化

　一方で、実は^{14}Cが持っている情報は年代情報だけではないことを述べておこう。^{14}C濃度によって、過去の太陽活動の様子、つまり気候変動を探ることが出来るかもしれないのである。前述したように、^{14}Cは、窒素原子と中性子によって、大気上空で日夜作り続けられている。この中性子は宇宙線によって生成する二次宇宙線と呼ばれる粒子である。大気中の窒素原子の量は変化しないが、地球に降り注ぐ宇宙線は変動している。おおもとの宇宙線はほとんど変動しないと考えられているが、地球近傍の宇宙線の量は、地球磁場と太陽宇宙線の影響を受ける。

　地球の周りには地球磁場が存在しており、あたかも地球の中心に小さく強力な棒磁石が置かれているかのように見える。27億年前に現れた地球磁場により地上への宇宙線入射が抑制され、深海底に押しとどめられていた生命体が、より浅い海へと進出することを可能にして、光合成植物の進化をもたらした。地磁気の強度は一定ではなく、最近100年間にも約6%減少し、このまま減少が続くと1000年で磁場が0になる可能性が指摘されている。地磁気の南北が逆転する事態も過去に何度も起きている。大部分の宇宙線は電気を持っている粒子なので、地磁気の強度が減少すると、宇宙線の入射量は増加し^{14}C生成量も増加する。紀元前後から^{14}C濃度が漸増しているのはこの影響である（第8図）。

　また、太陽宇宙線は太陽風とも呼ばれ、太陽活動が盛んな時には強くなり、これも電気を持つ粒子なので、地球磁場と一体となって地球の周りに地球磁気圏を形成する。言わば宇宙線に対する防護ネットを張っているのである。したがって、太陽活動が盛んになると宇宙線を跳ね返す力が強くなり、大気上空に進入する宇宙線は減少することになる。その結果、

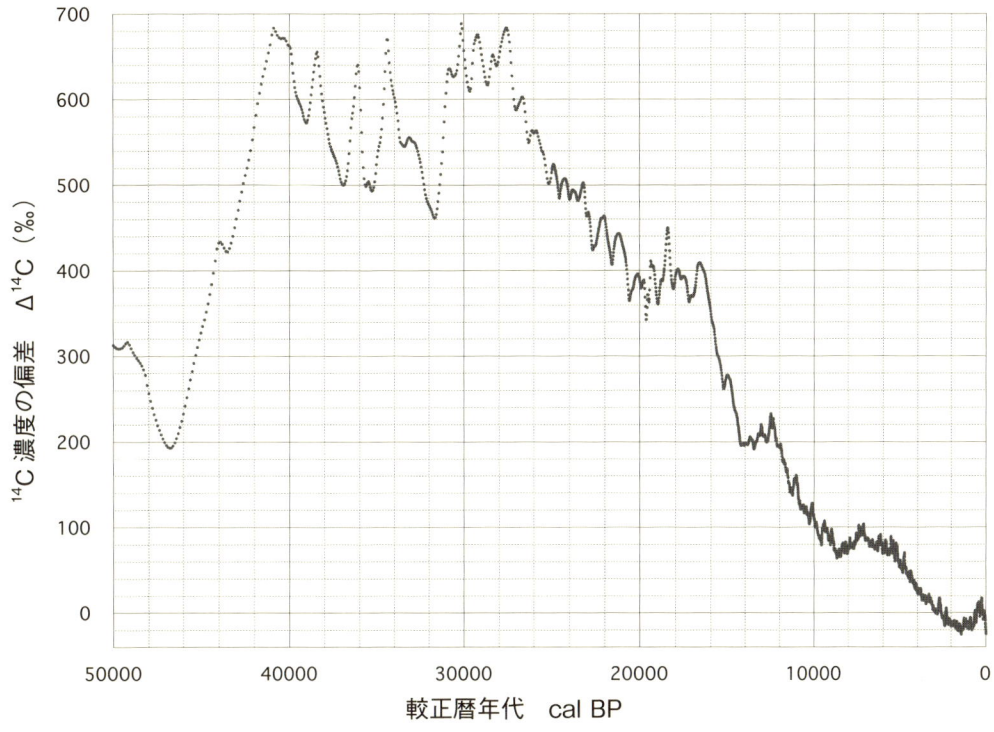

第 8 図　^{14}C 濃度の経年変化

^{14}C の生成量は減少する。逆に、太陽活動が衰えると宇宙線の入射量が増すために、^{14}C 生成量は増加する。つまり、太陽活動が弱い状態では、当然地球に到達するエネルギーは減少し、地球上では寒冷になるわけだが、同時に ^{14}C 生成量が増加するのである。

実は、大気中の ^{14}C 濃度を変動させるもう一つの大きな要因がある。海洋は、二酸化炭素（および炭酸イオン、炭酸水素イオン）の巨大なリザーバーである。二酸化炭素が海水に溶解する場合、その溶解量は二酸化炭素の圧力に比例し、温度の影響を受ける。温度が低いほど、溶解量は増加する。つまり、寒冷化すると二酸化炭素は海洋に溶け込み、大気中の二酸化炭素濃度は減少する可能性がある。地上の植物による光合成が二酸化炭素濃度に影響するので、問題はやや複雑になる。しかし、^{14}C の生成量が変わらないとすると、二酸化炭素濃度が減少すれば、相対的に ^{14}C 濃度は増加することになる。つまり、太陽活動が弱くなると相乗的に ^{14}C 濃度が増加する可能性があることになる。

前述したように、暦年代較正曲線を作成するために、年輪中の ^{14}C 濃度が測定された。年輪年代から測定した時点までに減少した分を補正すれば、その年代の時に大気中に存在し、樹木年輪に取り込まれた ^{14}C 濃度がわかる。このようにして求めた過去の ^{14}C 濃度を、現代炭素の ^{14}C 濃度を基準にして、それよりどれだけ増減しているかを千分率（‰；パーミル、％の十分の一）で表したものが、第 8 図に示した $\Delta^{14}C$（デルタ ^{14}C）曲線であった。

11 最近1000年紀の較正曲線と ^{14}C 濃度の変動

実際の記録が残り、気温の推定も行われている最近1000年間の歴史時代について見てみよう。第9図に、最近1000年間の較正曲線を示す（黒丸：縦軸右目盛り）。大気中の ^{14}C 濃度がこの期間一定で変動がないとすると、横軸のAD年代の資料を測定すると、波線（理論値）で示された直線との交点で示される測定値、例えば、AD 1200の資料ならば750 BP（AD 1950-1200＝750 BP）となるはずである。ところが、AD 1200前後の較正曲線は理論値直線よりかなり上にあり、AD 1200の資料を実際に測定すると、より古い測定値860 BPが得られることになる。このグラフには、同時にその年の大気中 ^{14}C 濃度をプロットしてある（黒点＋棒）。目盛り軸は左縦軸で、現代炭素基準 ^{14}C 濃度値からの偏差を千分率で表している。AD 1100～1200頃は、基準より15～20‰、つまり1.5～2.0%も生成量が少ないため、生命体に取り込まれた ^{14}C 濃度も小さくなり、見かけ上古い年代値を示しているのである。この時期は、中世の温暖期に相当する。

逆に、グラフ中央のAD 1400～1600の領域では、^{14}C 生成量が大きくなる山が出現して、生命体に取り込まれた ^{14}C 濃度が高いため、この時期の資料は相対的に新しい測定年代が得られることになる。暦年代較正曲線は、下にたるんでいる。^{14}C 濃度が大きいとき、つまり $\Delta^{14}C$ 曲線が上に凸の時期は、暦年代較正曲線は下に凸となる逆相関を示している。

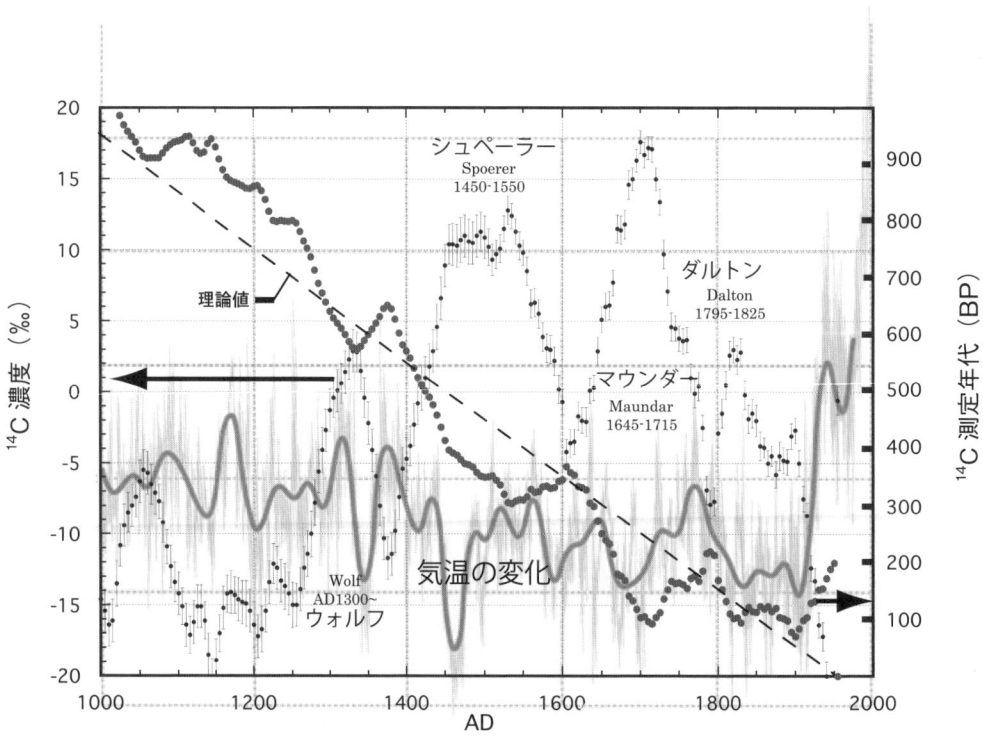

第9図　最近1000年間の較正曲線と ^{14}C 濃度の変動、そして小氷期

このように最近の千年紀では、大気中の^{14}C濃度が大きく変動しているために、較正曲線がギザギザした複雑な形状をしているのである。

12　太陽活動が弱い小氷期の到来

それではこの時期に、なぜ^{14}C濃度が増加する急峻な山がいくつも現れるのだろうか？地磁気の変化は緩やかなうねりのような増減を示し、急激な変化はない。この大きな山の出現は、太陽活動の結果である。中世の温暖期が終末を迎え、13世紀中葉から19世紀にかけて太陽活動が不活発になり小氷期となったのである。J. A. エディ（Eddy 1976）は、黒点の数とオーロラの記録、および樹木年輪中の^{14}C濃度を元にして、太陽活動の極大期と極小期を明らかにした。極大期はAD 1100～1250の時期で、中世温暖期にあたる。極小の部分は、シュペーラー極小期とマウンダー極小期である。後者は、19世紀末にE. W. マウンダーが古記録の中から太陽の黒点についての記録を集め、17世紀に黒点が発生しない時期があることを見いだしていた。太陽活動と太陽の黒点数は相関しており、太陽活動が活発な時期は黒点が多いことが知られている。17世紀中葉から18世紀初頭は「夏が来なかった時代」とも呼ばれ、テムズ川が凍結するなど、氷河の成長、河川の凍結などが報告されている。

また、AD 1500を中心とした100年間に出現したシュペーラー極小期も、太陽活動は弱く、寒冷化が進んでいた。特に15世紀中葉は、IPCC（気候変動に関する政府間パネル）の第3次評価報告書にある「地球の平均気温の変化（北半球／過去1000年）」の中でも、気温低下が著しい期間である。それでも現代に比べて最大で0.5℃程度の温度低下が推定されているに過ぎないことは、注目すべきである。

このような寒冷化は、農作物が生育せず、飢饉となり人々は飢えに苦しみ、栄養不足や日照不足によって健康が損なわれる結果をもたらした。14世紀のウォルフ極小期では、14世紀中葉に全ヨーロッパに黒死病（ペスト）が蔓延し、14世紀末までにヨーロッパの人口の約3分の1が死亡したといわれる。ペストは、その後、17世紀中葉にも流行しており、奇しくもマウンダー極小期に当たっている。

おおざっぱに言うと、第9図に見られるように、較正曲線が下にたるんでいる時は、^{14}C濃度が大きく寒冷期である可能性があり、逆に較正曲線が上に凸の時代は、^{14}C濃度が小さく温暖な時代である可能性があるということになる。

このように、^{14}C年代測定は、生命遺存体の死亡年代を明らかにするだけでなく、その時代の気候変動について解明できるツールとしての役割を有していることは重要な点である。暦年代較正曲線がギザギザしていると、せっかく誤差が小さい測定をしても、較正暦年代を求めると大きな年代幅を持つことになり、嫌われ者の領域であるが、逆に、寒冷化の時代であったり、温暖化が進む時代であったり、時代を画する重要な時期である可能性があることを知っておきたい。災い転じて福となすである。

注

1) 放射性原子は、時間 t が経過すると、次式のように減少する。

$N = N_0 \times e^{-\lambda t}$

ここで、N_0：最初の原子数、$\lambda = \dfrac{\ln 2}{t_{1/2}}$

（$t_{1/2}$：半減期、$\ln$ は自然対数）。

$\dfrac{N}{N_0} = e^{-\lambda t}$

両辺の自然対数を取って整理すると、

$t = -\dfrac{1}{\lambda} \times \ln \dfrac{N}{N_0}$

$= -\dfrac{t_{1/2}}{\ln 2} \times \ln \dfrac{N}{N_0}$

$= -8033 \times \ln \dfrac{N}{N_0}$

ただし、最後の式では、リビー博士の半減期 5568 年を用いている。

引用・参考文献

Anderson, E. C., Libby, W. F., Weinhouse, S., Reid, A. F., Kirshenbaum, A. D. and Grosse, A. V. 1947a Radiocarbon from cosmic radiation, *Science*, 105, p.576

Anderson, E. C., Libby, W. F., Weinhouse, S., Reid, A. F., Kirshenbaum, A. D. and Grosse, A. V. 1947b Natural radiocarbon from cosmic radiation, *Phys. Rev.*, 72, pp.931-936

Arnold, J. R. and Libby, W. F. 1949 Age determination by radiocarbon content: checks with samples of known age, *Science*, 110, pp.678-680

Arnold, J. R. and Libby, W. F. 1951 Radiocarbon dates, *Science*, 113, pp.111-120

Bennett, C. L., Beukens, R. P., Clover, M. R., Gove, H. E., Libbert, R. B., Litherland, A. E., Purser, K. H. and Sondheim, W. E. 1977 Radiocarbon dating using electrostatic accelerators: negative ions provide the key. *Science*, 198, pp.508-510

Eddy, J. A. 1976 The Maunder Minimum. *Science*, 192, pp.1189-1202

Godwin, H. 1962 Half-life of radio carbon, *Nature*, 195, p.984

Hog, A., Ramsey, C. B., Turney, C., Palmer, J. 2009 Bayesian evaluation of the southern hemisphere radiocarbon offset during the holocene. *Radiocarbon*, 51, pp.1165-1176

Hua, Q. and Barbetti, M. 2004 Review of tropospheric bomb ^{14}C data for carbon cycle modeling and age calibration purposes, *Radiocarbon*, 46, pp.1273-1298

Karlen, I., Olsson, I. U., Kallberg, P., Killicci, S. 1964 Absolute determination of the activity of two ^{14}C standards. *Arkiv for Geofysik*, 6, pp.465-471

Libby, W. F. 1946 Atmospheric helium three and radiocarbon from cosmic radiation, *Phys. Rev.*, 69, pp.671-672

Libby, W. F. 1951 Radiocarbon dates, II, *Science*, 114, pp.291-296

McCormac, F. G., Hogg, A. G., Blackwell, P. G., Buck, C. E., Higham, T. F. G. and Reimer, P. J. 2004 SHCal04 Southern Hemisphere Calibration 0-11.0 cal kyr BP. *Radiocarbon*, 46, pp.1087-1092

Muller, R. A. 1977 Radioisotope dating with a cyclotron, *Science*, 196, pp.489-494

Nelson, D. E., Korteling, R. G., and Stott, W. R. 1977 Carbon-14: Direct detection at natureal concentration. *Science*, 198, pp.507-508

Reimer, P. J., Baillie, M. G. L., Bard, E., Bayliss, A., Beck, J. W., Blackwell, G., Bronk Ramsey, C., Buck, C. E., Burr, G. S., Edwards, R. L., Friedrich, M., Grootes, P. M., Guilderson, T. P., Hajdas, I.,

Heaton, T. J., Hogg, A. G., Hughen, K. A., Kaiser, K. F., Kromer, B., McCormac, F. G., Manning, S. W., Reimer, R. W., Richards, D. A., Southon, J. R., Talamo, S., Turney, C. S. M., van der Plicht, J., Weyhenmeyer, C. E. 2009 intcal09 and marine09 radiocarbon age calibration curves, 0~50,000 years Cal BP *Radiocarbon*, 51, pp.1111-1150

Yoneda, M., Hirota, M., Uchida, M., Uzawa, K., Tanaka, A., Shibata, Y., Morita, M. 2001 Marine radiocarbon reservoir effect in the western north Pacific observed in archaeological fauna. *Radiocarbon*, 43, pp.465-471

吉田邦夫 2004「火炎土器に付着した炭化物の放射性炭素年代」『火炎土器の研究』新潟県歴史博物館編　同成社　pp.17-36

吉田邦夫 2005「^{14}C 年代測定の新展開―加速器質量分析（AMS）が開いた地平―」*RADIOISOTOPES*, 54　pp.233-255

吉田邦夫 2007「日本における^{14}C 年代測定の黎明期」『徳永重元博士献呈論集』パリノ・サーヴェイ株式会社　pp.535-555

吉田邦夫 2008「草創期の「寒の戻り」の原因は ET ?!」『考古学ジャーナル』7月号（No.574）pp.34-38

吉田邦夫 2012「放射性炭素年代測定法」『アルケオメトリア―考古遺物と美術工芸品を科学の眼で透かし見る―』吉田邦夫編　東京大学総合研究博物館　pp.13-41

Werner Rom, W., Brenninkmeijer, C. A. M., Ramsey, C. B., Kutschera, W., Priller, A., Puchegger, S., Thomas Rockmann, T., Steier, P. 2000 Methodological aspects of atmospheric ^{14}CO measurements with AMS, *Nucl. Instr. and Meth. in Phys. Res. B*, 172, pp.530-536

2　AMS年代測定の諸問題

吉田邦夫

はじめに

　AMS法の最大の特徴は、極微量の資料で測定できることである。最終的にAMS装置のイオン源に装着する炭素の量として約1mgあれば年代値が決定できる。AMS法に関する文献は、どれを見ても、このように書かれている。筆者もそのように書くことが多いが、誤解を招くことがあるので、もう少し詳しく説明しておいた方がよいだろう。上記の文章を読んで、実際に1mg前後の資料を持ち込まれる場合がある。測定できる場合もないことはないが、たいていは無理である。測定する資料は、多かれ少なかれ外界からの汚染を受けているので、前節で述べたように、これを除く化学操作をしないと、正確な年代値を得ることは出来ない。つまり、化学操作による目減りを見込まなくてはならない。また、完全に炭化した木炭でさえ、灰分などを含むため、全部が炭素ではない。つまり、最終的に測定試料の形で1mgとするには、その何倍かの原資料が必要となるのである。

　したがって、炭素を含む資料ならば、あらゆるものについて^{14}C年代測定を行うことが出来るが、測定に必要とされる量は、様々である。骨などは、遺物中に残存するタンパク質コラーゲンを抽出する。コラーゲンの残存量は、埋蔵環境に依存しているが、一般的には古いものほど残存率は低くなる。また、ミイラ、毛髪、繊維などの動物組織は、植物組織と同じように数十mgは欲しいところである。

　土壌資料は、地質・地理分野で頻繁に測定されるが、考古学分野で対象となることはまれである。自然堆積層ではない文化層では、土壌資料の採取方法と年代値の取り扱いには十分注意しなくてはならないが、1g前後の土壌があれば測定できることが多い。これら必要な質量は一つの目安で、炭素含有量が少ない場合もあるので、可能ならば余裕をもって2～3倍の資料を確保することが望ましい。

　前節第5図には挙げていないが、金属製品の中で鉄器は例外的に製造年代を測定することが出来る。鉄は炭素と合金を作るので、木炭によって精錬して得られる鋳鉄には、約4％の炭素を含むことになる。この炭素は木炭に由来するので、酸化により二酸化炭素として取り出し、精錬年代を決定する。鋳鉄の場合は、0.5g前後、鋼では炭素含有量によるが、数gあれば測定できることが多い。一方、青銅器と陶磁器の年代が測定できれば、大金持ちになれる可能性があるが、現在のところ測定することが出来ない。製造時に関わる炭素が含まれていないからである。

ここでは、遺跡形成に関わる時間情報を獲得するためには、どのような資料をどのように分析すればよいかという具体的な方法と、その問題点を詳述する。

1 年代測定用資料の取り扱い

AMS法では極微量で測定できてしまうので、知りたい年代を確実に保持している最も適切な資料を選定しなくてはならない。次のような点に注意する。

A．資料採取用具

採取するときは、金属製の道具を使用することが望ましい。

現場では、竹べらを使ったり、軍手を使うことが多いが、資料に繊維が混入すると、除去することが困難なので、使い捨てのポリ手袋（やむを得ないときは素手）を使い、金属製のメス、ピンセット、スパーテル、移植ごてなどで測定用資料を採取する。くわえタバコをしながら、などというのは論外である。厚手のアルミフォイルの上に採取して、すぐに折りたたむことを推奨する。家庭用のアルミフォイルは薄く、破れやすいので、やや厚手の業務用を入手するとよい（第1図）。資料そのものの写真とは別に、資料採取箇所について、採取前と採取後の写真を撮影しておくと、後で役に立つことが多い。

ピンセットは、高価であるが腰が弱いものを選び、先細、幅広など何種類かを用意する。また、市販の道具だけでは対応できないこともあるので、工夫が必要である。例えば、土器の表面などにこびりついたおこげや、ススなどを効率よく採取するためには、やや大きな匙付きスパーテルの匙部分と平板部分をそれぞれグラインダーで薄く削っておくと、器面をさほど傷つけることなく試料採取を行うことが出来る。また、樹木の年輪を1枚ずつ採取するときにも、ナイフやカミソリ、メスを使うと余分に切り込んでしまうことがあるが、これを使うと比較的きれいに剥ぐことが出来る。

また、必要量を採取するために、携帯出来る電子天秤（0.1mgまで秤量出来ることが望ましい）を、用意するとよいだろう。

B．保存・運搬容器

採取した資料は、マジックインクで必要事項を記入したポリエチレン袋に封入する。チャック付きが便利である。資料に直接書き込んではならない。

【記入事項】は、資料番号、資料の種類・形態、採取者名、採取年月日、採取地点、出土状態（層位など）などである。

ポリエチレン袋に資料番号、採取年月日のみを記入して、詳細な資料情報は、野帖などに記録してもよい。年代測定の場合には、通常、さらに年代測定の目的・意義、推定年代・関連文献を記入した資料カードが要求される。

ポリエチレン袋は、薄いと破れて資料がこぼれたり、資料に混入することがあるので、厚手のものを用いる。場合によっては、ガラス製バイアルビンを使う。これをポリエチレン袋に入れ封入する。測定に用いる資料は、大きな固まりのままのほうが、処理や測定部位な

どを検討する際に有利なので、保存・運搬中に壊れないように注意する。アルミフォイルとポリエチレン袋はクッションの役割も果たすことになる。資料をポリエチレン袋に直接入れている場合があるが、粉末がポリエチレンの表面に付着して回収できなくなる場合があるので、アルミフォイルを使って包み込むほうがよい。

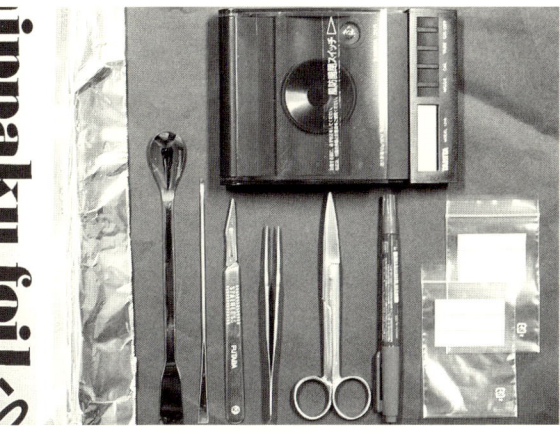

第 1 図　資料採取の七つ道具

　採取資料を保護するために、脱脂綿やガーゼ、紙類を使用してはならない。繊維が付着する恐れがあるからである。保護が必要な場合は、ポリエチレン袋に入れた上でプラスチックの梱包材料を使用する。

　資料に泥や砂が付着している場合も、それらを落とす必要はなく、また水で洗ったりしてはならない。資料が濡れている場合も、密閉して保存する。やむを得ず乾燥する時は、風乾するものとし、加熱乾燥してはならない。柱根や木製品など、保存のためにPEGなどによる処理を先行させる状況が見られるが、PEG処理完了後にPEGを除くのは難しいので、処理前に年代測定資料を採取する。木製品に限らず、骨角器など、外見上、採取跡が見えないように資料を採取する方法もある。

2　自然科学的年代と考古学・歴史学的年代

　^{14}C 測定値から暦年較正年代値を求めるのだが、較正年代の範囲は、確率で示されている。確率分布の山がいくつかに分かれた場合、較正年代をどのように考えたらよいのか、興味深い結果が報告されている（小田 2004）。書跡史学によって年代が明らかにされている古文書・古経典など 28 点について、年代測定が行われた。その内、21 点が紀年の明らかな資料とされている。古文書の歴史学的年代と較正年代が、完全に齟齬をきたしているものは一例もない。しかし、1σ の範囲に入っていないものが 8 例あり、入っているものの小さな山に属する場合が 2 資料ある（第 2 図）。したがって、暦年代較正を行う場合には、2σ 範囲で検討するべきで、しかも、いくつかの山に分かれた場合は、慎重に検討する必要があることがわかる。小田は、「^{14}C 年代とは、歴史学的な年代を知るための一つの情報としての"自然科学的な年代"であり、歴史学的年代ではないはずである」としているが、考古学においても注意すべき点である。そもそも、年代が決まった年輪資料を測定した年代値を元に、較正曲線が作成されているのだが、この較正曲線を使って、元になった年代測定値を暦年代較正しても、必ずしも年輪年代の年代値が、最も確率が高い年代範囲に入るわけではないのである。暦年較正年代を使う場合には、十分な検討が必要である。^{14}C 年代値を目

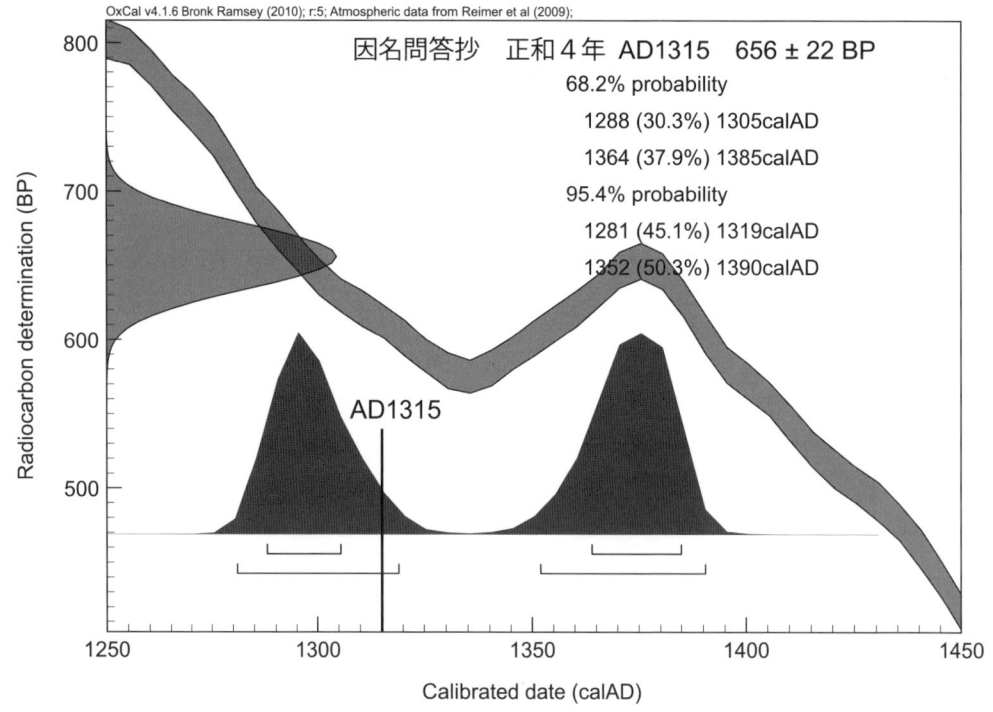

```
OxCal v4.1.6 Bronk Ramsey (2010); r:5; Atmospheric data from Reimer et al (2009);

因名問答抄　正和4年　AD1315　656±22 BP
68.2% probability
1288 (30.3%) 1305calAD
1364 (37.9%) 1385calAD
95.4% probability
1281 (45.1%) 1319calAD
1352 (50.3%) 1390calAD
```

第2図　因名問答抄（正和4年：AD1315）の較正暦年代

の敵のように扱うのも困りものだが、内容を吟味せずに金科玉条のごとく扱うことも、また危険なことである。

遺跡形成過程に関する分析では、分層された層序を代表する資料を何点か測定すれば、それぞれの暦年代較正範囲がいくつかの山に分かれている場合も、どちらかを選択できる可能性がある。また、木材資料についてウィグルマッチングを行うことも有効である。

3　土器が保持する時間情報を取り出す

土器の相対年代については、すでに土器の型式の違いに着目した非常に緻密な考古学的編年の方法が確立しており、日本考古学界が世界に誇る成果である。これは土器の型式学的研究と遺跡における層序学に基づいており、一方で土器とともに伴出する遺物の ^{14}C 年代測定値によって支えられている。しかし、個々の土器型式についての実際の年代を考えるときには、いくつかの問題がつきまとう。①伴出した木炭や貝殻と土器との同時性、②木炭が大木の一部である場合の「年輪効果」、③貝殻の年代値の不確定性、などである。①については、土器内に発見される木炭や、住居址の炉址の炭などを使い、②については、出来るだけ大きな資料を使い、年輪構造を見極めて、表皮に近い外側部分を測定すれば、同時性が保証されることが多いであろう。③の貝殻は、要注意である。これは、別項で扱う。

加速器質量分析（AMS）法の登場によって年代測定に必要な試料の量が激減したために、土器に付着した物質や土器そのものに含まれる炭素物質を取りだし、それらの年代を直接

決定できるようになった。また、それらの物質の性格によって、特定の時間情報を取り出すことが視野に入れられる段階になっている。筆者らは、10数年ほど前から、発掘された土器片がもつ時間情報に着目し、時間情報を取り出す研究を進めてきた（吉田 1997、吉田ら 1997）。縄文土器自身に残された炭化物を使って、土器の製造・使用年代を決定しようというものである。胎土の中に含まれていた種子や植物組織、土器作りの際に偶然埋め込まれた表面の有機物などは土器の製造に関わる時間情報を、また吹きこぼれや加熱時の表面のスス、穀物片や油脂、煮炊きした食物などの残存物や、それらが炭化したものからは、使用に関する時間情報が得られる。沖縄県伊是名貝塚ではススによる年代測定が行われ（吉田ら 2001）、沖縄県大堂原貝塚では付着物（吉田 未発表）、火炎土器については、煮炊きした食物の炭化物や吹きこぼれと思われる炭化物の測定を行ってきた（吉田 2004）。また、新潟県妙高町蕣生遺跡においては、これら付着物、伴出物、土壌などの相互関係についての検討を行った（吉田 2000a、吉田ら 2000）。

さらに、土器そのものに含まれる有機物、またはその残骸については、関東地方の繊維土器について、土器片をそのまま使って年代を決定できることを示した（Yoshida *et al.* 2004）。

一方、低湿地遺跡である鳥浜貝塚や寿能泥炭層遺跡などから出土した土器片には、べったりと黒色物質が付着している例が多数見られる。これらは炭素含有率の高い物質で、年代測定が可能である（吉田 1999 未発表）。

(1)【事例研究1】繊維土器の時間情報を取り出す

縄文時代に作られた土器には、普通、粘土に混和材として混入物が含まれており、その混入物の多くは岩石や鉱物の粒である。ところが縄文時代早期～前期に作られた土器には、混和材として繊維が練りこまれている。このような土器を繊維土器といい、この時期に関東を中心にして主に東日本で流行するが、ほぼ全国的に見られる特徴的な土器である。繊維を混和材とすることで、粘土の粘性をおさえて土器形成時の操作性を高めたり、乾燥から焼成にかけての亀裂の発生を防いだり、また軽量化をはかっていたとも言われている。混和材としては、葉や茎が繊維質の植物（イネ科など）の繊維が混ぜられていたと考えられているが、まれに獣毛が用いられている場合もあると言われている。土器の焼成により土器表面の繊維は完全に燃焼しているが、繊維が完全に酸化されずに内部に黒々と炭化物として残っている例がたくさんある。筆者らは、この黒色炭素物質に着目して、時間情報を取り出す方法を確立した。出土する繊維土器片には、繊維に由来する炭素物質だけでなく、いくつかの妨害物質が存在する。まず、土器胎土には、粘土が形成される際に取り込まれた様々な有機物質が残っており、その年代が古いことは明らかである。また、雨水や地下水の移動によって、包含層の上下から、水に溶け移動しやすい新旧のフミン酸などの有機物質、さらに水と共に動いた微小な固体物質も吸着されている可能性がある。

胎土に含まれる古い有機物質は、それほど多いわけではなく、繊維土器のように黒色部に2％前後の炭素を含んでいる場合には、影響が少ないことが判明した。また、浸透した

フミン酸などの物質は、適切なアルカリ処理を行うことによって、繊維に由来する炭素物質を溶解せずに、抽出除去が可能であることがわかった（吉田 2000b、Yoshida *et al.* 2004）。このようにして、効果的に妨害物質を除くことによって、繊維土器片そのものを使って、精確に年代測定を行うことが出来る。木炭などの出土が少ない早期・前期の遺跡について、精確な時間情報を得るために有効な手段である。

しかし、土器片の堆積環境によっては、意味のある結果が得られない場合がある。崖地などの遺跡で流れ込みの堆積によって遺物が集積している事例では、取り除くことが出来ない汚染が見られた。土器は多孔質なので雨水や地下水で運ばれた炭素粒を吸着したものと考えられる（吉田ら 2000）。このような汚染を除去することは困難である。

これまでの研究の中で、埼玉県内で出土した繊維土器片と伴出した貝殻について、年代測定を行ったところ、貝の測定年代値から海産資料として較正暦年代を求めると、繊維土器に比べてやや新しい年代を示す例が見られた（Yoshida *et al.* 2004）。そこで、埼玉県庄和町（現春日部市）吉岡遺跡の住居址 SK-1 で出土した繊維土器片と同層から出土した貝殻、および犬塚遺跡の土器片、貝殻の提供を受けて、両者の関係を検討した。

A．資　料

土器資料：吉岡遺跡　5次SI-1　　深鉢A 口縁部　黒浜Ⅱ式　Yo-5　SI-1-A
　　　　　吉岡遺跡　5次SI-1　　深鉢A' 胴下半　黒浜Ⅱ式　Yo-5　SI-1-B
　　　　　犬塚遺跡　3次SI-1　　　　　　胴下半　黒浜Ⅱ式　IZ-3　SI-1-B

貝資料：　吉岡遺跡　5次SI-1　M層　　ハマグリ右①　Yo-5　HR-1
　　　　　犬塚遺跡　3次SI-1　I-3　　　アサリ左⑨　　IZ-3　AL-9
　　　　　犬塚遺跡　4次SI-1　SS-14　 アサリ右⑰　　IZ-4　AR-17

B．試料処理方法

土器資料は、土器片からおよそ1cm角ほど切り出し、表層部の表裏両面を削り取って内部黒色部分のみを削りだした。この黒色部分をメノウ乳針を用いてすりつぶし、乾燥させたあと、AAA処理を行った。これまでの研究で、0.001〜0.005M 水酸化ナトリウム水溶液を用いて80℃で加熱処理し、徐々にアルカリ濃度を高くして0.05M 水溶液まで処理することにより最良の結果が得られることがわかっている。

C．土器表層と内部黒色部分の炭素

今回は、埋蔵中に土壌から受ける汚染を評価するために、表層部と内部黒色部分の炭素・窒素含有量、同位体比の測定を行った（第1表）。

内部黒色部分は、3％前後の炭素含有量を示し、表層部の2倍以上の炭素が残存している。混和剤としての繊維成分が酸化燃焼せずにとどまっていると考えて良いだろう。表層部の炭素は、これまで大部分が土壌からの浸透成分で、これに燃え残りの繊維が加わったものと考えてきた。今回の測定では、外側の表層より、内側の表層の炭素含有率がやや多く、どちらも $\delta^{13}C$ が大きくなっている。また内側では、胴下半部の方が、炭素含有率と $\delta^{13}C$ の値が

大きい。調理物の影響が考えられる。

さらに、吉岡遺跡の2つの土器片黒色部の$\delta^{13}C$値は一般的な植物にみられる−25‰でほぼ一致した。繊維土器に含まれる繊維は、そのほとんどが植物起源であるといわれており、一般的な植物は$\delta^{13}C=-25$‰前後の値を示す。ところが、犬塚遺跡の土器片の$\delta^{13}C$は、内面表層、黒色部ともに−23‰であり、吉岡遺跡の2つの土器片の$\delta^{13}C$値よりもやや大きな値を示した。また、土器の内面表層側と内部黒色部分は、高$\delta^{13}C$、低C/N比で、非常によく似た値となっている。土器から得られる$\delta^{13}C$値は、土器自体に練りこまれている植物が持つ値のほかに、その土器で煮炊きした物が反映される場合がある。魚介類は重い同位体^{13}Cが多いので$\delta^{13}C$が大きく、C/N比が小さい。このような物が煮炊きされたことで、脂質などの調理物が浸透し、土器が影響を受け、内面表層側と、内部黒色部分の$\delta^{13}C$値がよく似た値になった可能性もある。今後、検討が必要である。

D. 年代測定値と較正暦年代

第1表 吉岡遺跡、犬塚遺跡から出土した繊維土器の安定同位体分析

部位 AAAの有無		Yo-5 SI-1 A 口縁部	B 胴下半部	IZ-3 SI-1 胴下半部
外面表層 AAAなし	C (%)	0.95 ± 0.08	0.84 ± 0.01	0.49 ± 0.05
	N (%)	0.08	0.02	0
	C/N	9.2	15.2	—
	$\delta^{13}C$ (‰)	−23.8 ± 0.2	−23.4 ± 0.2	−20.9 ± 0.1
内面表層 AAAなし	C (%)	1.07 ± 0.08	1.47 ± 0.04	1.98 ± 0.04
	N (%)	0.10	0.07	0.18
	C/N	13.4	22.2	10.4
	$\delta^{13}C$ (‰)	−22.6 ± 0.5	−21.8 ± 0.3	−22.7 ± 0.2
内部黒色部 AAA前	C (%)	2.73 ± 0.29	3.11 ± 0.34	2.08 ± 0.04
	N (%)	0.10	0.14	0.19
	C/N	26.0	21.9	10.9
	$\delta^{13}C$ (‰)	−25.3 ± 0.1	−25.4 ± 0.2	−23.0 ± 0.1
内部黒色部 AAA後	C (%)	2.1	1.75 ± 0.34	1.36 ± 0.28
	N (%)	0.08	0.07	0.15
	C/N	26.3	17.3	9.1
	$\delta^{13}C$ (‰)	—	−25.7 ± 0.3	−23.5 ± 0.2

第2表 吉岡遺跡、犬塚遺跡から出土した繊維土器の年代

試料名	種類	TKa-番号	^{14}C年代(BP)	較正年代 (Cal BP : 2σ)
Yo-5 SI-1-A	土器片	13641	5475 ± 40	6400〜6190
Yo-5 SI-1-B	土器片	13642	5425 ± 45	6310〜6020
Yo-5 SI-1-Bre.	土器片	13745	5465 ± 35	6320〜6200
Yo-5 HR-1	貝	13684	5725 ± 45	6260〜6000
IZ-3 SI-1-B	土器片	13643	5295 ± 50	6210〜5930
IZ-3 SI-1-Bre.	土器片	13744	5495 ± 35	6400〜6210
IZ-3 AL-9	貝	13685	5805 ± 40	6310〜6120
IZ-4 AR-17	貝	13687	5825 ± 35	6330〜6160

各資料の年代を第2表に、確率分布法による各資料の較正年代を第3図にまとめた。土器資料についてはIutCal 09を、貝殻資料はMorine 09を用いて暦年代較正を行った。各遺跡の土器片と貝を比較すると、特に吉岡遺跡の土器片と貝については全く同じ層からの出土であるため同じ年代値が期待されるが、両遺跡とも貝のほうが暦年代で100〜200年新しい年代が得られた。

貝の較正年代が新しくなるということは、海産生物のための補正が過剰に効いてしまっていることになる。つまり、^{14}C濃度が低い海洋表層の無機炭酸だけでなく、大気と平衡になっている^{14}C濃度が大きい無機炭酸を使って、貝殻が生産されていた可能性がある。ハマグリは鹹度の低い砂泥地に生息するので、^{14}C濃度の高い河川水や停滞した海水の影響を受けることは十分に考えられる。試みに、大気からどれ位の寄与を受けていたかを検討した。OxCal 3.10によって、海産資料の較正曲線Marine 04と大気の較正曲線IntCal 04の混合割

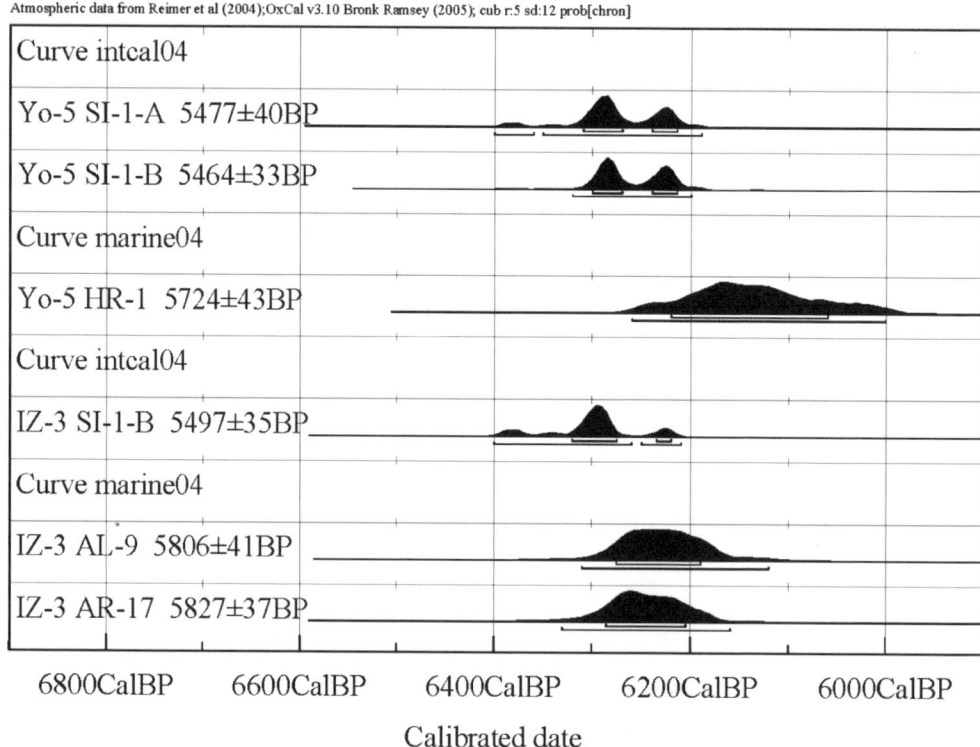

```
Atmospheric data from Reimer et al (2004);OxCal v3.10 Bronk Ramsey (2005); cub r:5 sd:12 prob[chron]
```

Curve intcal04					
Yo-5 SI-1-A 5477±40BP					
Yo-5 SI-1-B 5464±33BP					
Curve marine04					
Yo-5 HR-1 5724±43BP					
Curve intcal04					
IZ-3 SI-1-B 5497±35BP					
Curve marine04					
IZ-3 AL-9 5806±41BP					
IZ-3 AR-17 5827±37BP					

6800CalBP　　　6600CalBP　　　6400CalBP　　　6200CalBP　　　6000CalBP

Calibrated date

第3図　吉岡遺跡、犬塚遺跡から出土した繊維土器の暦年較正年代

合を変え、大気の寄与を30％とすると、貝殻と土器片の暦年較正値が重なるようになった。

蓮田市宿下遺跡の8号住居址出土の黒浜(3)式土器―ハイガイ、および同関山貝塚の4号住居址出土の関山Ⅱ新式土器―ハイガイの組合せについても、同様に貝が100年近く新しく、大気の寄与を30％とすると、両者の暦年較正値は重なる。

これに対して、犬塚遺跡の黒浜式土器―アサリ2資料は、やや大気の寄与が少なく、15％であった。この土器は調理物が海産物で、その影響を受けて土器片の年代値が古くなっている可能性がある。

もう一つの可能性として、犬塚遺跡を除いて繊維土器片の測定年代値が100年程度古いことも考えられる。しかし、関山式～黒浜式の4例についていずれも同じ傾向を示しており、それぞれの資料は炭素含有量も異なるので、可能性は小さい。また、［事例研究4］で検討する海洋リザーバー効果の地域オフセットにおいても、同様の傾向が見られるので、その可能性は否定出来る。

（2）【事例研究2】土器のおこげから時間情報を取り出す

火焔型土器と王冠型土器は、装飾性に富んだ火炎土器様式と呼ばれる一つのグループを形成するが、縄文時代中期に出現し、きわめて狭い範囲に分布し、短期間で突然消滅する。今の中魚沼郡津南町から長岡市にかけての信濃川の上・中流域が最盛期の中心である。これらの土器には、主として口縁部内面に炭化物が付着している例が見られる。煮炊きした食物な

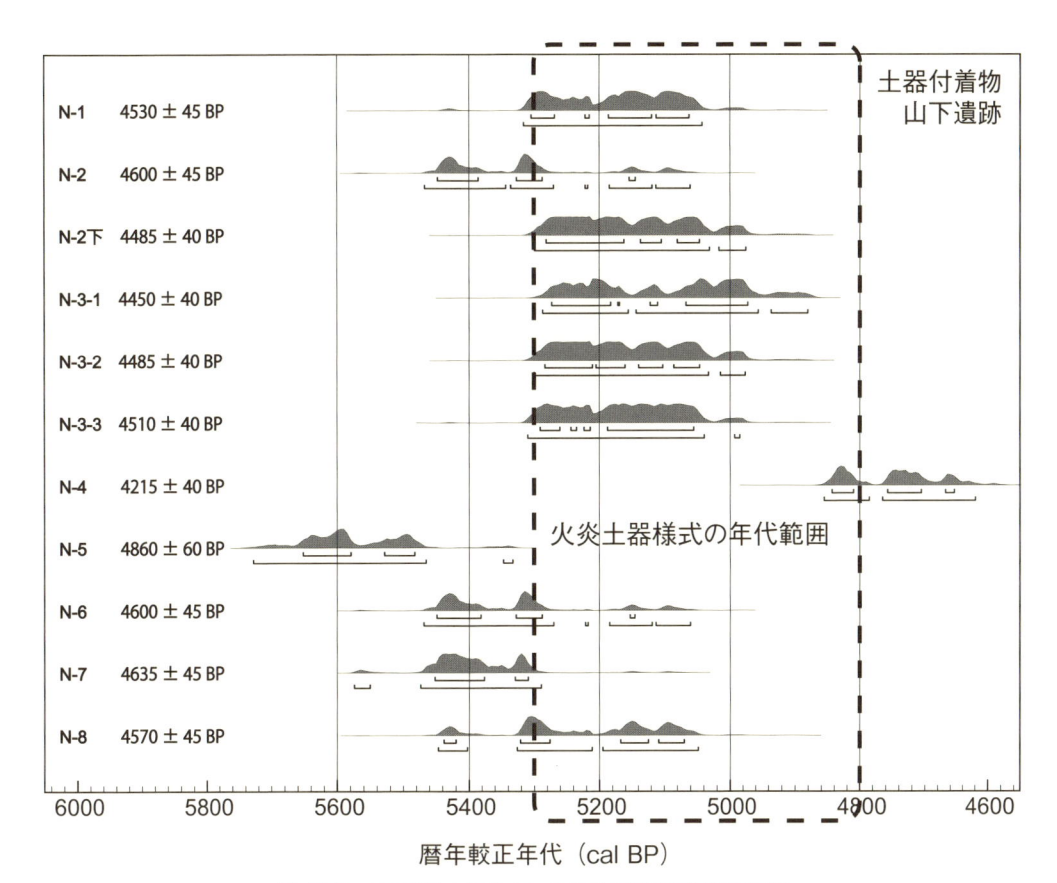

第4図 山下遺跡から出土した火炎土器の暦年較正年代

どが炭化して残っているものと考えられる。

A. 資　料

　当初は、出来る限り完形土器を対象として、付着した炭化物を採取し、年代を測定した。土器型式を明確に判断できるだけでなく、付着部位、付着状況がはっきりすることが肝要であると考えたからである。これまでに、装飾性を持たない土器も含めて、新潟県長岡市の山下、馬高、岩野原遺跡、津南町の道尻手遺跡など10遺跡、約200資料についての年代値を決定してきた。

B. 測定結果

　一部の特異な年代値を除外すると、付着炭化物の年代は、暦年較正年代で5300～4800cal BPの範囲に含まれる。最長でおよそ500年の間、存続したことを示している。発掘調査年度、および地域が異なる資料であるにもかかわらず、火炎土器様式の年代は比較的まとまった年代幅に収まっている。

　山下遺跡から出土した火炎土器に付着していた炭化物の年代測定結果を第4図に示した。N-3は同一個体の破片である。点線の枠で囲んだ範囲が、ほぼ火炎土器様式の存続期間である。ところが、火炎土器の中には、この範囲より明らかに古いものが見られる。N-5が飛び

抜けて古くなっているが、N-2、N-6～8も枠をはみ出しているように見える。

　石油を原料とした化学製品に含まれる炭素は、ほとんど^{14}C原子を含まない死滅炭素なので、例えば、農薬や接着剤などが混入すると年代が古くなってしまう。しかし、一般に農薬は水溶性なので化学処理の段階で除去されてしまう。接着剤やビチューメンなどの混入も認められない。

　信濃川を遡上したサケ・マスを調理していたのだろうか。すでに述べたように、海の魚は古い年代を示す。越後の縄文人が食べたもの、あるいは神に捧げられた食べ物は何だったのだろうか？　この謎は、炭素・窒素安定同位体分析によって明らかになった。N-5は、$δ^{13}C=-23.0‰$、$δ^{15}N=13.1‰$で、明らかに海産魚類を含む食材を煮炊きしたことを示している。また、N-2、N-6～7も、火炎土器様式の存続期間から外れる古い年代を示すが、いずれも窒素同位体比は、7.5‰を超えている。炭素同位体比は-24‰より小さく、その値だけでは、明確に海産物であると判断できないが、窒素同位体比を考慮すると、海産魚類の影響を認めることが出来る。存続年代より古い年代を示した土器は、サケなどの遡上魚など海産物を含む食材を煮炊きした結果、古い年代値を与えていることが明らかになった。土器付着炭化物の年代測定を行う場合には、炭素・窒素同位体分析を同時に行い、測定年代値を評価することが必須である。

　一方、泡を吹いて一部にガラス光沢をもつ、被熱したと思われるグループと、光沢がなく粉末が固まったようなグループなど、測定した付着物にはいくつかの特徴が見られる。また、口縁部の内面にべったりと大量に付着している場合もあるが、それでも全周に渡って付着していることはまれである。年代を測定するだけでなく、付着部位、付着状況とその範囲を集成中である。

C．暦年代較正

　さらにもう一つ、火炎土器様式の年代観を得る上で大きな問題がある。いわゆる「縄文・弥生ミステリーゾーン」と呼ばれていた800cal BC～400cal BCほどではないが、5300cal BP～5000cal BPにも較正曲線の傾きが緩やかなところがある。この結果、この期間で同じような確率を示すことになり、較正年代幅が大きくなってしまう。また、N-1（4450 BP）とN-3-1（4530 BP）のように、測定値が約100年変わっても較正値の範囲は、ほとんど変わらないことがわかる（第4図）。あり地獄のように、この年代領域に落ち込んでしまうことになるのである（吉田2004）。

（3）【事例研究3】　土器付着黒色物質を年代測定できない場合（吉田2003a）

　埼玉県庄和町（現春日部市）須釜遺跡から出土した土器片について、黒色物質が付着しているということから、年代測定を試みた（吉田2003a）。弥生時代中期の再葬墓とされている。

A．資　料

　資料の詳細は次の通りである。
　資料番号 E-13 №66　壺（胴下半部）

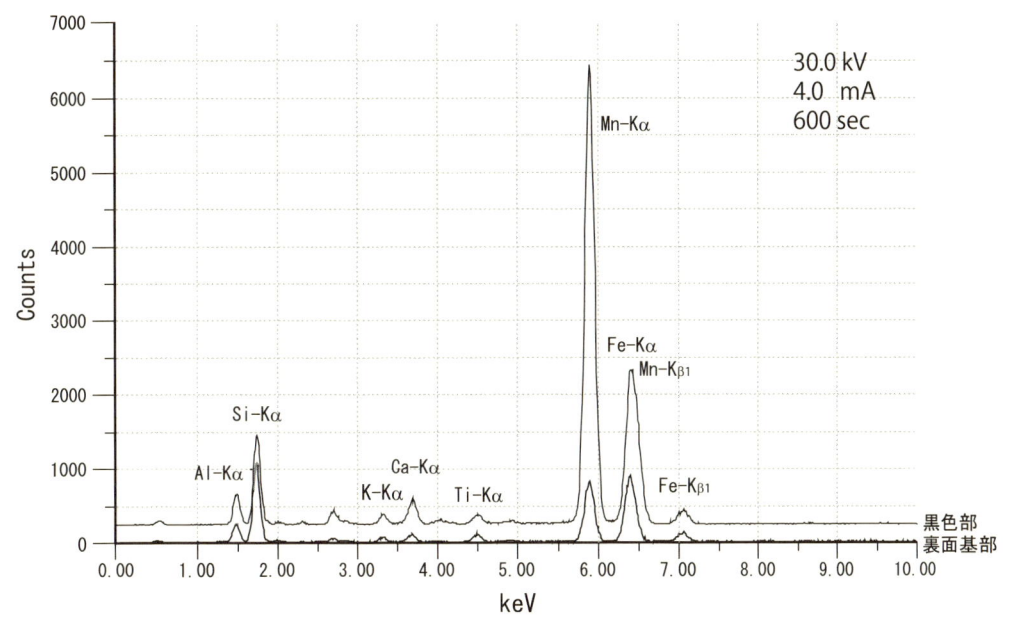

第5図　須釜遺跡から出土した土器付着物の蛍光X線スペクトル

質量 19.4g　大きさ 35〜40mm× 40〜50mm、厚さ 7mm
表面から深さ約 1mmは明色層を形成している。

B．年代測定

通常の方法で、資料を採取し、年代測定試料を調製した。しかし、ほんのわずかに得られた二酸化炭素から炭素含有量は 0.15%程度という結果が得られた、黒色物質には、炭素は含まれていなかったのである。当然、年代測定を行うことは不可能であった。

C．付着物の正体

付着物を実体顕微鏡で観察した結果、土器片の内側表面の全面を覆っているだけでなく、断面の部分まで流れ出るように付着している部分が見られる。明らかに埋蔵中に付着した可能性が高い。そこで、付着物の元素分析を行うことにした。

すでに、大部分の黒色物質を削り取った後だったので、削り残した黒色部分と、黒色物質を削り取って土器胎土が露出している部分を、それぞれ元素分析して比較した。微小部分の比較をするために、総合研究博物館に設置してある蛍光X線分析システム（エネルギー分散型蛍光X線分析システム　JSX-3201（日本電子 KK））を使用した。

通常はナトリウム以上の重い元素しか検出できないが、この装置は検出器の窓が薄いために、軽元素であるC（炭素）まで検出可能である（定量は出来ない）。また、微小部分分析装置 SX-Z9050T を用いることによって、CCD カメラで観察した約 1mm径の範囲を元素分析できる。今回は、このシステムを用いて、両者の比較を行った。

両者のスペクトルを、少しずらして表示したものが第5図である。黒色部では、マンガンのピークが突出している。マンガンの化合物で黒色を呈する代表的なものは、酸化マンガ

第3表 黒色部分の蛍光X線分析結果

	黒色部分 質量%	黒色部分 原子数%	土器胎土 質量%	土器胎土 原子数%
Al	11.5	17.2	14.2	17.9
Si	22.2	31.9	44.9	54.3
P	1.3	1.7	1.9	2.1
K	1.7	1.8	2.9	2.5
Ca	3.5	3.5	3.5	3
Ti	0.9	0.8	2.5	1.8
Mn	47.5	34.9	15.7	9.7
Fe	10.8	7.8	14.1	8.6

ン(Ⅳ)（MnO_2）である。硫化マンガン(Ⅳ)（MnS_2）も黒色だが、スペクトルでイオウはほとんど見えない。土器胎土が露出している部分でも、マンガンのピークが見られるが、黒色部の十分の一で、鉄のピークのほうが大きいことから、削り残しと考えていいだろう。0.5keVのところに見えるのが、酸素のピークで、定量は出来ないが、酸化マンガン(Ⅳ)に由来する部分が大きいものと推定される。それぞれの部分に含まれている元素についておよその量的関係を第3表に示す。

　黒色物質は、酸化マンガン(Ⅳ)であった。念のため、過酸化水素水を加えたところ、発泡して酸素を発生することが確認できた。有名な酸化マンガン(Ⅳ)による過酸化水素水の接触分解である。

D．マンガンはどこから来たのか？

　土器に付着した黒色物質は、土器の表裏に拘わらず、埋蔵時の下側に付着していたということである。また、遺跡の基本土層にも黒色の斑点状のものが見られる（4層-1、2）。この部分から採取した土壌についても、蛍光X線分析を行った。全体の傾向を見るために、今回はX線の線束を絞らずに、7mmのコリメータを用いて、土壌を塊のまま測定した。外観上、黒色部分が見えない土塊と黒っぽい部分が固まっている土塊をそれぞれ分析して、比較した。どちらも鉄の濃度が大きいが、黒い土壌では、マンガンの濃度が大きくなっていることがわかった。おそらく、土器に付着したマンガンは、土壌からもたらされたものと考えられる。

　では、この土壌のマンガンはどこから来たのだろうか？ 現地で土層を見る機会を逃してしまったため、写真で判断するしかないが、通常見られるマンガン凝集よりも顕著に思えた。まず、大量のマンガン供給場所として、電池工場や廃棄物処理場を想起したが、該当するものは存在しなかった。また、利根川・荒川上流域の足尾山地には、西は桐生川から東は東北自動車道そばの真名子、大柿付近までマンガン鉱床が広がるが（松山 2003）、やや遠すぎるであろう。

　遺跡の土層中によく見られるのは、水田跡の検出などに用いられるマンガン斑である。4価のマンガンは還元されやすく、作土中での活発な微生物活動によって酸素不足となり還元状態を呈する。水田に湛水すると数日間で2価に還元されるという（山田 1993）。2価のマンガンは水溶性・交換性イオンとして鉄とともに溶脱する。鉄とマンガンの酸化・還元の関係は次に示した通りである。

　4価のマンガンは、3価鉄より還元されやすく
　2価のマンガンは、2価鉄より酸化されにくい

　したがって溶脱したマンガン・鉄は、酸化的な下層土で、酸化・沈殿するが、その際、鉄

の集積層が上に、マンガン層が下に沈着することになる。

　水田の場合と同様に、河川堤防や後背湿地では洪水や地下水位の変動により、このような還元と酸化が繰り返されるものと考えられる。地下水位が高い場合は、還元状態になり、マンガンや鉄の溶脱が起き、これらが拡散・沈殿・集積する。実際、『庄和町の自然史Ⅱ』での地層断面調査では、4層上部にマンガン斑が認められている（長谷川 2002）。

　基本土層における黒色部は、前述したように鉄を多量に含んでいることから、上記のようなメカニズムによって集積したものと考えられる。

E. 土器に付着したのは何故だろう？

　溶脱したマンガン・鉄が、地下水位や河川水によって上下し、酸化的雰囲気の下で沈殿・集積するものだとすると、土器上に沈着する理由に思い当たる節がある。粘土鉱物の集合体である土器の表面が触媒のような役割を演じて、マンガンや鉄を酸化・沈着させる可能性である。

　粘土鉱物の一種であるゼオライトは、自動車の排ガス中のSO_2低減用触媒として実用化されているが、これはSO_2を酸化して除去しているのである。酸性雨の問題でSO_2の酸化経路として黄砂の影響が検討された。黄砂は粘土鉱物であるモンモリロナイトやバーミュキュライトなど様々な粘土鉱物が凝集したものと推定されており、ゼオライトを用いたSO_2の酸化では、触媒的な酸化反応が起きていることが確かめられている（内山 1991）。

　土器は粘土鉱物からなり、しかも素焼きの表面は多孔質であるので、ゼオライトと同様な、酸化能力を持つ可能性がある。より低地の後背湿地で溶脱したマンガン・鉄が地下水位（河川水の増減）により、河川堤防上の粘土を多く含む4層および土器表面で酸化・集積した可能性がある。4-1層は際だって粘土分が多くなっていることは示唆的である。ただ、埋蔵土器の下面のみに集積が起きていることを、必ずしも説明できていない。

　しかし、土器表面における酸化・沈着をうかがわせる画像がある。土器断面にはい上がって沈着している黒色のマンガン層の周囲に、明らかに茶褐色の鉄が層を作って沈着しているのが見てとれる。観察箇所のほとんどすべてで同じような絵を見ることが出来る。これは明らかに、土器表面で沈着する際に分別が起きたか、あるいは沈着後に分別が起きたことを示している。いずれにしても、土器表面の特性がもたらした結果であることが推定される。

　また、これもまだ仮説に過ぎないが、低湿地遺跡から出土する土器の表面にべったりと黒色有機物（炭化物）が付着している現象も、同様な粘土鉱物の集合体である土器表面の特殊性がなせる技によるものが含まれているのではないかと考えている。現在、検証のための実験を企図している。

　マンガン斑に関しては、発掘調査において、木炭と間違えられることがある。特に、ローム層中でよく発見される。蛍光X線分析、炭素含有量の分析ですぐに識別出来ることを知っておきたい。

4 貝塚・貝層の形成過程に関する時間情報を取り出す

(1)【事例研究4】 貝の年代測定に関わる問題 (吉田ほか 2008)

　放射性炭素年代測定法を用いて、遺構や遺物包含層の年代を決定する時に、最も信頼がおける資料は、植物遺存体や木炭である。一方、貝塚や貝層の年代を決定するためには、貝殻を測定することが定石であった。ところが、前述したように、繊維土器の年代と同層の貝殻の年代には差異が見られた。また、三陸沿岸の貝塚遺跡で、貝殻・ウニの年代は、同層の炭化物に比べ、300年前後古い暦年較正年代を示すことが明らかになった (Ohmichi et al. 2003)。いわゆる「海洋リザーバ効果」についての検討が必要である。

A．貝などの海洋資料の ^{14}C 年代

　貝や魚骨、海獣などの ^{14}C 年代を扱う時には注意すべき点がある。通常使われる ^{14}C 年代は、前述の同位体分別補正 ^{14}C 年代であり、この表記では、同時代のものでも、海洋資料は一般に陸上資料より約400年古い年代を示すことになる。したがって、陸上資料と海洋資料を生データで比較することは難しい。それぞれの暦年代較正曲線を用いて暦年代較正をする必要があり、このような手法を用いれば一定の条件下で、両者の暦年代は等しくなる。海洋資料の較正曲線 Marine 09 は、陸上資料との年代差が405年あるものとして作成されている (第6図)。

　ところが、ここに2つの問題がある。加速器質量分析 (AMS) 法で測定する場合は、^{12}C、^{13}C、^{14}C を測定して、$^{14}C/^{12}C$ 比を算出して年代を決定するので、必ず同位体分別補正 ($\delta^{13}C$ 補正) というものが行われている。しかし、β線計測法では別に質量分析計によって分析をしないと、この補正をすることが出来ない。第1の問題は、これまでに報告されているβ線計測法による年代値は、その多くがこの補正をしていないと考えられることである。また、この補正をすると、海洋資料が約400年古い値を示すことから、陸上資料と比較しにくいことを理由に、一部の測定機関では、補正しない年代値を積極的に提供して来たが、この場合も暦年代較正を行う場合に注意しなくてはならない。

　2番目の問題はさらにやっかいである。前節で述べたように海洋資料の年代は、場所や時代によって変動する要因が存在する。例えば、地球の海洋大循環によって、北太平洋では1800年ほど前の古い海水が湧昇している。この結果、北海道の縄文貝塚から出土したオットセイの骨は、約800年古い年代を示すことが知られている (Yoneda et al. 2001)。その他、氷河の溶出や河川水の流入などが影響する。海に生活する限り、貝も例外ではない。

B．地域オフセット ΔR の算出

　原理的には、同時代の海洋資料の ^{14}C 年代測定値は陸上資料のそれより405年古く、この関係を保っていれば、それぞれの暦年代較正曲線を用いれば、同じ較正暦年代を示す。ところが実際には、向台貝塚の3種類の貝と木炭のように、必ずしも同じ値にならない。原理的海洋リザーバー年代と実際のリザーバー年代は、場所と時代によって異なる可能性があり、

2 AMS年代測定の諸問題

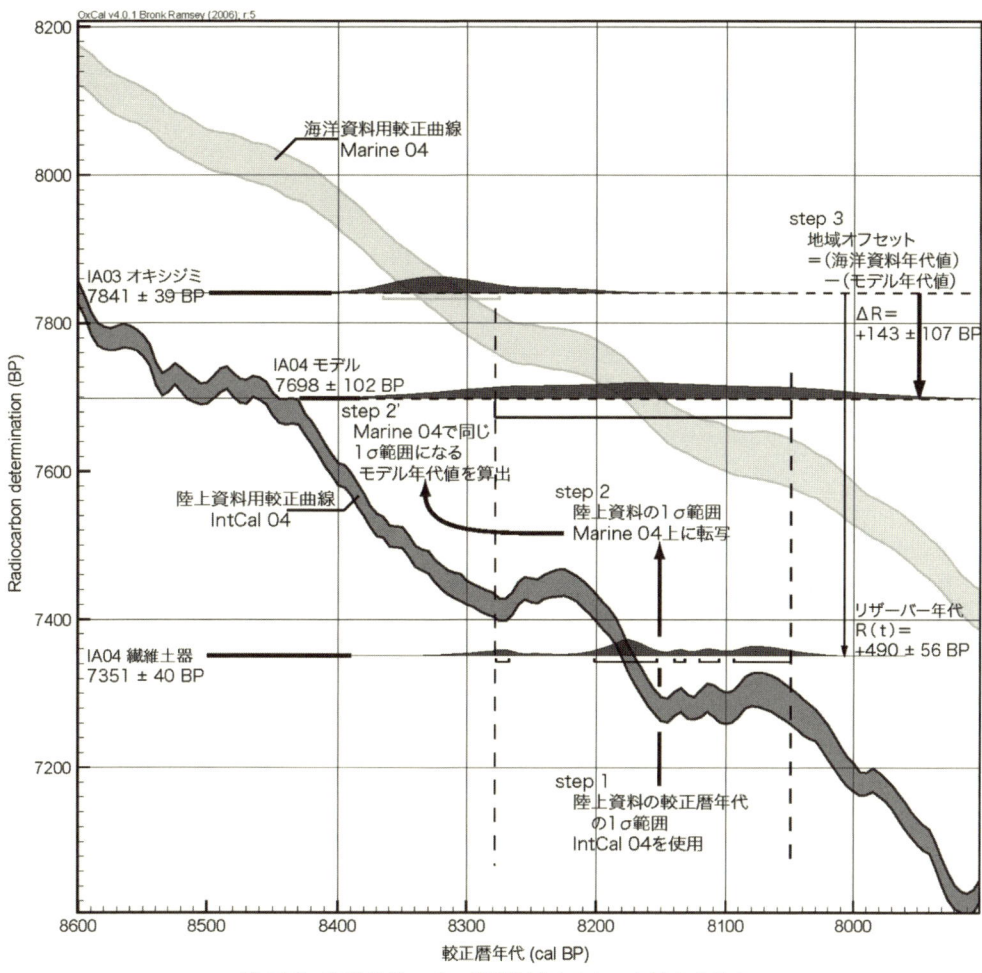

第6図 海洋リザーバー効果地域オフセット値の求め方

第4表 市川市遺跡出土貝資料の海洋リザーバー効果

遺跡名	試料番号	試料名	$\delta^{13}C_{PDB}$ (‰)	^{14}C 年代* (BP±1σ)	リザーバー年代 (BP±1σ)[1]	較正暦年代 cal BP** ±1σ範囲	海洋資料モデル年代 (BP±1σ)[2]	地域オフセット (BP±1σ)[3]	測定機関番号 TKa-
杉の木台貝塚	No.04	繊維土器	-25.1	7351 ± 40		8278 - 8050			14357
	No.03	オキシジミ	-9.4	7841 ± 39	490 ± 56	8366 - 8275	7698 ± 102	143 ± 109	14366
東新山貝塚	No.16	繊維土器	-26.9	5476 ± 35		6305 - 6217			14358
	No.11	ハマグリ	-1.1	5794 ± 34	318 ± 49	6260 - 6188	5851 ± 38	-57 ± 51	14368
向台貝塚	No.31	炭化材	-25.6	4363 ± 34		4962 - 4868			14362
	No.28	ハマグリ	6.7	4644 ± 38	281 ± 51	4910 - 4816	4706 ± 23	-62 ± 44	14286
	No.29	マガキ	-2.9	4719 ± 40	356 ± 52	5001 - 4870	4706 ± 23	13 ± 46	14287
	No.30	アサリ	0.9	4795 ± 40	432 ± 55	5185 - 4983	4706 ± 23	89 ± 46	14288
曽谷貝塚	No.46	炭化材	-25.1	3196 ± 29		3444 - 3389			14363
	No.43	オキシジミ	8.6	3653 ± 37	457 ± 47	3615 - 3496	3539 ± 7	114 ± 38	14289
	No.44	ハマグリ	5.3	3466 ± 35	270 ± 45	3397 - 3306	3539 ± 7	-73 ± 36	14290

*) $\delta^{13}C$ 補正放射性炭素年代（半減期：5568 年使用）
**) 陸上資料は IntCal 04、貝資料は Marine 04 を用い、OxCal 4.0.1 較正プログラムにより較正
1) リザーバー年代 $R(t)$ =（貝資料の年代値）−（陸上資料の年代値）
2) 海洋資料モデル年代；Marine 04 で較正した時に、同層から採取した陸上資料の較正暦年代と等しくなるように設定した ^{14}C モデル年代
3) 地域オフセット ΔR =（貝資料の年代値）−（海洋資料相当モデル年代値）

両者の差が地域オフセット ΔR に相当する。

同一遺跡で同時代性を有する陸上資料—貝殻資料の組み合わせを用いて、この ΔR を算出し、市川市沿岸海域における、海洋環境の変動、貝種による相違を検討した（第4表）（吉田ほか 2008）。

ΔR の算出方法は、いくつか提案されているが、ここではスタイバーら（Stuiver *et al.* 1986・1993）の考え方を用いた。実際に、杉の木台貝塚の資料で ΔR を求めてみる（第6図）。

Step 1. 陸上資料の ^{14}C 年代測定値を IntCal 04 で暦年代較正し、信頼率 68.3%（1σ 範囲）の較正暦年代範囲を求める。

Step 2. Marine 04 に較正暦年代範囲を転写し、同じ較正暦年代範囲となるような ^{14}C 年代測定値（BP ± 1σ）、海洋資料モデル年代を決める。

Step 3. 海洋資料について実際に測定した ^{14}C 年代測定値とモデル年代との差を算出、これが地域オフセット ΔR である；143 ± 109 BP。

組み合わせ資料がある4時代、4遺跡、早期・杉の木台貝塚、前期・東新山貝塚、中期・向台貝塚、後期・曽谷貝塚についての ΔR を算出した。第4表に示すように、貝種により大きな差が生じ、大変面白い結果が得られた。

杉の木台貝塚の資料は、やや同時代性に疑義があるが、共通している貝種をもとに比較すると、①時代によって大きな変動は見られず、②オキシジミは約100年古く、ハマグリは逆に6〜70年新しい値を示すという結果が得られた。

軟体動物の貝殻は外套液によって形成される。カルシウムイオンは海水から供給され、炭酸イオンも主として海水から供給される。砂泥中に潜って生活している場合は、入水管から吸い込む水の中に含まれる有機物（生きたプランクトンやその死骸、腐植など）を食料としており、その一部も炭酸塩の形成に関与しているとされる。

得られた結果は、生息場所における海洋環境、食餌条件の違いを反映している可能性がある。オキシジミは干潟の奥部、泥底に棲息し、ハマグリは淡水が流入する砂泥地を好むとされている。両者が棲息している環境で鹹度が大きく異なることは考えにくい。これまでに埼玉県の遺跡から出土した繊維土器—貝殻資料の組み合わせについて年代測定を行い、関山式〜黒浜式の時代では、ハイガイやハマグリが同様に数十年〜百年程度新しい値を示すことを報告し、大気の二酸化炭素を溶解した河川水の流入によって海水の影響が薄められている可能性を指摘した。一方、オキシジミは食餌を通して泥堆積物中の古い有機物の影響を受けている可能性がある（Yoshida *et al.* 2004、吉田ら 2005）。

最近、和歌山市和歌川河口干潟で底生動物の動態調査が行われ、アサリ、オキシジミなど6種の貝類について、分布、食物調査、安定同位体比分析が行われた（金子ら 2006）。オキシジミは干潟の奥部に分布するが、貝類の消化管内容物で、オキシジミとカガミガイは浮遊性の渦鞭毛藻の構成比が多く、同位体比からもオキシジミ等の二枚貝は海起源の浮遊性種を食物源とする傾向が強いと結論づけている。今回の結果とは相反するように思えるが、今後

検討する必要がある。

今回の測定で、陸上資料との差が最も少ないのがマガキであり、出土例も多いが、年代測定資料としては勧められない。薄い殻が板状に重なり複雑な表面構造を持っているため、埋蔵中および発掘後に、前述した二酸化炭素の交換による再結晶の影響を強く受ける危険がある。また、貝殻に有機物を多く含むためか、AMS 測定試料を調製する際に、グラファイト生成に支障をきたす場合があるからである。

海に囲まれている千葉県の古代史を研究する上で、貝から逃れることは出来ない。沿岸部の遺跡では、貝塚などから得られる貝殻を用いて年代を決めることが多く、1999 年に千葉県で集成した縄文時代遺跡の年代値 110 例の内、62 点、約 56％を貝資料が占めている（安井 1999）。今回の資料でも、貝資料は 6 割を占める。遺跡、文化層の年代を精確に決定するには、一般に炭化材の表皮近くの資料が最も信頼できるが、過去に発掘された貝塚遺跡では、炭化物が残されていないことが多い。貝塚遺跡の年代軸を精確に設定するために、地域オフセットの研究が系統的に行われることが望ましい。

C．博物館資料を用いた地域オフセットの分析

現生の貝を用いて、列島各地の地域オフセットを測定できればよいのだが、残念ながら不可能なのだ。1957 年から行われた大気圏内核実験の結果、大気中の ^{14}C 濃度は増加し、1964 年前後には最大約 2 倍にまでなり、その後減少しているが、2010 年現在、まだ 10％程度大きい状態が続いているのである。そこで、博物館などで収蔵している、採取場所、採取年が記録されている貝殻標本を用いて地域オフセットの値を測定した（Yoneda et al. 2007、Yoshida et al. 2010）。日本海の値はないが、北海道から沖縄までの値が提出されている。北海道東岸は、前述した理由から 392 ^{14}C 年という大きな値である。八戸、塩竈は 12～18 ^{14}C 年程度であるのに対し、房総半島、東京湾、相模湾は 61～89 ^{14}C 年という値を示している。また、奄美大島は 5 ^{14}C 年、沖縄は 38 ^{14}C 年であった。

（2）【事例研究 5】 陸産の貝の年代に関わる問題（吉田 2003b）

陸産のものについても、石灰岩地帯や沖縄のような珊瑚礁地域では、地下水やたまり水が古い炭素（^{14}C を含まない炭素）で出来た炭酸塩を溶け込ませている可能性もあるので、陸産貝殻の年代値を検討した。沖縄本島の北部、国頭村茅打バンタ遺跡のV層から出土した木炭と陸産貝殻について、放射性炭素年代を決定した（吉田 2003b）。

A．資　料

陸産の貝殻は、1999 年の発掘調査に参加し、V-2 層の貝層から資料を採取した（オキナワヤマタニシ）。また、地表面の藪の陰におびただしいマイマイ類の貝殻が集積していたので、現生のものと考え、対照資料として採取した（シュリマイマイ）。これらは、東京大学総合研究博物館佐々木猛智博士に種の同定を依頼した。

発掘時には、貝層から炭化材等の炭化物資料を採取することは出来なかったので、オキナワヤマタニシの内部に入り込んだ土壌を測定することにし、掻き出して実体顕微鏡で観察し

第5表 茅打バンタ遺跡から出土した陸産貝類の年代値

層位	炭化材・土壌			
	試料番号	測定値 BP	TKa-No	$\delta^{13}C$ (‰)
V-1	19（炭化材）	2,910 ± 90	12251	−27.8
	20（炭化材）	2,970 ± 90	12252	−27.2
V-2	21（炭化材）	2,990 ± 70	12253	−25.1
	22（炭化材）	2,980 ± 70	12254	−26.2
V-2	貝土壌	2,940 ± 80	12267	−26.7
	貝炭化物	3,040 ± 70	12268	−26.8

層位	貝			
	試料番号	測定値 BP	TKa-No	$\delta^{13}C$ (‰)
V-2	貝	3,940 ± 110	12265	−9.2
表採	貝	3,190 ± 100	12266	−10.7

たところ、炭化物がいくつか採取出来たので、これについても測定を行った。貝殻は数個あるもののうち1個を選定し、測定した。オキナワヤマタニシは、殻高24mm、殻長26mm、シュリマイマイは、殻高22mm、殻長32mmの個体を使用した。

一方、炭化材資料は、B区断面の土壌資料（試料番号19〜22）からふるい分けにより抽出した炭化材で、水洗等の処理をしていないものを、パリノ・サーヴェイ株式会社から受領した。なお、炭化材の種類は、保存状態が悪いため、種の同定には至っていない。

測定を行った資料の概要を、第5表に示す。

B．測定試料の調製と年代測定

木炭、貝殻は通常の処理を行った。

4個の貝殻から取りだした土壌は約4.6gであった。貝のかけらやヒゲ根、炭化物を実体顕微鏡下で除去した後、ステンレス製ふるいで、3つの粒度；粒度大（粒径＞0.85mm）2.4g、中（0.85〜0.3mm）0.6g、小（＜0.3mm）0.4gに分けた。測定試料の調製には、粒度大を使用した。土壌についても木炭と同様の処理を行った。土壌に含まれる微小な貝殻は除けなかったので、酸処理の際に溶解し多量の泡（二酸化炭素）を発生した。

C．測定結果

測定結果を、第5表に示す。すべての年代値は、$\delta^{13}C$による同位体分別補正を行った放射性炭素年代値（Conventional Radiocarbon Age）である。このような補正をして得られた木炭と土壌の年代値は、オキナワヤマタニシの内部土壌から採取した炭化物がやや古い年代を示しているのを除くと、内部土壌を含め、ほぼ同じ年代を示している。

それに対して、オキナワヤマタニシの年代値は3940 ± 110 BPで、内部土壌中の炭化物3040 ± 70 BPと比べても、900 ± 180 BPの差が見られる。さらに、現生のものと考えて採取したシュリマイマイは、3000 BPを超える年代を示している。これは、遺構由来のものである可能性がある。

問題は、出土層位がはっきりしているオキナワヤマタニシの年代である。$\delta^{13}C = -9.2$‰なので、前述したように$\delta^{13}C$補正による影響は、−25‰との差が約−15‰で、その2倍−30‰（＝−3％）を考えて、80年×3＝240 BP程度古くなることになるが、900 BPは明らかに大きい。本遺跡はフィッシャー上の遺構であることから、貝殻を形成している無機炭酸が石灰岩を溶解した水に由来するため、古い年代を示していると考えられる。石灰岩に含まれる炭素には、放射性炭素^{14}Cは含まれていないので、水中の^{14}C濃度が小さくなるのである。

貝殻の内部から取りだした土壌、および含まれていた炭化物の年代値は、他のⅤ層炭化物の年代値と整合性を示しているので、この考えは妥当なものと思われる。つまり、石灰岩地帯に棲息する陸産貝類は、年代測定には使用出来ないのである。

　沖縄県伊是名貝塚で出土したオキナワヤマタニシについての年代を測定した結果では、このようなことは起きていない。3群のうちで1例が飛び抜けて新しい年代（930 ± 100BP；TKa-11843）を示した他は、3290 ± 120BP（TKa-11844）、3000 ± 90BP（TKa-11845）で、他の海産貝類や土器片の年代と良く一致した値が得られている（吉田ら 2001）。これは、同貝塚が砂丘列上に立地するため、層序の母材がサンゴ片や貝混じりの砂とそれが土壌化した堆積物である（橋本ら 2001）ことから、貝殻を形成した無機炭酸への影響は少なかったものと考えられる。

D．オキナワヤマタニシの内部から見つかった炭化物の正体

　1個体あたり約2.5gの貝殻4個から、計4.56gの土壌を掻き出すことが出来た。この中に、約1％、42mgの炭化物が含まれていた。発掘調査中には、貝層から炭化物を得ることは出来なかった。

　貝殻の年代値は、海産、陸産を問わず問題を生じることが多いので、貝層の年代を決定する時は、炭化材を採取するために最大限の努力を傾けるべきである。万が一、炭化材が得られない場合は、貝層から採取した貝殻を洗浄せずに、そのままアルミ箔で包み、ポリエチレン袋に二重に封入した上で、年代測定機関に持ち込み、土壌の年代を求めるとよい。その際、土壌にカビが生えないように注意する。一般に、貝殻は内部の土壌をパックしているので、上下の地層からの有機物の流れ込みに対して、保護作用を果たしている場合が多い。炭化材が採取出来なかった場合も、諦めずに土壌の年代を測定してみるべきである。

　さて、今回は、その土壌中に炭化物が発見された。

　①精査したにもかかわらず、貝層からは炭化物を採取できなかった、②すべての個体で炭化物が認められる、ということから、この炭化物は自然集積した軟体動物の遺骸が、死後、埋没環境で自然炭化したものではないかと考えた。幸いに、全量を掻き出すことが出来なかった個体があり、内部の土壌に含まれる炭化物の形状、状態を観察することが出来た。

- □ 貝殻の内側表面に、黒色の炭化物が付着、表面を覆っている部分がある。
- □ 炭化材とは考えられない形状の比較的大きな（2、3mm）炭化物が認められる。

　以上は、仮説を支持するが、一方で、

- ■ 直火で加熱された形跡はないが、茹でたかどうかは判別出来ない。
- ■ 微小な貝殻（2mm程度）や小石が、含まれている。
- ■ 表面に繊維構造が観察される薄片（2×1mm程度）が何例か認められる。

このため、外部から入り込んだ炭化材（炭化物）である可能性を捨てきれない。結論を出すには、もう少し多数の個体を調査する必要がある。また、被熱することなく、遺骸が炭化する場合があるのかどうなのかも検討しなければならない。

また、炭化物のδ¹³C の値も草食の動物のものと考えて矛盾しないが、そもそもこの領域は、炭化材の数値領域でもある。

オキナワヤマタニシが食用であったかどうかに関しては、伊是名貝塚の報告書で、黒住は①出土した個体の組成が、現在の死殻の組成と類似している。②民俗事例から沖縄で食用となった種はオキナワウスカワマイマイがほとんどで、オキナワヤマタニシの例はほとんど報告されていない。などとして、伊是名貝塚で大量に出土したオキナワヤマタニシは食用ではなかったとしている（黒住 2001）。この問題も、今後検討を続ける必要がある。

5　遺跡形成過程に関する時間情報を取り出すために

年代測定を行う場合に、全体像を明らかにするのか、それとも、ある特定の時期、層序に関して較正暦年代の幅を小さくしたいのかを、検討する必要がある。自然科学分析の経費が限られている場合、この選択は重要である。

後者を選択した場合、年輪がはっきりしていて数十年の年輪幅があり、外皮に近い部分が残っているときは、ウィグルマッチングの手法が有効となる。古木が紛れ込んでいる場合は論外である。10年ごとに数資料を採取して、年代測定を行うと、暦年代較正曲線上のどの場所に乗るかが、明らかになるので、最外年輪の較正暦年代が狭い範囲で特定できることになる。

正確で有効な年代値を得るためには、様々な知識と技量が必要とされる。発掘調査の中で年代測定を企図した場合には、年代測定研究者と相談し、現場で協働作業を行うことが、最もよい結果をもたらすことを知っておいて欲しい。

引用・参考文献

"INTCAL 98：CALIBRATION ISSUE" 1998, *Radiocarbon*, 40
内山政弘 1991「ゼオライト上での二酸化硫黄の酸化反応」『国立環境研究所ニュース』10—1　pp.9-10
Ohmichi, J., Yoshida, K., Miyazaki, Y., Minami, R., Matsuzaki, H. and Nagai, H. 2003 "Ages of shells compared with charcoals excavated from the archaeological sites.", *Proc. of 18th Int. Radiocarbon Conf.* p.182, Wellington, New Zealand
小田寛貴 2004「加速器質量分析法による考古学資料・歴史学資料の14C 年代測定」『アルカ研究論集』2　pp. 1-19
金子健司・前畑友香・矢持　進 2006「和歌川河口干潟における貝類の食物と分布について」『平成18 年度日本水産学会近畿支部後期例会』講演要旨
黒住耐二 2001「伊是名貝塚の貝類分析」『伊是名貝塚―沖縄県伊是名貝塚の調査と研究』伊是名貝塚学術調査団編　勉誠出版　pp.328-345
Stuiver, M., Pearson, G. W., Brazuunas, T. 1986 "Radiocarbon age cakibration of marine samples back to 9000 cal yr BP." *Radiocarbon*, 28（2B）, pp.980-1021
Stuiver, M., Braziunas, T. F. 1993 "Modeling atmospheric ¹⁴C infkuences and ¹⁴C ages of marine samples to 10,000 BC." *Radiocarbon*, 35（1）, pp.137-189

橋本真紀夫・矢作健二 2001「伊是名島のなりたちと伊是名貝塚」『伊是名貝塚―沖縄県伊是名貝塚の調査と研究』伊是名貝塚学術調査団編　勉誠出版　pp.15-25
長谷川清一 2002『庄和町の自然史Ⅱ　原始・古代の古環境の変遷』庄和町教育委員会　p.13
松山文彦 2003　private communication
安井健一 1999「^{14}C 年代測定の意義と課題」『研究紀要』19　千葉県文化財センター
山田一郎 1993「マンガンの形態分析法」『第四紀試料分析法2 研究対象別分析法』pp.32-38
吉田邦夫 1997「縄文土器のC-14年代」加速器質量分析シンポジウムプロシーディングス　pp.144-147
吉田邦夫・本田亜紀子 1997「縄文土器のC-14年代(1)」日本文化財科学会第14回大会　pp.24-25
吉田邦夫 2000a「放射性炭素（炭素14）で年代を測る」『デジタルミュージアム2000』pp.167-171
吉田邦夫 2000b「黒浜式土器の放射性炭素年代」本郷元町Ⅳ　都立学校遺跡調査会報告書　pp.91-104
吉田邦夫・宮崎ゆみ子・小原圭一・阿部直弘・菱木繁臣・大野綾子・飯嶋寛子 2000「縄文土器がもつ時間情報」日本文化財科学会第17回大会 研究発表要旨集　pp.8-9
吉田邦夫・小原圭一・宮崎ゆみ子・稲葉千穂・春原陽子・小林紘一 2001「伊是名貝塚の放射性炭素年代」『伊是名貝塚―沖縄県伊是名貝塚の調査と研究』伊是名貝塚学術調査団編　勉誠出版　pp.395-400
吉田邦夫 2003a「土器に付着した黒色物質」『須釜遺跡　庄和町文化財調査報告　第9集』pp.118-122
吉田邦夫 2003b「年代測定」『考古学資料集29　沖縄県茅打バンタ遺跡　日本人及び日本文化の起源に関する学際的研究 考古学班 研究成果報告書』pp.68-75
Yoshida, K., Ohmichi, J., Kinose, M., Iijima, H., Oono, A., Abe, N., Miyazaki, Y. and Matsuzaki, H. 2004 "The Application of ^{14}C dating to potsherds of the Jomon period. ", *Nucl. Instr. and Meth.* pp.716-722
吉田邦夫 2004「火炎土器に付着した炭化物の放射性炭素年代」新潟県歴史博物館編『火炎土器の研究』同成社　pp.17-36
吉田邦夫・大道純太朗 2005「関山式土器の年代測定」『庄和町遺跡調査会報告書　第11集』風早遺跡第3次調査　馬場遺跡第4次調査　pp.191-196
吉田邦夫・領塚正浩・宮崎ゆみ子・原 辰彰・飯嶋寛子 2008「^{14}C 年代から見た市川市の縄文貝塚」『市川市縄文貝塚データブック』市立市川考古博物館研究調査報告第9冊　市立市川考古博物館　pp.151-162
Yoshida, K., Hara, T., Kunikita, D., Miyazaki, Y., Sasaki, T., Yoneda, M., Matsuzaki, H. 2010 Pre-bomb marine reservoir ages in the North Western Pacific. *Radiocarbon,* 52, pp.1197-1206
Yoneda, M., Kitagawa, H., Plicht, J. V. D., Uchida, M., Tanaka, A., Uehiro, T., Shibata, Y., Morita, M., Ohno, T. 2000 Pre-bomb marine reservoir ages in the western north Pacific: Preliminary result on Kyoto University collection. *Nucl. Instr. and Meth.* B172, pp.377-381.
Yoneda, M., Hirota, M., Uchida, M., Uzawa, K., Tanaka, A., Shibata, Y., Morita, M. 2001 Marine radiocarbon reservoir effect in the western north Pacific observed in archaeological fauna. *Radiocarbon,* 43, pp.465-471.
Yoneda, M., Uno, H., Shibata, Y., Suzuki, R., Kumamoto, Y., Yoshida, K., Sasaki, T., Ssuzuki, A., Kawahata, H. 2007 Radiocarbon marine reservoir ages in the western Pacific estimated by pre-bomb molluscan shells. *Nucl. Instr. and Meth.* B259, pp.432-437
Ramsey, B. 2003・2005 OxCal v3.9. OxCal v3.10

第Ⅱ章　考古学と古病理学
―人体形成の時間性と古病理―

1 古病理学的に見た縄文人

谷畑 美帆

はじめに

　人類が地球上に現われたのは、地球の歴史からすれば、つい最近のことである。すなわち、最古の生命体とみなされているシアノバクテリアの出現が、約35億年前とされるのに対し、類人猿は2000万年前、人類は440万年前にやっと現われたのに過ぎないからである（Zihlamn 1992、犬塚 2001）。

　しかし、一方で、私たち人類は、他の生物が持たないさまざまな特性を持っている。一般的に言う人類の定義とは、「道具によって作られた道具（＝二次的に作られた道具）を使う動物」ということになる[1]（片山 1996）。約350万年前に生息していた、アウストラロピテクス・アファレンシスは人類の祖先の一つに位置づけられるが、彼らはチョッピング・トゥールといわれる大型の石器を使っていた。このように、その誕生当初から、人類と「道具」の関係は切っても切れないものだったのである[2]。

　考古学は、人類が残したこれらの道具や遺構など、過去の人々の痕跡を探る学問である。そして、この稿の筆者が研究している人類学や古病理学は、そうした痕跡を残した大昔の人々そのものや彼らが罹患した病気を探ることを目的としており、考古学の一部ともなりうる。

　このように、人類の足跡を多方面からたどり、私たちの社会・生活様相を理解する手がかりを得るための研究は、18世紀末から少しずつ進められてきた。以下、その手法の一端を用いて、縄文時代の人々の暮らしぶりや病気について考えてみることにしよう。

1　注目される日本列島の後期旧石器時代人骨 —港川人を中心として—

　ここでは、日本列島における人類の起源についてまとめておきたい。

　酸性土壌が中心である日本列島では、化石人骨が出土することはまれである。しかし、こうしたなか、沖縄県内の数地点からは、例外的に、旧石器時代に遡る化石人骨が複数出土している（第1図）。「化石人骨」というのは、人骨に土中の鉱物質などが吸着し、石のようになった人骨のことで、遺跡から出土する人骨については、約1万年前を目安に、それより古いものを化石人骨、新しいものを古人骨と呼ぶことが多い（片山 1996）。

　琉球列島の洞穴などで化石人骨が多く残されていたのは、土壌がカルシウム分を多く含む石灰岩質だったため、人骨が比較的残りやすかったという背景がある。そのため、古手の化石人骨は現在のところ、ほとんどが琉球列島から出土している。

　これらのなかでも代表的な化石人骨といえば、沖縄県八重瀬町の港川石灰岩採石場で、1970

第Ⅱ章　考古学と古病理学 —人体形成の時間性と古病理—

年に発見された「港川人」であろう。港川人は数個体分の化石人骨であり、少なくとも5個体分が出土している。このうち全身がうかがえるのが1号〜4号人骨である。本稿では、この中でも遺存状態・保存状態が良好な港川1号人骨（以下、港川人とする）をとりあげたい（第2図）。

1号人骨は男性で、身長153cm、頭骨は厚く、現代人の1.5倍はあるといわれる（馬場 1998）。頭の輪郭は丸く、咀嚼筋の一種である側頭筋のはいる側頭窩（コメカミの部分）が深く、側頭筋が発達しているとされている。

このように頬骨が出ているなどの特徴は、中国で出土している山頂洞人や柳江人などとは形質的に異なっており、インドネシアのワジャク人に類似しているとされる（馬場 1998）。そのため、港川人が生息していた約2万年前には、太平洋沿岸のアジア地域では、活発な行き来があり、港川人も南方からやってきたのではないかとみる研究者もいる。

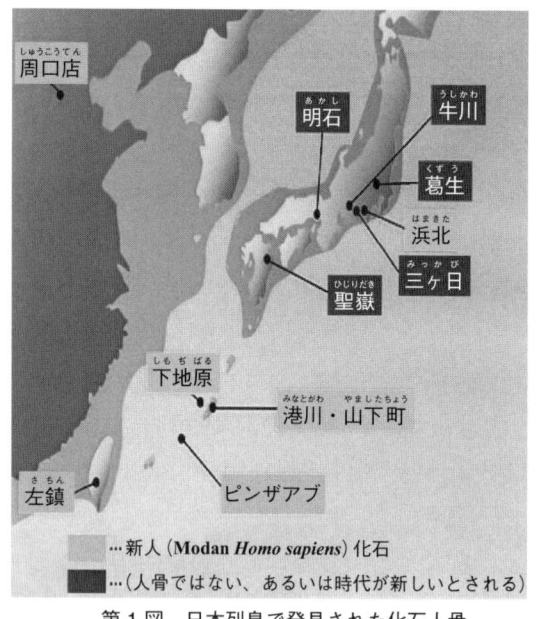

いずれにせよ、港川人は、アジアにおける新人の進化を解明する上でも貴重な資料であることは間違いない。

港川人最大の特徴は、後頭骨の上半分が後ろに突出し、寸つまりの顔（低顔）をしており、骨そのものにもかなり厚みがあることだ。つまり、現代の私たちに比して、短く広く、頑丈なつくりになっているのだが、こうした特徴は、新人としてはかなり原始的とされている。その一方

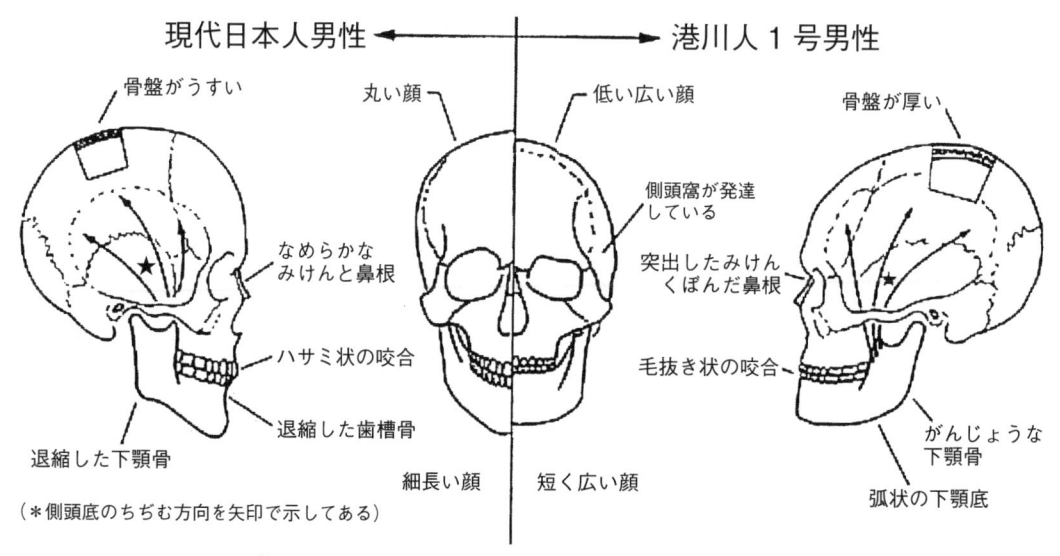

第1図　日本列島で発見された化石人骨
（馬場 1998・2001を一部改変）

第2図　現代日本人と港川人の頭蓋骨（馬場 1998を一部改変）

で、眉間が盛り上がり、鼻背が高く隆起するなどの顔面頭蓋骨の特徴は、一見、縄文人に似ている、とみることもできる。このため、彼らが形質的にみて、次の時代の縄文人へと直接つながっているのかという点について、いくつかの議論がなされてきた。

しかし、このテーマに関しては、最近いくつかの重要な指摘がなされるようになってきた（海部・藤田 2010）。すなわち、1号人骨の接合にゆがんだ部分があり、それを修正して再観察を実施したところ、港川人の下顎骨は、オーストロ・メラネシアの人骨に類似した形質を持っており、縄文人とは類似しないというのだ。このほか、個々の骨の細かい検討をもとに、縄文時代人との相違点も示された。これらのことから考えると、港川人は縄文人には直接つながらないとみるべきなのかもしれない。

港川人より時期が新しく、四肢骨などの形態的特徴が縄文人に類する資料としては、上部港川人（1万2千年前）や、静岡県浜北市で見つかった「浜北人」（1万4千年前）などをあげることができる。

彼らは港川の1号人骨などと比べると、骨格も部分的であり、港川人と直接つながるかどうかはさらに微妙だが、見方によっては、上部港川人や浜北人については、彼らが環境変化に適応した結果、縄文時代人になったとみることは可能なのかもしれない。いずれにせよ、琉球列島ではこのところ、日本における初期人類の動向を把握するための基準とされる資料が次々と発見されている。中でも、石垣市白保の新石垣空港建設予定地内の洞穴で、2009年7月に出土した人骨は重要だ。この人骨は、沖縄県が行った新石垣空港建設予定地内の複数の洞穴調査で、白保竿根田原洞穴から出土したもので、放射性炭素年代測定の結果、2万年前のものであることが明らかになりつつある。これまで日本列島で、最古とされている人骨は、那覇市の「山下町第一洞穴人」の3万2000年前だったが、これは一緒に出土した木炭や貝殻などを測定した結果、得られた数字であり、白保竿根田原洞穴人骨の場合とは状況が異なる。少なくとも、人骨を測定した結果得られた年代としては日本最古で、これにより、約2万年前の旧石器時代に石垣島にヒトが住んでいたことが証明されたことになる。現在、出土人骨の整理作業が進められている。また、この他琉球列島から出土した資料とあわせて、日本列島における縄文人の成立当時の状況が明らかになる日も、そう遠くないかもしれない。

2　縄文人の平均余命

本能寺の変で命を落とした戦国武将・織田信長は「人生50年」といった下りの入った謡曲を好んだという。しかし、今では私たちの寿命はどんどん長くなり、最近では100歳を超える人も珍しくない。このように、私たちの寿命（＝平均余命）は次第に長くなっているといえる。

私たちが、これほどまで長く生きられるようになったのは、医療技術の進歩の賜物である。また日本の場合、こうした状況を生み出したのは、直接的には、19世紀以後の西洋近代医療の導入によるのだが、1960年代以降に起きた食糧事情の大幅な改善に伴う面も大きい。

文字資料が存在しない時代の場合、当時の人口等の統計的数値について、把握・議論することは難しい。しかし、出土人骨の年齢を推定することによって、ある程度の概数は算出することが

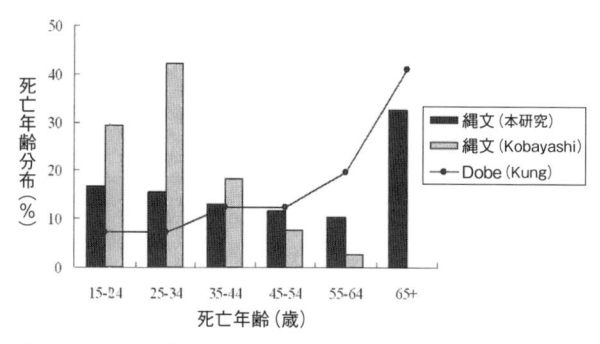

第 3 図　縄文時代人の平均寿命について（長岡 2010 を一部改変）

可能である。

縄文人の寿命（＝平均余命）については、これまで一般的に約 30 歳前後と考えられてきた（Kobayashi 1967）。しかし、高い精度での年齢推定が可能となる「恥骨結合面」という人骨の部位は、出土人骨ではよく残っていない。こうしたこととあいまって、この種の研究は 1960 年代以降、本格的に実施されることはなく、議論の対象にもならなかった。

しかし、この状況を打破するべく、縄文人の平均寿命がどのくらいだったのかを再考察する研究も、近年実施されるようになってきていた。

人骨資料から年齢を推定するのは、実はそれほど簡単ではない。しかし、最新の研究では、恥骨結合面よりも遺存率の高い腸骨耳状面の形態変化を基に年齢推定した結果、15 歳まで生存した個体は、プラス 31.5 年生存できる可能性が指摘されている（長岡 2010、第 3 図）。つまり、成人すれば、多くの人は 45 歳前後まで生き延びることができたということである。

これは従来言われてきた、縄文時代には、30 歳になるまでにほとんどの人が死んでしまった、というイメージとは大きく異なる。私たちが抱いている、このような漠然とした印象は、縄文時代には、未成年の死亡率が高かったため、平均寿命が低く算出されてしまった結果と言えるのかもしれない。

象やカメなどを除いて、人類は、他の動物に比べると、成長以後の老化の時期が著しく長い。一般に成長・成熟期を過ぎた動物は、その集団内では存在価値を喪失してしまう場合が多いとされている。

たとえば、群れを率いる雄ライオンなどの場合、老化し、歯牙が抜けると、今までいた集団から淘汰され、その集団には若い雄ライオンが入って世代交代がなされる。しかし、私たち人類では、こうしたことは起きない。老化段階を迎えた個体においても、生存の可能性は十分確保されており、生殖能力を保持していない個体でも、社会的な役割は保持されている。

近年、明らかになった「縄文人が実は長命だった」という事実は、あるいは、このような老化個体を保護するという人類の社会的なシステムが、縄文時代からすでに確立されていたことを示唆するのではないだろうか。

3　縄文人骨に見られる病気の痕跡

遺跡から出土する遺物の中で最も数の多いのは、土器片であろう。実際、縄文土器の生産や移動の状況は極めて複雑であり、編年研究のみならず、その意義などをもふまえて考察した研究も多い。しかし、当時の人そのものである「古人骨」も、土器に負けず劣らず、多彩な情報を与えてくれる。

一般に、縄文人の特徴というと、顔面頭蓋骨の長さが短く、「低顔」と呼ばれる寸詰まりの顔立ちで、手足の骨に関していえば、骨の後面（後ろ）にピラスターと呼ばれる突起を持つなど、筋骨隆々とした人たちだったと考えられがちである。

もちろん、こうしたイメージが間違っているわけではない。しかし、縄文時代は1万年以上にわたっており、地域によっても、時代によっても、彼らの形態的な特徴はバリエーションに富んでいることがわかってきている。すなわち、前述した、いわゆる「縄文人的な特徴」を、すべての縄文人骨が保持しているわけではないのである。

一般に、初期の縄文人、すなわち早期〜前期に相当する時期の人々は、筋付着面があまり発達しておらず、きゃしゃな様相を呈していると言える。とはいえ、中には神奈川県横須賀市平坂貝塚出土人骨のような頑丈な早期人の存在も知られており、一様ではない。

このような縄文人骨の多様さについて、人類学者の山口敏は、更新世に大陸の北や南からさまざまな系統の人々が渡来した名残ではないかと考えている（山口 1992）。そして、中期になると、ようやく、私たちがイメージしているような筋骨隆々とした頑丈な縄文人骨が確認されるようになるというのである。

では次に、縄文時代人たちを、時期ごとに、病気の痕跡という面からみていくことにしよう。以下、早期・前期・中期・後期の順で記していく。

早期では、愛媛県上黒岩岩陰遺跡から出土した人骨資料で古病理学的な所見が確認されている。この資料では、頭蓋骨にみられる陥没骨折や寛骨における殺傷痕のような外傷性疾患を持つ個体がみられる。

早期に相当する個体は、総数としてそれほど多いとはいえないが、この時期の所見には治癒痕がないものが多いと考えられる。このことは傷を負った個体がすぐに死亡したことを示唆している。

このほか、先述した神奈川県平坂貝塚出土例などでは、「ハリス線」と呼ばれる所見が報告されている。ハリス線は、脛骨の骨端に横線として観察されるもので、十分な栄養を摂取できない食生活を営んでいたことによって生じるとされている。

前期の中頃以降になると、骨折が治癒した「変形治癒骨折」の所見が散見される。こうした所見は、骨折後ある程度の期間、その個体が確実に生存していたことを示す。中にはじっくり観察しないと変形部位を確認することができないようなものさえある。

一方、中期になると、虫歯の所見を持つ個体が増えてくる。その一方、致死的なものではないが、健康状態の良・不良を示唆する所見である「クリブラ・オルビタリア」が軽度ではあるが、確認されるようになる。

後期になると、虫歯の所見を持つ個体がさらに増加し、食性等の変化を虫歯の出現頻度から考察することも可能となってくる。

晩期については、類例も少なく、現状では、この時期の古人骨について古病理学的な考察を実施することは難しい。しかし、少し新しい時期に相当する弥生時代前期における古人骨から、ある程度の言及を行うことは可能である。

島根県松江市古浦遺跡では、弥生前期における虫歯の所見が2.2％と少なく、農耕開始による、でんぷん質の摂取を思わせる痕跡を見てとることができない。

　しかし、弥生中期を中心とする人骨資料では、虫歯の所見が増加しており、クリブラ・オルビタリアの所見を持つ個体も増加していく。また後者の所見に関しては、出現頻度が高くなるばかりでなく、症状の程度が著しいもの（グレード2）も確認されるようになる。

　このようにみてくると、早期～前期は外傷性の疾患が多かったのだが、中期には異なる所見が散見される。すなわち、中期以降になると、虫歯の出現頻度などが増え、縄文後期～弥生中期の食生活が、それまでのものと大きく変わっていった様子がうかがえる。このように、古病理学的な手法から、当時の暮らしの様相に迫ることも可能である。

4　出土人骨の所見と考古学的所見との関連性

　前項でも述べたが、私たちは人骨を観察することによって、当時の人々の特性や暮らしぶりを把握することができる。こうした研究は、人類学・医学・運動機能論といった生物学的なアプローチに基づくものであり、主に古人骨にみられる形態的特徴という面から、歴史や考古学に貢献してきた。

　しかし出土人骨の場合は、人骨だけが単体で存在するわけではない。人骨は必ず、何らかの遺構から出土しており、多くの場合、遺物が伴う。

　そして、人骨資料から得られる知見と、このような考古学的な知見を併せて考察することで、当時の人々の身長や体重、性別などだけにとどまらず、彼らの暮らしぶり、すなわち、階層や居住地ごとの体格や栄養状態の違いといった、当時の社会的な状況までより生き生きと再現することが可能となる。

　考古学の目的は人類の過去を研究することにあるとされている。とすれば、土器や石器などの人工遺物だけでなく、過去の人間が食した食べ物の残骸として出土する動物骨、その当時まさにそこで生活していた人間そのものである出土人骨など、多彩な自然遺物も当然、研究対象とされるべきであろう。以下、一例をあげよう。

　千葉県西部の市川市内にある台地の北半分には、堀之内貝塚、曽谷貝塚、姥山貝塚といった大型の貝塚が所在している。この地域は、縄文時代の前半には海進によって南から陸地が後退し、後半になると、海進の終焉によって安定した海辺の土地となり、海とのかかわりを持った生活が繰り広げられた。その結果、各所に多くの貝塚が形成されていったと考えられている。

　これらの貝塚すなわち堀之内・向台・曽谷・姥山の各貝塚から出土した古人骨の歯冠計測値は、その数値が小さいことが明らかになっている（近藤 2008）。すなわち、同一遺跡内よりも、遺跡間において、近縁個体が含まれる割合が高いと考えられた。つまり、3つの貝塚の間では、ひんぱんに人的交流が行われていたのである。

　縄文時代の市川に居住していた人々は、鉱物資源にはあまり恵まれていなかったことはよく知られている。このため、石器を作るための道具となる石材を入手するために他集団の協力を必要とした（堀越 2008）。このため彼らは、内陸の人々と交流し、居住地付近で採集可能な海産物を

鉱物資源と交換することで、石器の材料を手に入れていたと考えられる。そのような状況を背景として、当時、地域社会で密な人的ネットワークが構築されていたことを、古人骨は示唆しているのではないだろうか。

縄文時代の中期後葉、関東地方では大型の貝塚が形成され、遺跡数も増加する（今村 2006）。また、海辺で暮らしていた彼らは、海産物資源を中心に食生活を営んでいたと考えることができる。

しかし、出土した古人骨に基づく、食性分析結果からは、実は彼らが陸生の食料を多く摂取していたことが明らかになっている（米田 2008）。その背景には、彼ら自身は海辺に暮らしてはいたけれど、その一方で、内陸に居住していた集団との往来が盛んだったこと、これまで言われてきたように、人為的に開発されたクリ林で育てたクリなどを積極的に摂取していたことなどがあったようである。

貝塚から出土する多量の貝殻をみると、その貝塚を築いた当時の人々が、海の幸をメインとした食生活を営んでいたと考えがちである。しかし、出土人骨の食性分析を実施すれば、彼らの主食が実は植物であり、貝や魚などの魚介類はむしろ交換のための「材料」であって、彼ら自身はそれらを大量に摂取していなかったことがわかる。こうした所見は古人骨を分析・研究して、初めて得られたものである。

縄文人骨にみられる、太く頑丈、という形質の変化は、時代が下るにしたがって、採集を基盤にしていた彼らの生活が安定し、そのことで、骨も丈夫になっていたことを示唆する。これに対し、弥生時代になると、骨関節症が増加した傾向が確認でき、新たに始められた「農耕」が、人々の暮らしに利点ばかりをもたらしたとは言い切れない。弥生時代の農耕がどれほど本格的なものであったかどうかは意見の分かれるところであろうが、当初から稲の収穫量が期待できるようなものではなかったのかもしれない。

また、繰り返しになるが、縄文人の平均余命は、これまで考えられてきた30歳程度よりも、はるかに長いことが明らかになってきた。縄文人の健康状態については色々な見方があるが、たとえば、鉄が欠乏すると発生する「クリブラ・オルビタリア」と呼ばれるストレスマーカーなどは、筆者が観察した限り、縄文時代のほうが、江戸の町に暮らしていた人々よりも出現頻度が低い。

中期以降の縄文時代の人骨資料の多くが、筋骨隆々としがっしりした個体であることや観察される病的所見が少なめであることから考えても、実は、縄文時代人は、私たちが漠然と考えているより、はるかに健康体だったのではないだろうか。食生活が豊かな現代社会と比べてもさまざまなストレスにさらされる私たちよりも、彼らのほう方がより健康であったといえるかもしれない。

考古学を発展させるためには、自然遺物と人工遺物の両方から、過去に関する分析や解釈を進めていくことが必要である。考古学と人類学がそれぞれの特徴を生かし、互いを補いあうべきではないか。

よく、縄文時代と弥生時代の間には、極めて大きな社会変革があったかのようなイメージがもたれているが、実際には、人骨からみる限り、縄文人〜弥生人への形質変化は極めて緩やかで

あった。文化変容とそれを担う人間の形質的変化は、必ずしも一致しない場合が多い。これについては、福岡県の山鹿貝塚を例として、次節で考察を深めたい。

5 おわりに

「病で伏せる」という言葉には、マイナスのイメージがつきまとう。しかし、その背景には病気に罹患し、療養せざるを得なかった、当時の人々なりの事情がある。その事情を読み解き、具体的な病変を分析していくことによって、その当時の社会様相が浮かび上がってくる。

これまで、病変から過去の社会を見ていくのは、主に文献資料が中心とされてきた。しかし、繰り返し述べてきたように、文字のない時代においても、人骨に残された病変を観察することによって、過去の病気の調査・研究を実施することができる。そしてこうした病気の推移を、考古学的に認識される、新しい生活・社会様相の変化とあわせて観察していくことにより、新たな社会像が生まれてくる。筆者には、形質人類学・古病理学の役割は、そこにこそあるように思えるのである。

注
1) この他、性交渉が生殖のみを目的としない精神的な要因によること、やや妊娠期間が長く、胎児が未成熟な状態で出生すること、他の動物に比して成長以後の老化の時期が長い（ジョルジュ・ミノワ 1996）ことなどから、地球上に生息する動物の中でも特徴的な存在とされ、研究が推進されている（アドルフ・ポルトマン 2000）。
2) 私たち人類とその他の動物との違いは、道具を使用するかどうかということのみでは説明しづらくなってきた。ラッコは貝や石を使って食べものを食べるし、母サルは子サルに自動販売機にコインを入れて購入することを教えることができる。しかし、こうした中でも、食糧獲得に精力的で、そのために自然環境を破壊してしまうのは人類だけである。

引用・参考文献
アドルフ・ポルトマン（高木政孝訳）2000『人間はどこまで動物か』岩波新書433　岩波書店
犬塚則久 2001『ヒトのかたち5億年』てらぺいあ
今村啓爾 2006『縄文の豊かさと限界』日本史ブックレット　山川出版社
海部陽介・藤田祐樹 2010「旧石器時代の日本列島人：港川人骨を再検討する」『科学―特集　日本人の旅』4　80―4　岩波書店
片山一道 1996「化石が語る人類の道のり」『人類史をたどる―自然人類学入門―』朝倉書店
Kobayashi 1967　Trend in the length of life based on human skeletons from prehistoric to modern times, *J Fac. Sci.* Univ. Tokyo. SecVol. 3
近藤　修 2008「市川市縄文貝塚人の形質―歯牙計測値による個体間、遺跡間分析―」『市立市川考古博物館研究調査報告第9冊　市川市縄文貝塚データブック』p.129-137
ジョルジュ・ミノワ（大野朗子・菅原恵美子訳）1996『老いの歴史―古代からルネサンスまで』筑摩書房
鈴木隆雄編 2003『骨の事典』朝倉書店
谷畑美帆 2008「縄文人の疾病」『縄文時代の考古学』第10巻　同成社
長岡朋人 2010「縄文時代人骨の古人口学的研究」『考古学ジャーナル』10
馬場悠男 1998「古人類学のあらまし」『考古学と人類学』同成社

馬場悠男 2001「港川人はどこからきたのか」『日本人はるかな旅展』NHK　pp. 54-55
堀越正行 2008「貝塚の立地と貝の役割」『市立市川考古博物館研究調査報告第9冊　市川市縄文貝塚データブック』pp. 65-66
吉田邦夫 2008「縄文人の食性と生業」『季刊考古学第105号　特集　縄文のムラと貝塚』雄山閣
米田　穣 2008「同位体分析でみた市川の縄文人の食生活」『市立市川考古博物館研究調査報告第9冊　市川市縄文貝塚データブック』p.144-150
山口　敏 1992『日本人の祖先』徳間書店
Zihlamn, A. L. 1992 *The Human Evolution Coloring Book.* Harper& Row Publishers Inc. California USA

2 古病理学的所見から見た
縄文後期における埋葬の一様相
―福岡県山鹿貝塚出土人骨を中心として―

谷 畑 美 帆

はじめに

　縄文時代人骨のうち、特に残りのよい一群は、縄文中期における巨大貝塚の形成とあいまって、千葉県を中心とした東京湾沿岸地域に多く検出されている。
　こうした古人骨からは、形質学的特徴及び、古病理学的所見など、さまざまな情報を得ることができる。しかし、ある一定の地域や時期を除くと、残念ながら、その遺存状態が不良であったり、資料総数が不十分であったりするため、人骨資料の考察や研究があまり進展していないのが現状であろう。
　本稿では、こうした状況を踏まえた上で、あえて関東地方以外から出土した人骨資料を検討対象に、縄文人の古病理学的な考察を実施していきたい。ここでは、福岡県北部の山鹿貝塚から出土している古人骨を検討し、観察結果をまとめておくこととする。

1　山鹿貝塚とその周辺

　山鹿貝塚は、福岡県遠賀郡芦屋町に位置し、縄文時代前期～後期に相当する遺跡である（第1図）。
　北部九州の遠賀川河口域には、比較的古い時期から人の居住が開始され、本貝塚の他、遠賀川周辺や洞海湾では約10の貝塚が確認されている（第2図、永井1972）。遠賀川河口に位置する貝塚の分布から考察すると、下流域の平野は、複雑に入りくんだ入江を形成し、そこは遠浅の内湾であったとみなされる。
　縄文時代前期には、汽水産のヤマトシジミが生息する潟湖が形成されており、潟湖の水面の高さは今日と変わらないと推測されている（永井 1972）。しかし、後期になると海面上昇が生じ、玄海砂丘の一部から海水が湖に変わり、湾になったとみなされる。また近隣の楠橋貝塚（縄文時代前期・後期）からも鹹水産の貝塚が出土しており、海岸線が後期においてもこの付近に位置していたと考えられるのである。
　ここで取り上げる山鹿貝塚も、そのような時期に築かれた貝塚の一つとなっている。本貝塚では、縄文前期～後期に営まれたと考えられているが、中期の段階では、小形の石錘が大量に出土しており、漁獲が盛んに実施されていたことがわかっている（前川・種子田 1972）。
　一方、縄文後期になると、出土魚骨の中にクロダイが多くなり、エイの尾棘、サメの歯やイワシと思われる小魚の脊椎骨やウニの棘なども増えてくる。
　前期や後期に比べると、本貝塚での中期における魚骨の出土数は少ないが、彼らが縄文時代を通じて、魚介類を積極的に利用していたことは明らかである。また、石鏃の出土数から、獣・

第Ⅱ章　考古学と古病理学 —人体形成の時間性と古病理—

第1図　山鹿貝塚（永井 1972）

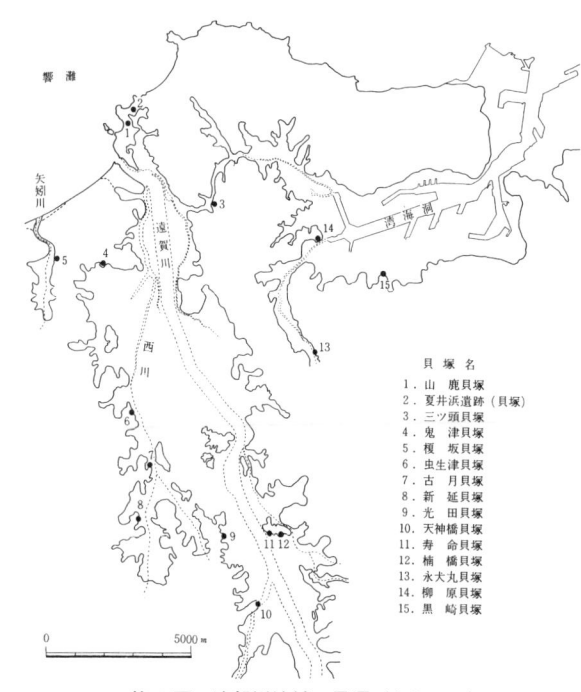

第2図　遠賀川流域の貝塚（永井 1972）

鳥類の狩猟などを盛んに実施していたようで、実際、山鹿貝塚ではその名の通り、鹿の骨が多く出土する。

このような生業活動を実施していた山鹿貝塚からは、1950 年代に貝輪を装着した人骨が偶然発見され、これが契機となって、のちに発掘調査が実施された。以下、実施された発掘調査の概要を記しておく（永井 1972、山田 2002）。

第1次調査（昭和 37 年 5 月 27 日〜31 日）
・調査主体　芦屋町教育委員会
・調査者　賀川光夫・渡辺正気・小田富士雄・竹中岩夫・黒野肇
・轟式土器の包含層が発見、検出された。
・1953（昭和 28）年における竹中岩夫の本遺跡発見や、その後の、和洋羊一郎や黒野肇らによる本遺跡への訪問、1955（昭和 30）年に船津常人が発見した 1 号人骨の出土などが、この調査の契機となっている。

第2次調査（昭和 40 年 5 月 3 日〜7 日）
・調査主体　九州大学医学部、文学部
・調査者　永井昌文・佐野一・久保山教善・黒野肇・鈴木長敏
・2 号人骨の取り上げが行われた。下部貝層から貝殻条痕文の土器細片を検出した。
・1963（昭和 38）年 6 月戸畑高等学校社会部の学生が貝輪装着人骨を発見（2 号人骨）。
・2 号人骨の出土地点確認のため埋め戻し。
・2 号・3 号・4 号人骨出土。

第3次調査（昭和 43 年 10 月 31 日〜11 月 11 日）
・第 2 次調査地点の西側を調査。
・貝層下より人骨が出土（7 号・8 号・9 号・

10号人骨）。
- 他、5号・6号・11号人骨出土。

第4次調査（補足調査、昭和43年11月25日～12月1日）
- 第4次調査までは砂丘上頂部を調査。
- 人骨出土（12号・13号・14号・15号・16号・17号・18号人骨）。

第5次調査（平成13年9月10日～10月31日）。
- 丘陵西端から30m北西の平坦地を調査。
- 貝層と縄文期の掘り込み、明治期の製塩工場の石組水路を検出。
- 貝層より人骨が出土。

本稿では、第3次調査で出土した人骨を検討対象に、その古病理学的所見を観察し、考察を行うこととする。

2　山鹿貝塚出土人骨に関するこれまでの研究

本稿で取り上げる17（18）体の人骨は、東西に広がる砂丘の東半に形成されている縄文時代後期に相当する集団墓地内から出土している（第3図）。

18体の人骨のうち9体は、頭位を西にとっており、頭位を東にとるのは1体のみである。頭位によって本遺跡出土人骨は大きく5群に分けられる。

① 南西（1・12号人骨）
② 北（2・3・4号人骨）
③ 南（5・6・14号人骨）
④ 西（7・8・9・10・11・13・15・16・17号人骨）
⑤ 東（18号人骨）

こうした中でも、頭位置を北にとる2・3・4号人骨は、副葬品を多く保持しており、墓域の中心に位置していることなどから、本集団内において中心的な役割を果たしていた人物と考えられている（田中2008）。

また、このうち、成人骨である2号・3号人骨については、軟組織が遺存している段階で、遺体の一部を抜き取るという「断体行為」が実施されたようだ。

具体的には、2号人骨では肋骨が腰椎とつながった状態で3号人骨の足元に置かれており、3号人骨では胸郭部がごっそり抜き取られている。

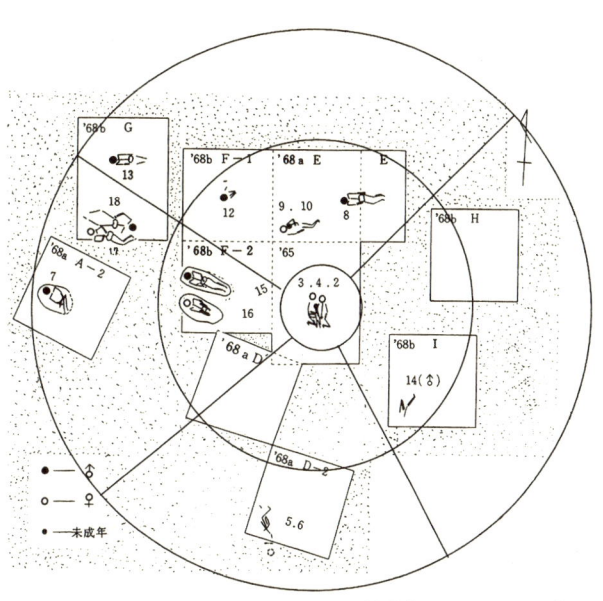

第3図　山鹿貝塚に埋葬されている被葬者たち（田中2008）

しかし、2号・3号いずれの個体においても、その他の部位は、解剖学的位置をしっかり保っており、該当部分に関してのみの、意図的な抜き取り行為の実施を認識できる。このような断体行為は、死者の力を封じ込めることを意図したものともみなされ、死後の復活を恐れたものなどと考えることもできる。

またこれらの人骨は、着装品が豊富であることなどからみて、すでに指摘されているが、彼女らが本集団内においてその生前、中心的な役割を果たしていたことも遠因なのではないかと考えられるのである。

出土した人骨群の血縁関係については、歯冠計測値からみて、血縁関係にある個体がいくつか含まれていることが明らかになっている。しかし、全体的には、血縁者の比率が低く、いくつかの集落から選択された人物が埋葬されたとみることができる（田中 2008）。

なお、山鹿貝塚出土例においては、抜歯風習の痕跡は認められていない。抜歯は、一般に、被葬者の出自や通過儀礼を示すものとされてきた（春成 1973・2012、舟橋 2011）。しかし、少なくともこの遺跡から出土している人骨集団には抜歯は確認されていない。

3　山鹿貝塚出土例に見られる古病理学的所見について

以下、山鹿貝塚から出土している後期中葉に相当する人骨から明らかにできた古病理学的所見について述べてゆく（第1表）。本貝塚で確認できた疾病は、虫歯、クリブラ・オルビタリア、骨関節症の3つである（第2・3・4表）。

①山鹿貝塚出土例における虫歯の所見は、全体の4％（335本中14本）である。

虫歯の所見は、上・下顎歯いずれにも観察されているが、その所見が観察されるのは、第2小臼歯を除き、すべて大臼歯となっている。また、虫歯の発生部位は、咬合面と頬側面を中心に観察されている。

②次に、「クリブラ・オルビタリア」について述べる。クリブラ・オルビタリアは一般に、鉄欠乏性貧血によって生じると考えられている。眼窩の遺存状態が良くないため、クリブラ・オルビタリアの所見観察を実施することは難しいが、本所見を持つものは全体の43％（7例中3例、左眼窩）、33％（6例中2例、右眼窩）と、弥生時代に比べてやや多めになっている。

しかし、この出現頻度だと、本来グレード2の症例が含まれるはずなのであるが、現実にはすべてグレード1に相当するものしか確認できなかったため、集団全体の出現頻度は、実はそれほど高くなかった可能性がある。

③骨関節症の所見を持つものは、すべ

第1表　山鹿貝塚出土人骨に見られる古病理学的所見

人骨番号	年齢	性別	虫歯	クリブラ・オルビタリア	骨関節症
1	熟年	女性			○
2	成年	女性	○	○	
3	成年	女性	○	○	○
4	乳児	？			
5	成年	女性			
6	幼児	？			
7	成年	男性	○		○
8	成年	男性			
9	成年	女性			○
10	幼児	？		○	
11	成年	男性			
12	熟年	男性			
13	熟年	男性	○		○
14	成年	男性			
15	成年	男性			○
16	成年	女性	○		○
17	熟年	女性	○		○
18	熟年	男性	○		○

○＝各所見が確認できるもの

2 古病理学的所見から見た縄文後期における埋葬の一様相 —福岡県山鹿貝塚出土人骨を中心として—

第2表　山鹿貝塚出土人骨に見られる虫歯の所見
（●＝所見を持つもの、○＝歯牙遺存、／＝歯槽開放、×＝歯槽閉鎖、U＝未萌出、−＝顎破損）

人骨番号	年齢	性別	下右第3大臼歯	下顎右第2大臼歯	下顎右第1大臼歯	下顎右第2小臼歯	下顎右第1小臼歯
1	熟年	女性	○	○	○	○	○
2	成年	女性	○	○	○	○	○
3	成年	女性	●（咬合面）	○	○	○	○
4	乳児	?					
5	成年	女性					
6	幼児	?					
7	成年	男性	○	○	○	○	○
8	成年	男性	○	○	○	○	○
9	成年	女性	○	○	○	○	○
10	幼児	?				○	
11	成年	男性					
12	熟年	男性	○	○	○	○	○
13	熟年	男性	U	○	○	○	○
14	成年	男性					
15	成年	男性	○	○	○	○	○
16	成年	女性	○	○	○	○	○
17	熟年	女性	○	○	○	○	○
18	熟年	男性	×	○	○	○	○
合計			1 (10)	0 (12)	0 (12)	0 (12)	0 (12)

人骨番号	下顎右犬歯	下顎右第2切歯	下顎右第1切歯	下顎左第3大臼歯	下顎右第2大臼歯	下顎右第1大臼歯	下顎右第2小臼歯
1	／	×	×	×	×	○	○
2	○	○	○	○	○	○	○
3	○	○	○	●（咬合面）	○	○	○
4							
5							
6							
7	○	○	○	○	○	○	○
8	○	○	○	○	○	○	×？
9	／	○	○	○	○	○	○
10							
11							
12	○	−	−	○	○	○	○
13	○	○	○	○	○	○	○
14							
15	○	○	○	○	○	○	○
16	／	○	○	●歯間	●（歯間・頬側）	○	○
17	○	○	○	○	○	●（咬合面）	○
18	○	−	−	○	○	○	○
合計	0 (10)	0 (8)	0 (9)	2 (11)	1 (11)	1 (11)	0 (11)

人骨番号	下顎右第1小臼歯	下顎右犬歯	下顎右第2切歯	下顎右第1切歯	上顎右第3大臼歯	上顎右第2大臼歯	上顎右第1大臼歯
1	／	／	／	−	−	−	−
2	○	○	○	○	○	○	●（咬合面）
3	○	○	○	○	○	●（咬合面）	○
4							
5							
6							
7	○	○	○	○	○	○	○
8	○	○	○	○	○	○	○
9	○	○	−	−	○	○	○
10							
11							
12	○	−	−	−	○	○	○
13	○	○	○	／	U	●（頬側根面）	○
14							
15	○	○	○	○	○	○	○
16	○	○	○	○	●（歯間・頬側）	○	○
17	○	○	○	−	−	−	○
18	○	○	○	○	●（舌側・頬側・咬合面）	○	○
合計	0 (11)	0 (10)	0 (9)	0 (7)	2 (9)	2 (10)	1 (11)

第Ⅱ章　考古学と古病理学 —人体形成の時間性と古病理—

人骨番号	上顎右第2小臼歯	上顎右第1小臼歯	上顎右犬歯	上顎右第2切歯	上顎右第1切歯	下顎左第3大臼歯	下顎左第2大臼歯
1	—	○	○	○	○	—	—
2	○	○	○	○	○	○	○
3	○	○	○	○	○	○	×
4							
5							
6							
7	○	○	○	○	○	○	○
8	○	○	○	○	○	○	○
9	○	○	○	／	○	—	—
10			○				
11							
12	○	○	—	—	○	○	○
13	○	○	○	○	○	○	○
14							
15							○
16	○	○	○	○	○	●（咬合面・頬側歯根面）	○
17	●（歯根のみ残）	○	○	／	／	○	○
18	○	○	○	○	○	○	○
合計	1 (11)	0 (12)	0 (11)	0 (9)	0 (11)	1 (10)	0 (9)

人骨番号	下顎左第1大臼歯	下顎左第2小臼歯	下顎左第1小臼歯	下顎左犬歯	下顎左第1切歯	下顎左第1切歯
1	—	—	○	○	○	○
2	○	○	○	○	○	○
3	○	○	○	○	○	○
4						
5						
6						
7	●（頬側面）	○	○	○	○	○
8	○	○	○	○	○	○
9	○	○	○	—	○	○
10						
11						
12	○	○	○	—	○	○
13	○	○	○	○	○	○
14						
15	○	○	○	○	○	○
16	○	○	○	○	○	／
17	○	○	○	○	○	／
18	○	●（頬側・舌側・咬合面）	○	○	○	○
合計	1 (11)	1 (11)	0 (12)	0 (10)	0 (12)	0 (10)

第3表　山鹿貝塚出土人骨に見られるクリブラ・オルビタリアの所見
（×＝観察不能、0＝所見なし、1＝軽度の所見を認める）

人骨番号	年齢	性別	CO (左)	CO (右)
1	熟年	女性	×	×
2	成年	女性	1	1
3	成年	女性	1	1
4	乳児	?	×	×
5	成年	女性	×	×
6	幼児	?	×	×
7	成年	男性	0	0
8	成年	男性	×	×
9	成年	女性	0	0
10	幼児	?	1	×
11	成年	男性	×	×
12	熟年	男性	×	×
13	熟年	男性	×	×
14	成年	男性	×	×
15	成年	男性	0	0
16	成年	女性	×	×
17	熟年	男性	0	0
18	熟年	男性	×	×
合計			3 (7)	2 (6)

2 古病理学的所見から見た縄文後期における埋葬の一様相 —福岡県山鹿貝塚出土人骨を中心として—

第4表 山鹿貝塚出土人骨における骨関節症について (0=所見なし、+所見あり)

			肩甲骨		上腕骨				橈骨			
			左	右	近位(左)	遠位(左)	近位(右)	遠位(右)	近位(左)	遠位(左)	近位(右)	遠位(右)
1	熟年	女性			0		0					
2	成年	女性			0	0	0	0	0	0	0	0
3	成年	女性			0	0	0	0				
4	乳児	?	0	0								
5	成年	女性										
6	幼児	?										
7	成年	男性	+		0		+					
8	成年	男性		+								
9	成年	女性										
10	幼児	?										
11	成年	男性										
12	熟年	男性										
13	熟年	男性	+	+								
14	成年	男性										
15	成年	男性	0	0	0	0	0	0	0	0	0	0
16	成年	女性	0	0	0	+	0	0				
17	熟年	女性		0		0	0	0	0	+	0	0
18	熟年	男性	+	+	+	0	0	0	0	0	0	+
合計			3 (6)	3 (7)	1 (6)	2 (8)	0 (5)	0 (7)	0 (5)	1 (4)	0 (4)	1 (4)

	尺骨				大腿骨				脛骨			
	近位(左)	遠位(左)	近位(右)	遠位(右)	近位(左)	遠位(左)	近位(右)	遠位(右)	近位(左)	遠位(左)	近位(右)	遠位(右)
1												
2	0	0	0	0	0	0	0	0				
3					0	+	0	+		0		0
4												
5												
6												
7			+									
8						+						
9			+									
10												
11												
12												
13			+	0								
14								+			0	0
15	+	0	+	0	0	+	0	+	0	0	0	
16	+		0		0	+	0			0		0
17	+	0			0		0	+				
18	0		0		0		0					
合計	3 (5)	0 (3)	4 (7)	0 (3)	0 (6)	4 (6)	0 (6)	4 (5)	0 (1)	0 (3)	0 (2)	0 (3)

	膝蓋骨 (左)				膝蓋骨 (右)			
	内側	上縁	外側	下縁	内側	上縁	外側	下縁
1	関節面にあり				関節面にあり			
2	0	0	0	0	0	0	0	0
3	+	+	+	+	+	+	+	+
4								
5								
6								
7								
8	+	+		+				
9	+	関節面にあり	+		+	関節面にあり	+	
10								
11								
12								
13						+		
14	0	0	0	0				
15	0	+	0	+	0	+	+	0
16	0	+	0	+	0	0	+	0
17	0	0	0	0	0	0	0	+
18		+	0	+	0			
合計	5 (10)	5 (9)	3 (8)	5 (8)	4 (7)	4 (7)	4 (6)	2 (5)

第Ⅱ章　考古学と古病理学 ―人体形成の時間性と古病理―

てグレード1に相当するものであり、著しい骨棘やエバネーション（＝象牙質化）は確認できていない。関節面の遺存状態があまりよくないために観察総数が多いとはいえないが、熟年以降の個体については、ほぼ本所見がいずれかの関節面に観察されている。また、性差について言及することは難しいが、男性個体のほうが出現頻度はやや高いようである。また、本所見は、膝蓋骨など下肢骨に関する関節面を中心として確認されている。

④頭位を北にとる2号人骨及び3号人骨において、いずれも軽度のクリブラ・オルビタリアの所見が確認されている（第4図）。彼女たちがどのような疾患によって命を落としたのか骨病変のみからは不明であるが、他の成人個体には本所見が確認されないこと、彼女たちがいずれも壮年であること、彼女たちの埋葬地点が本墓地内の中心に位置し、副葬品も多い

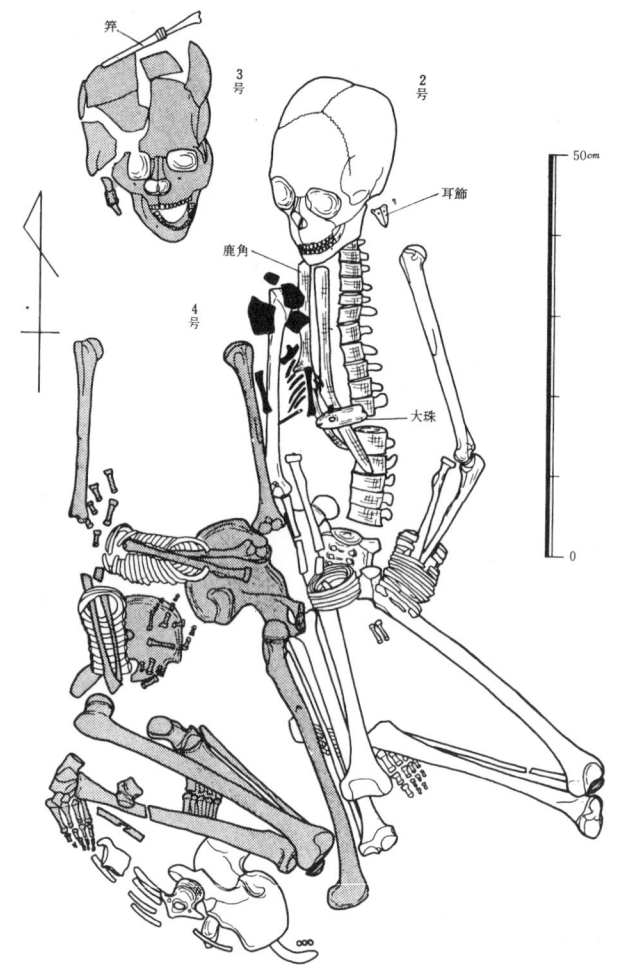

第4図　山鹿貝塚出土2・3・4号人骨の埋葬について（永井 1972）

ことなどから、働き盛りの時期になった特別な地位の人々が、その労苦ゆえに心身に支障をきたし、現役真っ最中で命を落とした…といったことも想定できるかもしれない。

前述の観察結果をまとめてみる。山鹿貝塚出土人骨における古病理学的所見を観察した結果、下記のような結果を得ることができた。

①虫歯の所見は4％で、関東地方における後期の所見とほぼ一致する。

②クリブラ・オルビタリアの所見を持つものは33～43％となっているが観察総数が総じて少ないため、出現頻度の高低について述べるのは難しい。また、これらはいずれも軽症（グレード1）のものである。

③骨関節症の所見を持つものは、熟年以降の個体に顕著であり、男性個体において出現頻度がやや高めとなっている。

4　形質的特徴・古病理学的所見・埋葬形態等からわかること

前述したように、人骨の遺存状態等の問題から、中～後期の関東地方を除き、縄文時代人骨に

みられる古病理的所見に関する考察を進めていくことは難しい状況にある。しかし、今回の所見から、北部九州の縄文中〜後期の一様相について、それを垣間見ることが可能となった。

たとえば、山鹿貝塚出土例における虫歯の出現頻度からは、食性等に関して山鹿貝塚の人々が千葉県姥山貝塚における後期中葉の集団と同じような状況にあったことを推測できる。

狩猟採集民とみなされてきた縄文人における虫歯の出現頻度は、比較的高い（Turner 1979）。また、縄文時代後期になると、中期よりもその出現頻度はさらに高くなっている。しかし、本格的に農耕を開始し、でんぷん質の食事に傾いていった世界各地の農耕民と比較すると、その数値はやはりまだ低いものであると言わざるを得ない。また、食性分析等から九州地域では、魚介類の摂取が関東に比して高いという数値も提示されており[1]、山鹿貝塚出土例における食性をより細かく考察していく手がかりともなっている（米田 2005）。

山鹿貝塚出土例では、ストレス・マーカーの一つであるクリブラ・オルビタリアの所見の割合は高めではあったが、観察総数が多いとはいえない。そのため出現頻度の高さについては本集団のみで語ることはさけておきたい。また、山鹿出土例については、いずれの所見も軽症（グレード1）であったことなどから、本集団における本所見の出現頻度やその様相は、実際には、千葉県姥山貝塚における後期中葉の集団等に類するものであったと考えられる。

この他、古病理学的所見の一つとして、ここで観察を実施した骨関節症については、特に際立った様相を呈さなかった。

最後に、人骨への着装品について見ておきたい。縄文時代の一般的な装着品としては、性別による相違があることが指摘されている（前川 1972）。すなわち、男性が腰飾・耳飾、女性が二枚貝の腕輪と耳飾を佩用する[2]。しかし山鹿貝塚出土例の場合は、男性の個体には腰飾が着装されておらず、2号人骨（女性）に腰飾が着想されている。また女性の場合は、左腕に貝輪をする傾向にあることなども明らかにされている（阿部 2010）。

山鹿貝塚出土例については、貝輪の装着率が高いことが指摘されている。特に、女性人骨では7体中5体が貝輪を保持している。中でも17号人骨は、左腕に20枚の貝輪を着装しており、彼女の日常生活を想像するのが困難なほどである。

このほか、大珠や牙製耳飾などの何らかの着装品を保持している個体が9体あり、全体としての着装品の保有率は50％と高くなっている。しかし、男性では8例中2例（25％）で、その比率は女性より低い。また、男性の場合は着装品のバリエーションも豊富ではない。一方、乳幼児で着装品を保持している個体は確認できず、比較的若い個体である成年人骨（9体中4例、44％）も何も装着していない。これは熟年個体（5例中2例）とほぼ同様の着装率である（40％）。

次に埋葬形態等についてみておこう。山鹿貝塚出土例では、伸展葬による埋葬が中心であり、屈葬は4例と少なめである。また屈葬埋葬されている4例はいずれも装着品を持っており、そのうち3例は女性である。未成人の場合は、いずれも伸展葬になっている。屈葬埋葬されている女性の場合、着装品は多めになっている。伸展葬の場合は着装品を持っているものと持っていないものに分かれる。一般に埋葬するに際しては、屈葬のほうが伸展葬よりも手間がかかる場合があるという意見もある[3]。

こうしたことをまとめると、ある程度の年齢に到達している女性は、手間のかかる屈葬で副葬品が多いということになる。社会的役割の大きさに応じて、山田が言うように副葬品が多くなる傾向にあることが指摘されているが、山鹿においても同様の現象が確認されると考えていいだろう。また、山鹿出土の場合は、こうした立場にある被葬者が女性であることもまた再度、注目すべきである。

　頭位についてみると、西に頭位をとる個体が山鹿出土例では、最も多い。しかし、この西に頭位を採る個体では、着装品の比率が少なくなっている。これに対し、男性人骨の場合は、着装品をもつ固体は西に頭位をとるもののみとなっている。

　頭位を北にとるのは、2・3・4号人骨のみである。これら3体は、この墓地の中心的な位置に埋葬されており、着装品が多いことなどからも本集団において重要な人物とされてきた被葬者である。

　山鹿貝塚における2・3・4号人骨は合葬となっており、そのいずれかは親子の関係にあるものと考えられるだろう。このほか、9号人骨と10号人骨が合葬になっている。

　頭位を南にとる5・6号人骨は、部分的に焼けており、焚火の跡が認められたとされる個体であるが、これも母子合葬と考えられるだろう。このように山鹿貝塚では、未成人骨は、母子合葬の形態をとることが特徴と言える。またこのほか、同じく頭位を南にとる14号人骨は、やや離れたところに埋葬されているが、5・6号人骨と関わりのある個体とも考えられる。

　この他、15・16号人骨の場合、15号のあとに16号が埋葬されており、17・18号人骨の場合、18号人骨のあとに17号人骨が埋葬されており、それぞれ夫婦合葬とも考えられる。

　一般に、階層性などの垂直的側面と、性や年齢などの水平的側面とでは前者は把握しやすいが、後者の中でも、性・年齢以外の様相は現象として現われにくいとされている（O'shea 1984）。山鹿貝塚出土例においても、水平的側面に関する事柄は提示しづらくなっている。

　病変との相関は、着装品同様観察されないが、骨病変としての所見を持つ個体の方が着装品が多い傾向がある。このことは、年齢が上の個体ほど着装品が多く、疾病に罹患しがちであるということと関係があるのかもしれない。具体的には、2体の人骨（2・3号人骨）のいずれにも、軽度のクリブラ・オルビタリアの所見が確認されている。

　山鹿貝塚出土人骨においては、歯牙の咬耗は全体的に著しくない。歯牙の咬耗については地域差や個人差があるが、歯冠の半分以上が磨耗等によって喪失してしまっている歯牙は、本貝塚からは出土しなかった。また、食性等については、今後、出土人骨のコラーゲン分析を実施することによって、検討することができるのではないだろうか。

　山鹿貝塚から出土した7号人骨は、低顔のいわゆる縄文的な顔面形態を呈しており、この地域の縄文人を代表する個体として取り上げられてきた。

　しかし、同じ墓地から出土している3号人骨の顔面形態は高顔で弥生的な特徴を保持している。このような人骨は、金隈遺跡出土例などにおいて特徴的なものである。これらの状況から考えて、山鹿貝塚に葬られた人々は形態的にみて、必ずしも均質的な集団であったとはいい難く、北部九州における縄文人の形質が多様であったことを知ることができる[4]。

縄文時代における人口は、東高西低の様相を示し、植生の違いとそこにある食糧資源（堅果類とサケマス）の差によるものと1920年代に山内清男によって指摘されている。しかし、昨今の発掘調査の進展によって、西日本においても遺跡がないわけではなく、ただ遺跡が発見されにくいという事情によるだけなのではないかとの指摘もされるようになってきた（内山 2007）。縄文時代後期から弥生時代前半にかけての生業形態についても考察しつつ、今後増加していくと考えられる遺跡と共に縄文人骨の出土数の増加にも期待したいところである。

注
1) 響灘沿岸地域では、縄文時代後期から弥生時代前半にかけての生業形態が類似するとの指摘もある（沖田 2008）。
2) 縄文時代では耳飾を装着するのは女性であることが指摘されており、前期・中期の貝輪は階層を示すものではないかとみられることが多かった。しかし、一概に階層差といっていいのか疑問視しておくことも必要である。中・後期における縄文時代の本州では、装身具を保持しているのは圧倒的に女性である。中期になるとその比率が少し下がり男性においても装身具を保持している個体が散見され、晩期になると腰飾を装着する男性が目立ってくるようになる（春成 1973）。しかし、時期が新しくなっても九州地方では女性の装身具保持率が圧倒的に多く、弥生時代になってもこうした様相はひきつがれているようである。たとえば鹿児島県広田遺跡では、装身具保持者は女性に多くなっている。
3) 今から約10年前には土葬を実施していた和歌山県田辺市龍神（旧龍神村）では、伸展葬より屈葬のほうが、手間がかかるという指摘がある。
4) 弥生時代中期を中心とする福岡県福岡市金隈遺跡から出土している人骨の中にも、低顔の顔面頭蓋を保持している個体が何例か確認されている。

謝辞
　山鹿貝塚出土人骨資料の観察に当たっては、九州大学総合研究博物館・芦屋町歴史の里郷土歴史館、及び下記の方々のお世話になった。記して感謝の意を表する。岩永省三・杉原敏之・舟橋京子・宮代栄一・山田克樹（敬称略）。

引用・参考文献
阿部芳郎 2010「貝輪作りと実験考古学」『考古学の挑戦―地中に問いかける歴史学』岩波ジュニア新書657　岩波書店
内山純蔵 2007『縄文の動物考古学―西日本の低湿地遺跡からみえてきた生活像』昭和堂
沖田絵麻 2008「山口県の響灘沿岸地域における弥生時代前半の生業―下関市綾羅木郷遺跡出土動物遺存体の分析を中心として―」『研究紀要』12　下関市立考古博物館　pp.1-16
田中良之 2008「山鹿貝塚墓地の再検討」『下條信行先生退官記念論文集』愛媛大学考古学研究室
谷畑美帆 2009「東京湾沿岸における縄文時代人骨に見られる古病理学的研究について―千葉県市川市姥山貝塚出土例を中心にして―」『巨大貝塚と東京湾の貝塚』雄山閣
谷畑美帆 2010『O脚だったかもしれない縄文人』歴史文化ライブラリー　吉川弘文館
永井昌文 1972「人骨とその埋葬状態」『山鹿貝塚―福岡県遠賀郡芦屋町山鹿貝塚の調査―芦屋町埋蔵文化財調査報告書　第2集』芦屋町教育委員会
春成秀爾 1973「抜歯の意義」『考古学研究』20―2　pp.25-48
春成秀爾 2012『縄文社会論究』塙書房
春成秀爾 1998『歴史発掘4　古代の装い』講談社
舟橋京子 2011『抜歯風習と社会集団』すいれん舎

前川威洋・種子田定勝 1972「山鹿貝塚の環境」『山鹿貝塚—福岡県遠賀郡芦屋町山鹿貝塚の調査—芦屋町埋蔵文化財調査報告書第2集』芦屋町教育委員会

前川威洋 1972「山鹿貝塚人骨着装品とその考察」『山鹿貝塚—福岡県遠賀郡芦屋町山鹿貝塚の調査—芦屋町埋蔵文化財調査報告書第2集』芦屋町教育委員会

米田 穣 2005「骨の元素分析」『縄文 vs 弥生』国立科学博物館 pp.100-101

山田克樹 2002『山鹿貝塚（第5次調査）—芦屋町埋蔵文化財調査報告書 第14集』芦屋町教育委員会

山田康弘 2008『人骨出土例にみる縄文の墓制と社会』同成社

O'shea, J. M. 1984 *Mortuary Variability: An archaeological Investigation.* Academic Press

Turner, II C. G. 1979 Dental Anthropological indicators of agriculture among the Jomon people of central Japan, : *AJPA,* 51, pp.619-636

第Ⅲ章　動物遺存体と時間情報
―資源利用の季節性と物質変容―

1　持ち運ばれた海の資源
―印旛沼南岸地域における鹹水産貝塚の出現背景―

阿 部 芳 郎

はじめに

　千葉県の下総台地中央部にある印旛沼は、縄文時代には古鬼怒湾と呼ばれる巨大な内海の一部を形成していた。そして印旛沼の南岸には、縄文時代後晩期の遺跡が集中して個性的な地域社会を形成していることが指摘されてきた（阿部ほか 2000）。これらのなかで後期中葉の集落と考えられる遺跡には、ほぼ例外なく貝塚がのこされている（阿部ほか前掲）。

　印旛沼は沿岸地域に残された貝塚の貝種から、早期後半には海水が流入し内海を形成していたが、この環境は中期後半以降の寒冷化に伴う海退現象により、少なくとも後期には汽水化したものと考えられる。

　この地域に残された後期中葉から晩期初頭に残された貝塚の規模は小さな地点貝塚が多く、ヤマトシジミを主体とした汽水貝塚が多いことも当時の古環境を反映したものと考えることができる。

　しかし、その中で、鹿島川流域には東京湾に産する貝類から組成される鹹水産貝塚が特定エリアに、意味のある状態を示して分布している。こうした状況は、生態系における資源分布とは明らかに異なるもので、水系を異にした東京湾側から海の貝が内陸に持ち込まれたことが予測できる（阿部 2005）。

　小論では、内陸貝塚遺跡における貝類の組成から水産資源の流通形態を考察し、内陸地域における貝塚形成の背景について考えてみよう。

1　貝塚の分布と古環境

　石器時代人の資源利用と生業の関係を考える場合、貝塚は多くの動物遺存体を出土することから、モースの大森貝塚の研究以来、古くから注目されこれまでにも多くの動物遺存体研究が進められてきた。

　この中で貝塚の分布と当時の環境との関係に注目したのは、地理学者の東木竜七であった。東木は当時把握されていた貝塚の位置を地図上にプロットして、石器時代の海岸線を復元した（東木 1926）。その方法は、石器時代の一番古い時期にはもっとも海岸線が陸地の奥深くまで入り込んでいたという当時の予見に基づくものであり、今日では訂正が必要な部分がある。当時この理論に注目した東木の方法を引き継いで、関東平野の谷の奥から河口部までの貝塚の位置と貝種を調べ、そこから縄文文化の編年を行おうとしたのは大山柏である。

第Ⅲ章　動物遺存体と時間情報 ―資源利用の季節性と物質変容―

第1図　大山柏による貝塚分布調査 (大山史前学研究所 1933)

渓谷（支谷）単位に貝塚の小規模な発掘を行い、採取した貝類から鹹水と汽水／淡水による区分を行い、その分布を調べた。

大山は、東京湾沿岸の河川流域の貝塚の分布を調べて小規模な発掘を行い、貝種とそこから出土する土器の特徴を整理して縄文時代の時期区分を試みた（第1図）（大山史前学研究所 1933）。その後に酒詰仲男は、もっとも谷の奥に残された貝塚が前期のものである場合が多いことを突き止め、縄文時代の最大海進が縄文時代前期であることを指摘し、それまでの研究を修正した（酒詰 1942）。

このような貝塚研究の歩みにみるように、考古学ではとくに自然資源を直接的に利用することの多かった狩猟採集社会の生業について、自然環境との関わりがひときわ重視されてきた。そしてまた、そうした研究は遺跡の立地やそこから出土する動物遺存体の分析によって、地質学的な観点から導かれた結果を検証する一面ももち合わせていた。

　これらの議論において何よりも重要な点は、貝塚から出土する動物遺存体は、たとえ自然資源であったとしても、結局はそれを利用するヒトによる資源の選別や選択によって、遺跡に持ち込まれて利用された結果のものだということである。そこには、本来遺跡の周辺において生息していても、まったく利用されない資源（遺跡に持ち込まれなかった資源）も、当然あったであろう。そのことは貝塚と自然貝層を比較してみればわかることだ[1]。

　近年の古環境復元ではケイソウを用いた分析が広く普及し、また盛んであるが、縄文時代の時期区分が土器型式を単位として高精度化されてくるにつれ、時間尺度や年代測定の精密密度、さらには、ボーリングコアから復元される古環境の空間的な広がりの突き合わせが問題となってくる。台地と水域がきわめて複雑な景観を作り出している日本列島では、単純一様な生態系が存在したとは考えられない。

　さらに、貝塚の分布密度に対比できるような古環境の分析データが整っている地域はほとんどなく、その意味では古環境復元は最大公約数的なレベルにとどまっている。また年代的なスケールも大きいため、たとえば中期や後期といった大別時期区分への緩やかな対応に限

定されている。今日の細別土器型式を単位とした貝塚研究とのあいだには当然のことながら、時期的な問題も含めてその齟齬が少なくないと見るべきであろう[2]。

　本論では、考古学的な手続きから生態系を超えて移動する食資源の問題について検討を加え、縄文時代社会における資源利用の多様性と複雑化の過程について議論しよう。

2　印旛沼南岸地域の後期貝塚

（1）印旛沼南岸貝塚の研究のあゆみ

　今日下総台地の中央部に位置している印旛沼は、縄文時代には広大な内水面である古鬼怒湾の奥部の一角をなしていた（第2図）。古鬼怒湾奥部は少なくとも早期後半には温暖化による海水面の上昇によって、貝塚が形成されるようになる。しかし、最大海進時の前期の貝塚はきわめて少ない。これは、貝類の繁殖に適した干潟の形成が未発達であったか、この頃の縄文人が食資源として貝塚が残されるほど多量には貝類に依存していなかったかのいずれかであろう[3]。

　こうした状況は、中期後半でも続いているらしく、貝塚形成は低調である。しかし、この頃半になると佐倉市五反目遺跡、四街道市和良比向井貝塚、同市の相ノ谷遺跡などに小規模な貝層の形成が確認されるようになる。ところがこれらの貝塚はきわめて規模の小さなブロックで発見されたものばかりで、キサゴと小形のハマグリなどを主体とした鹹水産貝類から構成されている。中期後半には気候の一時期的な低下が指摘され、海退が進行したと考えられる時期であり、これらの環境変化を前提として考えるならば、これらの貝類は印旛沼で採取されたものではなく、東京湾岸からの殻付の状態で持ち込まれたものと考えるべきであろう（阿部 2000、小口 2001）。事実、この時期の東京湾沿岸貝塚とこれらの貝塚の貝種は良く類似している。

　印旛沼周辺地域の貝塚の調査のなかで、大山史前学研究所による遠部台貝塚の発掘調査は小規模な調査ではあったが、はじめて詳細な動物遺存体の同定が行われた調査として注目される。

　大給尹はそのなかで動物遺存体の同定を行い、17種の貝類を同定した（池上 1937）。そして、これらの貝塚から圧倒的な主体をしめるヤマトシジミに混じって15種の鹹

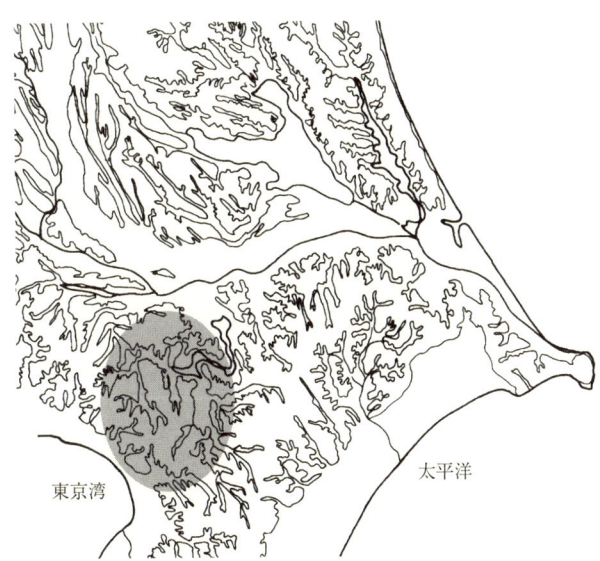

古利根川と連絡した印旛沼は広大な内水面を形成し、早期後半から前期には海水が流入し、中期後半以降には汽水化した。

第2図　分析対象地域の地形

水産貝類が存在したことを報告している（池上前掲）。

その後、印旛沼・手賀沼周辺の貝塚を調査した金子浩昌氏は、ヤマトシジミを主体とする汽水産貝類から形成されている貝塚は、加曽利B式期以降に出現し、反面で後期前葉の堀之内式期の貝塚が認められないことを指摘した（金子 1961）。むしろこの地域では後期前葉から中葉への遺跡の連続性が高い事実からすると、加曽利B式期における貝塚形成の背景は、環境の問題として考えるよりも、むしろ人間社会側の問題でもあったのだ。

さらに川戸彰は、鹿島川の上流域に位置する千葉市野呂山田貝塚の発掘調査を行い、そこから出土した貝類が鹹水種で構成されている事実から、東京湾岸から分水嶺を越えて貝類が持ち込まれたことを想定した（川戸 1961）。

後年に堀越正行氏は谷奥に位置する貝塚の性格と当時の古環境の問題に言及し、川戸の考えを踏襲し、四街道市千代田遺跡第Ⅳ区の安行1式期の住居内貝層の貝類がオキアサリであった事実を付け加え、より内陸部で同様の状況を追加報告するとともに、海水準の変動からも東京湾沿岸からの貝類の流通を指摘した（堀越 1983）。

（2）鹿島川流域の貝塚の性格

鹿島川流域では発掘調査の行われた事例は少ないが、複数の後期貝塚が残されていることがわかっている（金子 1961）（第5図）。その中で実際に発掘が実施された四街道市前広台貝塚では、台地斜面に安行1式期のオキアサリやハマグリ、アサリ、シオフキなどを主体とした鹹水種が小規模な貝層を形成していた状況が報告されている（相川 1961）。

鹿島川をはさんだ対岸に位置する西方の台地上には島越台貝塚があり、斜面の切り通し部分に露出した貝層が確認され、貝層断面からは加曽利B1式土器が採集されている（阿部 1994）。貝種はオキアサリとハマグリ、アサリ、シオフキ、マテガイ、オオノガイなどが確認されている。

上流に上ると佐倉市草刈堀込遺跡があり、この遺跡は中期後半から晩期中葉までの遺物が採集された大規模な集落遺跡と考えられる（高橋・林田・小林 2001、宮内・吉岡 2003）。この遺跡は現在のところ貝塚の発見はないが、地権者によって耕作中に発見された晩期初頭の土器の内部に、オキアサリとキサゴが内蔵されていた。晩期の貴重な貝類であるが、この遺跡でも印旛沼沿岸で主体となるヤマトシジミはまったく存在しない。

中流域にあたる千葉市域では、先述した野呂山田貝塚と八反目台貝塚がある。このなかで野呂山田貝塚では川戸彰による発掘が実施されている（川戸 1961）。貝層は台地上に地点貝塚が環状に分布しており、この中で川戸が発掘したのは、斜面部に形成されたやや規模の大きな貝層である（第3図）。台地上には広範囲に後晩期の土器が散布しており、その中に地点貝塚が5ヵ所確認されている。これらの貝塚は規模が小さく、遺構内に形成された小規模な貝層の上面が撹乱・飛散したものであり、同様の遺構内貝層はまだ他にも周囲に埋没している可能性が高い。

川戸が調査したD地点の貝層からは加曽利B2式土器が出土しているので、当該期の貝層

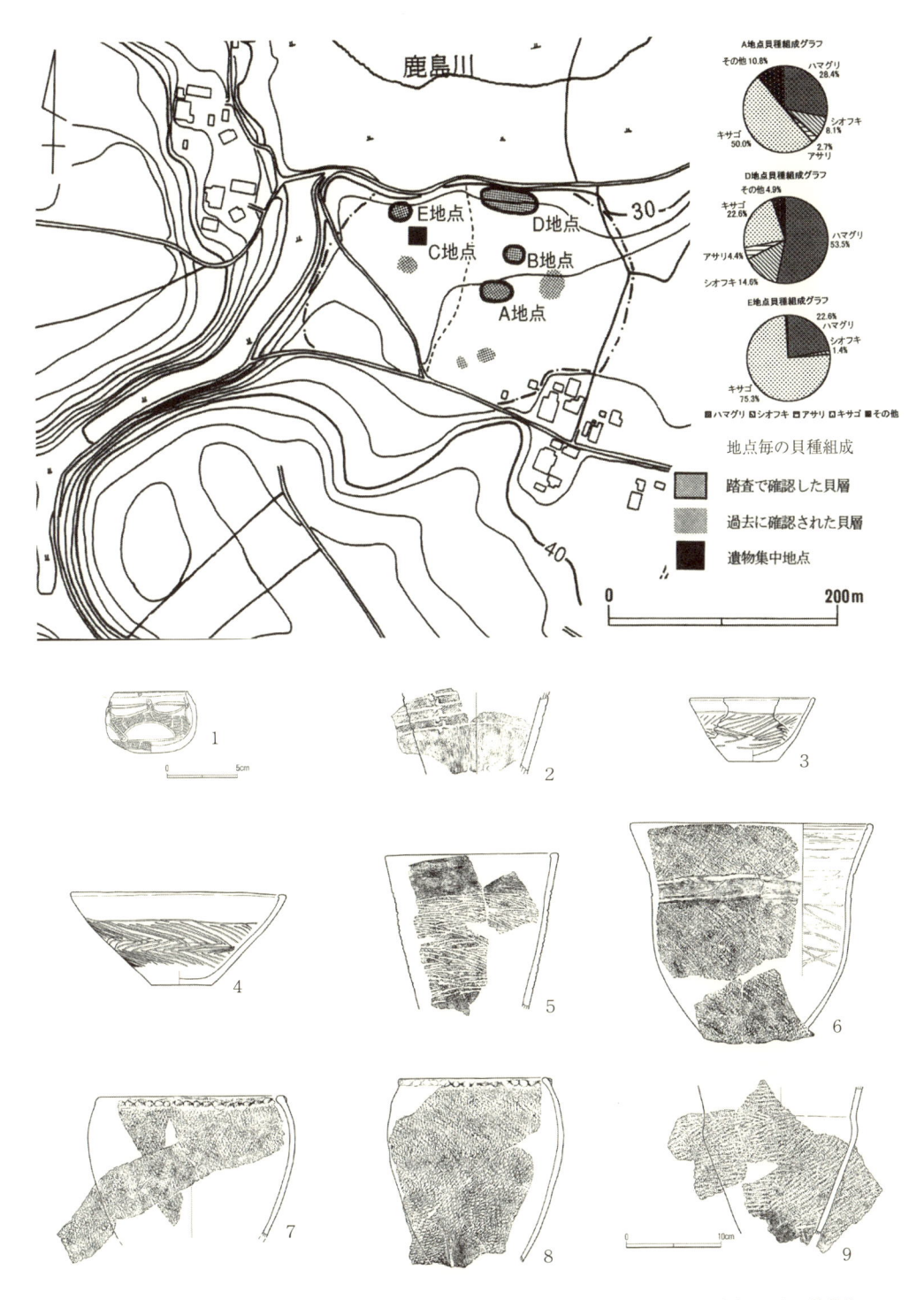

1 持ち運ばれた海の資源 —印旛沼南岸地域における鹹水産貝塚の出現背景—

貝塚は、直径100mほどの環状の軌道上に小規模な地点貝塚が分布する。このなかでD地点のみが、沖積地に面した斜面に堆積した貝塚で、ノッチ状の小規模な谷状の地形に面している。川戸彰の発掘によってD地点から出土した資料は加曽利B2式を中心としたものであることが明らかにされ、東京湾岸からの鹹水産資源の流通の開始時期を推定する意味でも重要である。

第3図　千葉市野呂山田貝塚の貝層分布と貝種組成およびD地点出土遺物

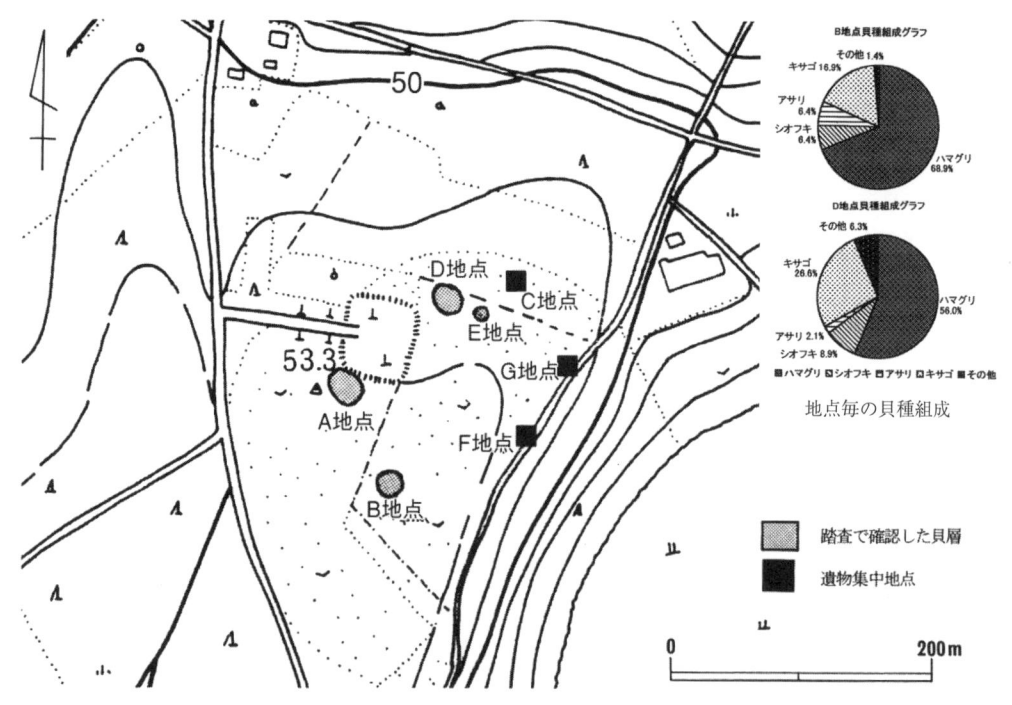

第Ⅲ章　動物遺存体と時間情報 —資源利用の季節性と物質変容—

貝塚は直径100mほどの弧状に分布しており、山林内にはさらに小規模な地点貝塚が存在する可能性が高い。
遺跡の東南部に入り込む谷に面して形成された環状集落と考えられる。

第4図　千葉市八反目貝塚の貝層分布と貝種組成

と考えてよいだろう。川戸が東京湾から貝類の移入を想定したのは、この発掘の成果によるものである（川戸前掲）。また筆者らが踏査した台地上の地点貝塚には安行1式土器が多く散布しているものもあるので、これらの貝塚の形成期間は後期中葉以降、複数の時期にわたるものである可能性が高い。

　宮内・吉岡らによる地表面採取の貝類の同定データによれば、ハマグリにアサリ、シオフキ、キサゴなどを主体としているようだ。また場所により、キサゴが多数をしめるサンプルもある点が注目される。

　八反目台貝塚は現在大半が山林となっているが、山林内に最低でも4ヵ所の地点貝塚があり、その周辺からは後期より晩期にいたる時期の遺物が採集されている（田中 1984、宮内・吉岡 2003）。貝層の周囲から採集された遺物は、加曽利B式土器である。おそらく山林内にはまだ複数の地点貝塚が存在し、貝層の全体の広がりは野呂山田貝塚に類似して点列の環状を呈しているものと思われる（第4図）。露出した貝層から採取された貝類は、ハマグリ、シオフキ、アサリ、キサゴを主体としてオキアサリを含まない。

　なお、これら2遺跡が位置する鹿島川の支谷の西方、僅か1kmほどの位置に東京湾にそそぐ都川が流れ、その流域に後期の環状貝塚である多部田貝塚が立地し、さらに下流には加曽利貝塚が位置しており、分水嶺を跨いだ遺跡間の資源流通が推定されるところである。

　これらの貝塚の分布をみると、いずれも鹿島川の西岸に立地するという特性をもつ。また

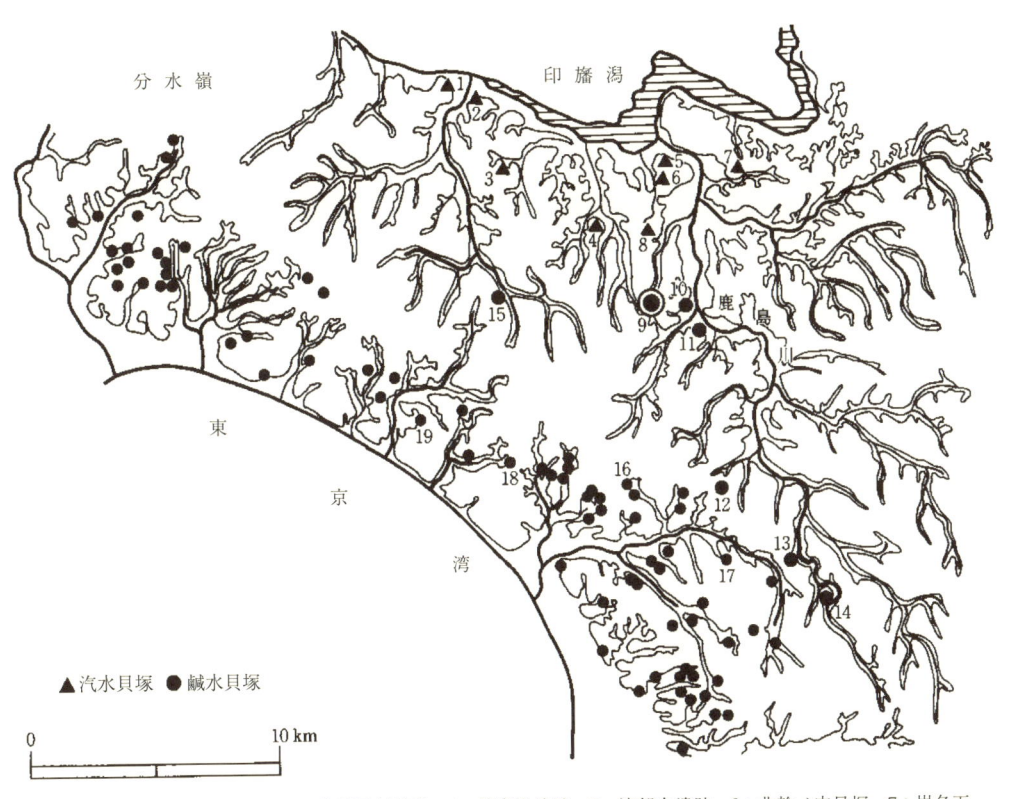

1　持ち運ばれた海の資源 ―印旛沼南岸地域における鹹水産貝塚の出現背景―

▲汽水貝塚　●鹹水貝塚

0　　　　10 km

1：佐山貝塚　2：神野貝塚　3：井野長割遺跡　4：神楽場遺跡　5：遠部台遺跡　6：曲輪ノ内貝塚　7：岩名天神前貝塚　8：吉見台遺跡　9：八木原貝塚　10：島越台貝塚　11：前広台貝塚　12：荒立貝塚　13：野呂山田貝塚　14：八反田貝塚　15：内野第1遺跡　16：加曽利貝塚　17：多部田貝塚　18：園生貝塚　19：犢橋貝塚

千葉県域には、東京湾に注ぐ河川と印旛沼に注ぐ河川によって区分される分水嶺が東京湾に併行して走る。貝塚は東京湾側に注ぐ河川の流域に鹹水産貝類を主体とするものが形成され、印旛沼水系では上流で鹹水貝塚が、下流では汽水貝塚となる。印旛沼水系上流部の貝塚では、分水嶺を跨いで貝類が持ち込まれた可能性が高い。八木原貝塚は鹿島側注流域にありながら、主鹹の巨大な貝塚である点が特異である。

第5図　千葉県における東京湾と内陸部の貝塚分布状況

これらのうち、草刈堀込遺跡よりも上流の貝塚ではオキアサリの出土をみない。この点で前広台貝塚や島越台貝塚は、貝種組成からみた場合同じ鹿島川流域の貝塚のなかでも、より上流の八反日台貝塚や野呂山田貝塚とは区別できる。

印旛沼南岸の曲輪ノ内貝塚、遠部台遺跡、神楽場遺跡、岩名天神前貝塚、井野長割遺跡、そして北岸の戸ノ内貝塚、石神台貝塚はヤマトシジミを圧倒的な主体とした構成をもち、平均して5％前後で含まれる鹹水種貝類のなかでハマグリとオキアサリを2大貝種として特徴的に含む。

これらの貝塚の分布と貝種組成に注目した場合、八木原貝塚は次の3つの点において他の遺跡と異なる特徴をもつ。①遺跡の立地は印旛沼につづく小さな支谷の最奥部に位置し、鹿島川に直接面していないこと。②貝種ではオキアサリを伴いつつも、東京湾岸では都川水系の貝塚に顕著なアサリやシオフキ、キサゴなどの砂泥底の貝種を比較的多く含む事実。③貝塚の規模が内陸部の遺跡の中で突出して大きいという特性である。

第Ⅲ章 動物遺存体と時間情報 —資源利用の季節性と物質変容—

　八木原貝塚のあり方はオキアサリを特徴とした園生貝塚や犢橋貝塚などの千葉市北部地域と、それよりもやや南に下った砂泥底の貝類を主体とした都川水系の加曽利貝塚や多部田貝塚などの集団が貝類採取を行った干潟の、2つのルートの交差地点の集落として位置づけられる可能性が高い（第5図）。

3　八木原貝塚における貝層形成

　四街道市八木原貝塚は、現在の千代田団地内の公園に保存されている斜面貝塚である。この貝塚は、千代田遺跡の第Ⅳ区に所在し、中期終末から晩期中葉にかけて形成された集落の一角に形成された貝塚である。筆者らは2000年より本貝塚の調査研究を進めているが、第Ⅳ区の貝塚はこの八木原貝塚以外に安行1式期の住居内貝層（八幡1972）、宅地造成の最中に発見されて緊急調査された「千代田貝塚」、正式な調査は行われずに湮滅した西側斜面の貝塚がある（第6図）。

　これ以外に第Ⅳ区の小竪穴内に残された土坑内の小規模な貝ブロックなどがあり、現在となっては正確な規模や数は不明であるが、台地斜面や台地上の遺構内に複数の貝塚が形成されていたらしい。こうした貝塚分布のあり方は、印旛沼沿岸のヤマトシジミを主体とした後期の貝塚と類似している。

　八木原貝塚の発掘は、2000年に筆者が印旛沼沿岸の後晩期遺跡群の研究の一環として実施した（阿部2007）。これまでに7ヵ所の小規模な調査区を設定したが、貝層が存在したのは3ヵ所である（第7図）。

　ここでは、そのうちの第Ⅳ調査区と命名した部分の貝層の内訳を紹介しよう。この地点の堆積層は、表土下に安行1式と曽谷式期の遺物包含層が堆積し、その下に加曽利B3式

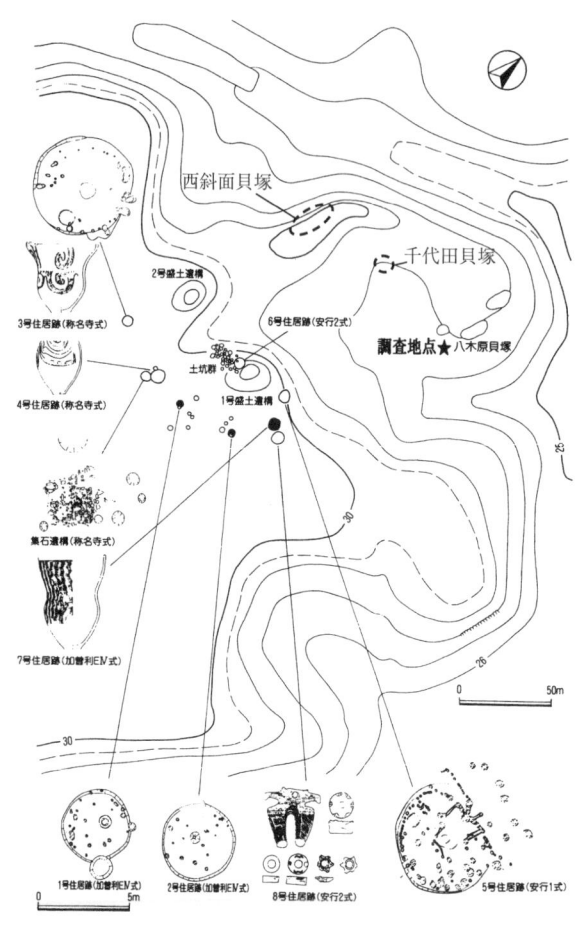

千代田区遺跡Ⅳ区は舌状の台地の全体を指し、調査は台地の基部付近に限定されていた。
造成中に千代田区貝塚と八木原貝塚が相次いで発見され、そのたびごとに緊急調査が実施された。西斜面の貝塚は未調査のまま湮滅した。これまでの調査によって、台地上の西と東（八木原貝塚）の斜面に貝塚が形成された巨大な集落遺跡であることが判明してきた。台地上には「盛土遺構」と考えられる高まりが2ヵ所確認されており、谷奥型環状遺丘集落の典型である。

第6図　千代田遺跡Ⅳ区の広がりと貝層の位置

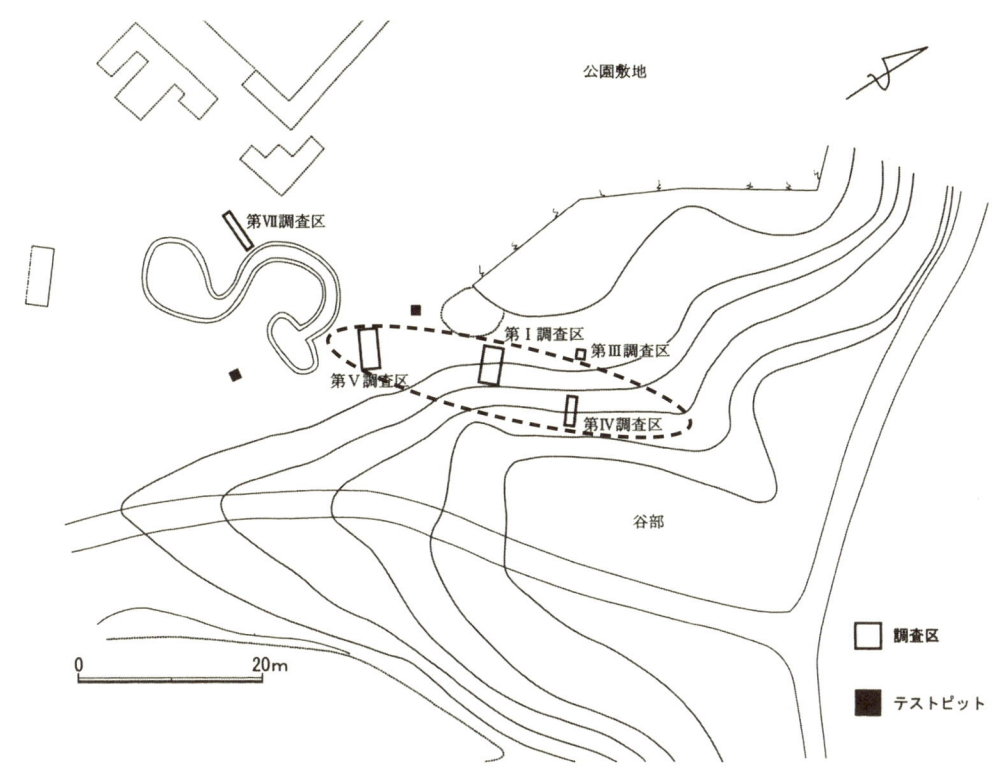

第7図　八木原貝塚の立地と広がり（破線が貝層の推定範囲）

（5〜97層）と同2式期の貝層（99〜112層）が堆積していた（第8図）。その部分の貝層は90cmあまりもある。さらに貝層中には炉跡を伴う土層（98層）が堆積し、この層を境にして上下に貝層を明瞭に識別できる。そして出土した土器から上部の貝層は加曽利B3式期、下部を加曽利B2式期とすることができる。なお、貝層下の土層からは堀之内1式土器が少量出土したのみである。

　貝層は廃棄単位と認識できた堆積単位を確認し、全量を採取して、1mmメッシュによる水洗選別を行った。識別できた堆積単位は127枚である。

　このなかで、調査区の一角で堆積順位が上下関係によって識別できる、39枚の堆積単位の分析を行い、灰層や焼土層を除いた37枚の貝塚の貝種組成を示した（第8図）。まず、全体を通して指摘できる注目される事実は、印旛沼に注ぐ一本の谷の最奥部にありながら、80〜90％が鹹水種で占められていることである。こうした組成を示す後期中葉（加曽利B2・B3式期）の貝塚は、印旛沼沿岸の貝塚には認められない。

　印旛沼に面した遠部台遺跡（阿部2007）では5％前後が鹹水種で、残りはすべて汽水種のヤマトシジミであった。このことからすると、八木原貝塚の貝層の形成背景に、川戸や堀越が指摘した東京湾岸の干潟の貝種の流入があったことが推測されてくる。

　また鹹水種の組成では、二枚貝ではハマグリとオキアサリが2大貝種となり、両者の時間的な増減がちょうどほぼ補完関係にあることが指摘できる。個体数の上ではイボキサゴも多

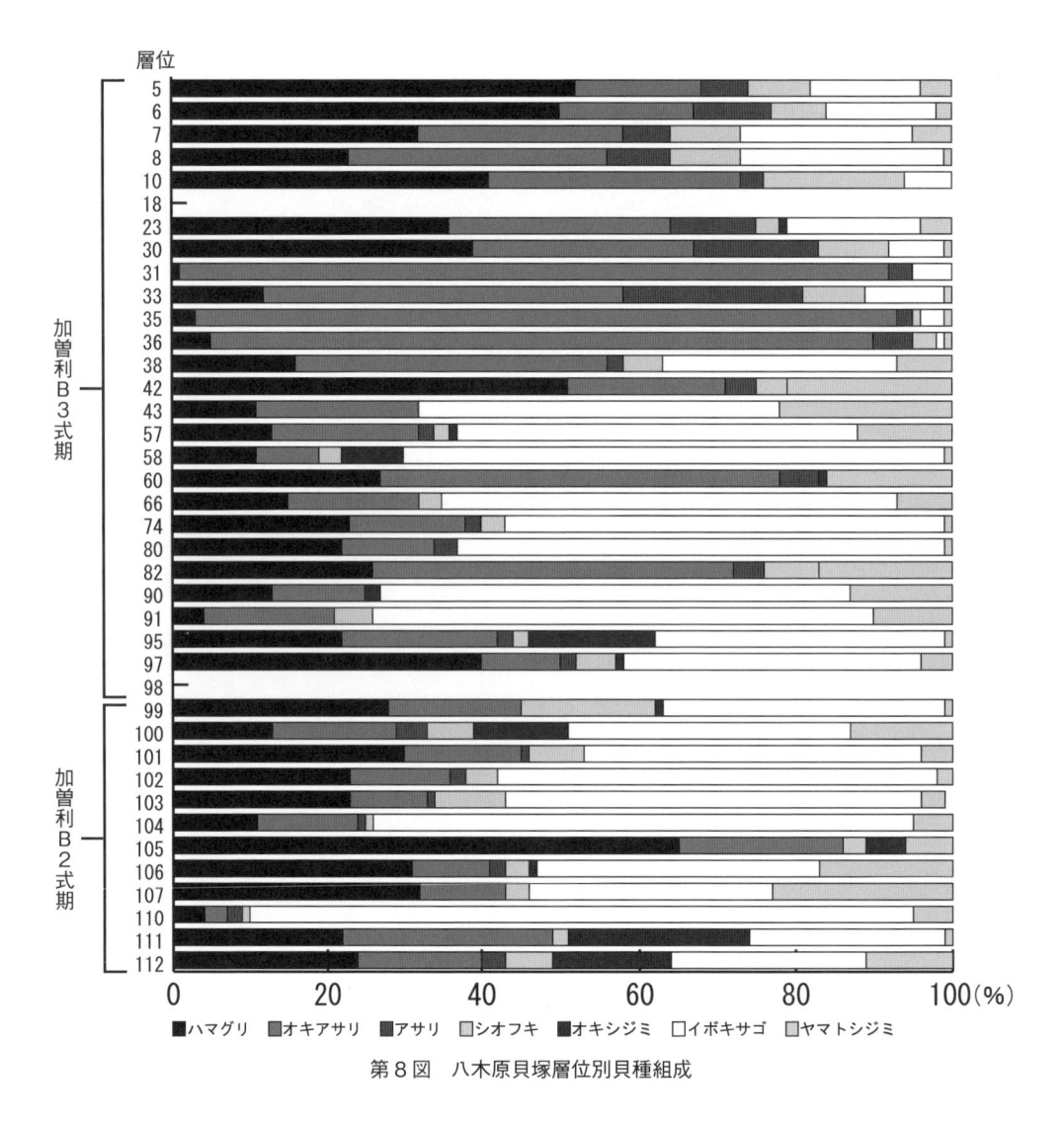

第Ⅲ章　動物遺存体と時間情報 —資源利用の季節性と物質変容—

第8図　八木原貝塚層位別貝種組成

く出土している点も注意される。イボキサゴは下部貝層の加曽利B2式期に安定して存在し、上部貝層の加曽利B3式期になると上部に行くほどその数が減少する。その代わりにオキアサリやシオフキが増加する。

　オキアサリの占有率は下層から上層に移行するに従い、増減の幅が大きくなるようで、加曽利B3式期では一部にきわめて高い占有率を示す堆積が認められる。これらの鹹水産貝類の組成は、遠部台遺跡や曲輪ノ内貝塚などでは全体の5％前後の組成比を示す鹹水種のなかで往々に認められる貝種であるが、とくに安行1式期以降ではオキアサリに収斂化する傾向が顕著である。印旛沼沿岸の貝塚中に往々に認められるオキアサリは、東京湾岸でも千葉市北部から船橋市付近の貝塚に特徴的に認められる貝であり、千葉市園生貝塚、犢橋貝塚などでは主体をなしている貝層が検出されている。

　八木原貝塚とこれら東京湾岸地帯の中間地点にある千葉市内野第1遺跡では、小規模なが

90

ら加曽利B2式期の貝層が残されている。ここではオキアサリの存在が目立つ点で、内野第1遺跡が内陸への貝類の流通経路上にあったことが推測される。なおこの遺跡では安行2式期の貝層もあり、その経路は後期後葉まで継続していた可能性を窺わせる。

一方、八木原貝塚で多くはないものの無視できない一定量の泥干潟系のシオフキやアサリに加え、ハマグリとイボキサゴなどから形成される鹹水産貝類は、加曽利貝塚などの東京湾でも、より南岸の貝塚集中地帯との類似性をもつ。八木原貝塚の貝種組成を考えた場合、八反目台貝塚や野呂山田貝塚などを経由して加曽利南貝塚などが立地する都川水系からの分水嶺を越えた殻付きの貝類の持ち込みが想定される。

貝種組成から推測できることは、八木原貝塚がオキアサリを特徴とした千葉市北部地域と、より南側のアサリやシオフキなど砂泥底群集を特徴とした千葉市南部地域から持ち込まれた貝類の両者が複合したことによって形成されたとする可能性である。

貝種組成からみる限り、八木原貝塚は、この2つのルートを掌握した集団が居住した集落であった可能性が指摘できる。

4　流通システムの変動と地域社会の構造

縄文後期における東京湾岸からの貝類の流通を考える場合、時期的な特性を比較するために本稿で指摘した後期中葉以前の状況を整理しておこう。便宜上、東京湾に注ぐ水系とは異なるという意味で内陸貝塚と呼称する。

（1）前期後半〜中期の内陸貝塚（第9図）

現在までの調査事例で、東京湾からの貝類の流通を示すのは四街道市木戸先遺跡（西本ほか1994）、四街道市和良比遺跡（斉藤・高橋1991）と和良比向井貝塚（相川1961、栗原1975）などである。これらはいずれも印旛沼水系の河川の上流に位置し、印旛潟からは距離を置く反面、東京湾により近い位置に分布する特徴をもつ遺跡である。

四街道市木戸先遺跡は、前期の黒浜式期から諸磯a式期にかけての集落遺跡である。貝類は遺構内から小規模な貝ブロックとして検出され、面的な貝層の形成は認められなかった。貝種はオキシジミである。また同じく前期では、和良比遺跡において浮島Ⅲ式期の住居内貝層が検出されている。8軒発見された住居群のなかで貝層を伴う住居は1軒のみであるが、貝層からはハマグリ製の貝刃とイタボガキ製の貝輪が各1点出土している。貝種組成はハマグリとカキを主体としている。

前期はちょうど印旛沼にも鹹水が流入した時期に相当するが、印旛沼沿岸で当該期の貝塚は四街道市木戸先遺跡で小規模な貝ブロックがあるのみである。印旛沼南岸には、周知のように早期後半の鵜ヶ島台式期から茅山上層式期に多くの貝塚が分布することが知られているが、そうした活発な採貝活動は、少なくとも最大海進時の前期には大きく変容したものと考えられる。むしろ台地の浸食がすすむ一方で、貝類の生息に適した砂泥底の干潟が形成されにくかった可能性が高い。

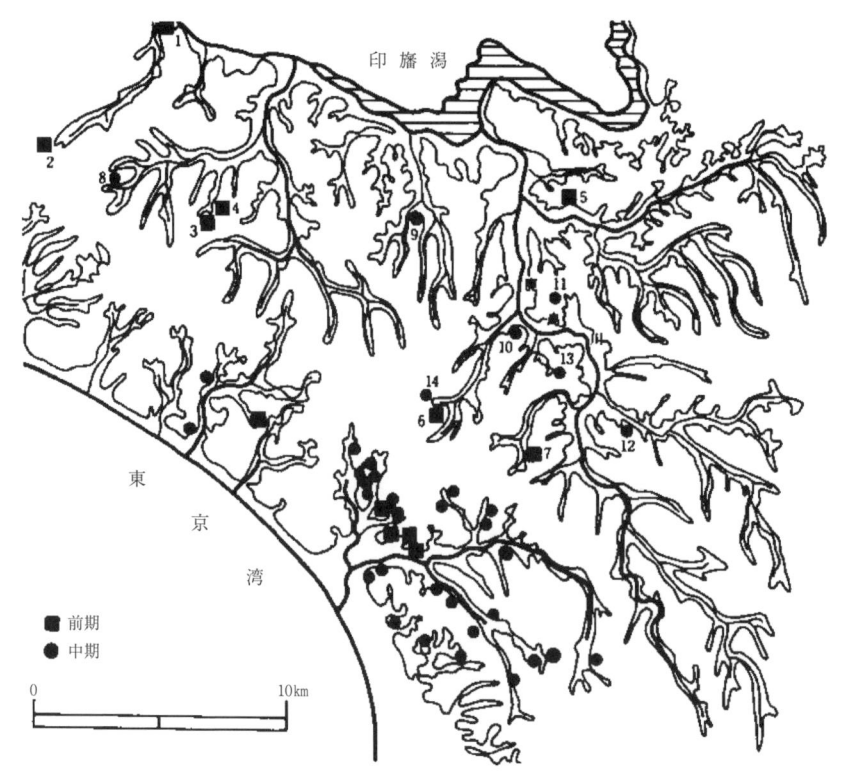

第Ⅲ章　動物遺存体と時間情報 —資源利用の季節性と物質変容—

1：山谷遺跡　2：新田遺跡　3：ヲイノ作南遺跡　4：大和田新田芝山遺跡　5：諏訪尾余遺跡
6：和良比遺跡　7：木戸先貝塚　8：海老ヶ作貝塚　9：五反目貝塚　10：相ノ谷遺跡
11：大田向原遺跡　12：宮内井戸作遺跡　13：坂戸念仏遺跡　14：和良比向井貝塚

第9図　前期・中期の貝塚の分布状況

　中期では和良比向井貝塚が古くから内陸の鹹水貝塚として著名であるが、実態に不明確な部分が残る（栗原 1975）。現在は湮滅しているが、部分的な報告によると、ハマグリやカキを主体とした加曽利E式期の小規模貝塚であったらしい[4]。至近の位置にある前期後半の和良比遺跡の貝層との類似性が想起される。

　四街道市千代田遺跡は中期後半から晩期中葉にかけての大規模な遺跡で、その一角に八木原貝塚を形成することで著名であるが、団地の造成工事の際に遺跡の東側で、後期初頭の土器片を伴う小規模な貝ブロックが発見されている。貝種は、ハマグリとイボキサゴ、カキ、シオフキから構成されている[5]。

　これに対して佐倉市五反目遺跡は、いわゆる縄文時代の印旛潟に比較的近接した位置に発見された純鹹貝塚で、形成時期は中期後半と思われる。採集された貝類は、ハマグリ、イボキサゴ、シオフキ、カキ、アカニシなどから構成される（小口 2001）。当時の印旛潟の環境が気になる点であるが、報告者は東京湾からの搬入を想定しており、筆者もそれに従いたい。

　これらの後期中葉以前の鹹水産貝類の出土状況の特徴は、①規模が小さいこと、②ハマグリ、イボキサゴを2大種として、シオフキやカキなどの砂泥底群集を含む典型的な東京湾東岸の貝塚の貝種類組成を示す点、③分布が特定の河川流域などに集中しないこと、などが

指摘できる。

　こうした中期の貝塚の特徴は後期中葉以降の在り方とは大きく異なるもので、後期中葉における貝類の流通ルートを考える場合対照的で重要な現象であろう。

　もちろん、前・中期においても貝類の流通ルートは、網の目のように存在した集落間を結びつける道などによって維持・管理されていたであろう。

　しかしそれは加曽利B式期の鹿島川流域のように固定化され、または特定遺跡を中心にして収斂化したものではなかった。内陸部と東京湾沿岸部を結ぶ流通ルートをもつものの、その目的は自給的な消費の単位に限られるものであった。また、前期や中期の貝類の流通は断続的であり、特定のルートに固定化されていた可能性は低いように思われる。

（2）後期中葉の内陸貝塚

　これに対して、後期中葉の加曽利B式期では加曽利貝塚などが立地する都川下流の東京湾干潟の貝類を流通させる鹿島川ルートと、千葉市北部の園生貝塚や犢橋貝塚などに代表される東京湾干潟でオキアサリを特徴種とするルートが比較的明瞭に認識できる点が異なる。

　そして八木原貝塚のように印旛沼南岸貝塚で最大規模を誇る斜面貝層は、これらの東京湾からの2つのルートの継続的な維持・管理によって形成されるのである。八木原貝塚の規模が他の周辺貝塚に比べて大きいことの要因の1つとして、加曽利B1式以降、安行3a式期にいたるまでの長い期間で貝層が形成されていることが筆者らの調査によって明らかになった（阿部 2007）[6]。

　八木原貝塚では千代田遺跡第Ⅳ区と呼称された広大な遺跡範囲の中で、ほぼ同一の地点で継続的に貝類を廃棄した行為そのものについても遺跡形成論的な視点からの検討が必要であろうが、上下に複数の時期の貝層が堆積した事例も印旛沼沿岸の後期貝塚では稀有な例である。

　印旛沼南岸の中期から後期にいたる時期における水産資源の流通は、これらと比べると対照的なあり方としてモデル化できる。すなわち、東京湾岸の複数の水系から小規模な貝が持ち込まれる前期から中期後半の様相を面的な流通とするならば、後期中葉（加曽利B式期以降）を線的な流通として模式化することができる（第10図）。これは流通の経路が固定し、恒常的な資源流通が行われた結果である。そして後者の流通システムの上に、八木原貝塚という内陸における鹹水産資源の集積拠点的遺跡が出現するのである。

　この東京湾の水産資源の流通過程の変容は、千代田遺跡における貝塚形成から見れば、加曽利B1式期になる（阿部 2005）。面的な流通は中期終末から後期初頭に一段落し、すでに古くからの指摘にあるように、後期前葉の堀之内1式期では現在のところ貝塚の形成は認められない。

　こうした現状を、将来の発見に待ち、検討を保留とすることも現状に即した対応であろうが、印旛沼南岸の加曽利B式期以降の貝塚を残す遺跡の全てが堀之内式土器を出土しているか、または遺構を構築している事実を無視するわけにはいかないだろう[7]。

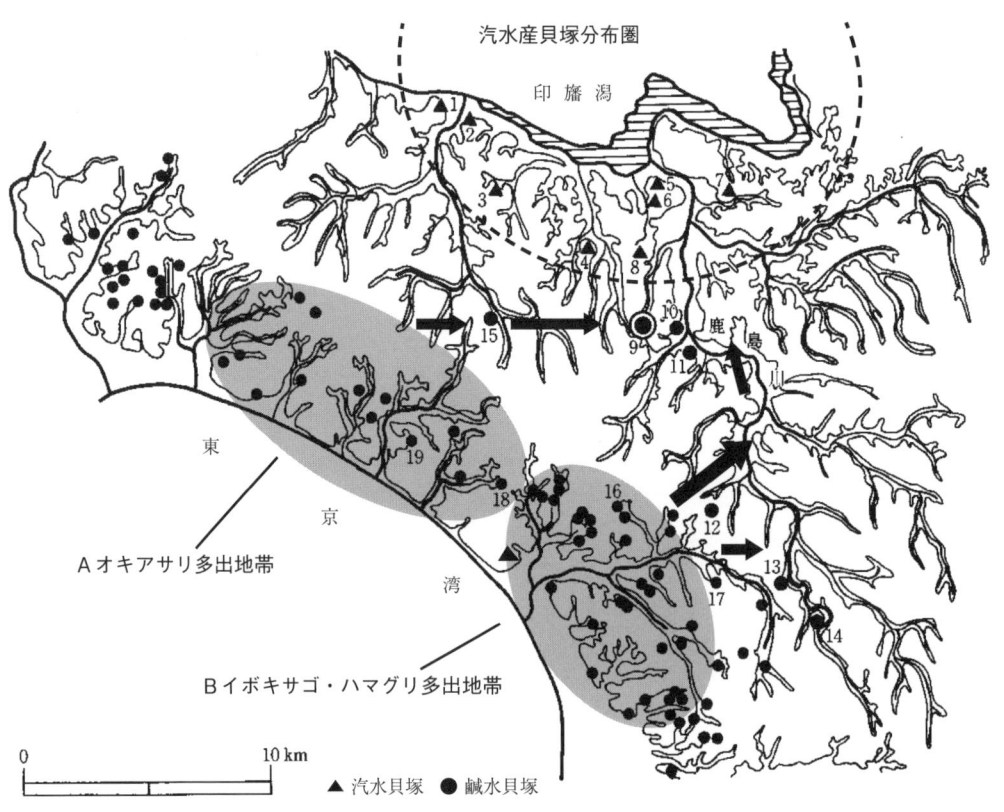

第Ⅲ章　動物遺存体と時間情報 —資源利用の季節性と物質変容—

1：佐山貝塚　2：神野貝塚　3：井野長割遺跡　4：神楽場遺跡　5：遠部台遺跡　6：曲輪ノ内貝塚　7：岩名天神前貝塚　8：吉見台遺跡　9：八木原貝塚　10：島越台貝塚　11：前広台貝塚　12：荒立貝塚　13：野呂山田貝塚　14：八反田貝塚　15：内野第1遺跡　16：加曽利貝塚　17：多部田貝塚　18：園生貝塚　19：犢橋貝塚

東京湾岸の2つの地域（A／B）から八木原貝塚へ鹹水産の資源が流通しており、A地域ではオキアサリを特徴的に含む。B地域ではアサリ・シオフキ・ハマグリ・イボキサゴなどの砂泥底群集が主体を成しており、八木原貝塚の貝種組成はこれら2つの特徴を併せ持つ点が特徴的である。

第10図　八木原貝塚への貝類の流通ルート

　推測の許される範囲では、堀之内式期の集落は存在するが貝類の搬入は一時期的に断絶または一見するとその様に見える程少量化している可能性が指摘できる。そうであるならば、今後加曽利B式期における東京湾岸の貝塚遺跡との関係比較が、内陸地域社会と海浜部地域社会の関係解明には重要となるであろう。

　また東京湾岸の海浜地域と内陸地域のあいだで流通した水産資源のあり方は、かならずしも一元的なあり方をしているわけではない。たとえば船橋市周辺では、印旛沼水系の再奥部に中期中葉から後葉の海老ヶ作貝塚が形成されている（八幡・岡崎 1972）。

　ここからは複数の住居内貝層が発見されており、その規模は決して小さくない。また船橋市金堀台貝塚では、加曽利B式期の住居内貝層にオキアサリを含む鹹水産貝類が出土しており、一時期的な資源の流通が認められる（金子 1961）。これらの地域は東京湾岸の貝塚遺跡と内陸部の遺跡間で、鹿島川—印旛沼南岸遺跡群とは、異なる相互関係が存在したことを示唆する。

いずれにしても、東京湾東岸から内陸地域にむかって、水産資源の流通が行われたことは事実であり、さらに、その実態は、より細かな時期の中で異なっていたらしいこともわかってきた。

（3）資源流通の空間的方向性とその意味

水産資源に関する流通のなかで、ここまで検討してきたことを、思い切ってここで図式化して考えると、その流通の空間的方向性において、東京湾から内陸部への鹹水産資源の流通が、いくつかの断絶時期をはさみながらも前期以来晩期にいたるまでのあいだ認められる。

しかし、これらの流通のルートや分配のシステムと貝種については、前期から中期までのそれと後期前葉の断絶期をおいた後期中葉以降の場合とでは大きく異なっていたことになる。

後期中葉以降に印旛沼南岸地域では、長期継続型の「谷奥型環状遺丘集落」と「谷面並列型遺丘集落」が半径10km圏内に11ヵ所が、約2kmの相互の距離を隔てて群集する状況が出来ることは関係でない（阿部ほか 2000）。これらの遺跡群内では、土偶や、土器塚の形成、大型竪穴建物址などが相互補完的な関係を維持し、資源や施設が偏在して保有されている状況がある。

いうまでもなく八木原貝塚もこうした遺跡群の一角に位置し、加曽利B式期以降大量の鹹水産資源を入手していることから考えると、当該期の内陸部における資源流通は、内陸地域社会の社会的な要請のなかで次第に発達し、八木原貝塚が資源流通のネットワークの中核に位置したことを示しているのではないだろうか。これは決して受け身的な認識ではなく、印旛沼沿岸の地域社会の主体的な資源入手活動と理解すべき現象である。

さらにまた、八木原貝塚では、加曽利B2式期の貝層では、アジ、サヨリ、ハゼ、クロダイなどの鹹水魚も多く検出されており、鹹水産資源の入手は貝類だけにとどまらないことが明らかになってきた[8]。しかし、コラムサンプルの分析によれば、通時的に海産資源の流通が行われたという事実に加えて、こうした資源流通の内容は、より細かい時間幅の中で変化が認められる。すなわち、加曽利B3式期では、その種類や数が減少傾向にあり、こうした変化はすでに示した様に貝種がオキアサリとハマグリに特化してゆく動向と連動するようである。

このような八木原貝塚の貝層に確認できる特殊な性格は、その歴史的背景を考える場合、八木原貝塚だけに限定して個別的に考えるべきではなく、同じ遺跡群内の集落に残されたヤマトシジミ主体の貝塚との関係において比較検討する必要がある。ヤマトシジミ主体の貝塚の中にハマグリやオキアサリなどの鹹水種貝類が、僅かに伴う事実が遺跡間の関係を考える場合に重要性を帯びてくるのである。

それでは内陸地域において食料資源としての鹹水産資源を考えた場合、元来低カロリーの貝類が少量流通する意味とはいかなるものであろうか。そこには栄養源としての水産資源ではなく、文化的な意味を内在させた食資源としての意義が指摘できるであろう（阿部 2005）。

そしてそうした行為は、少なくともこの地域では前期後葉に遡るが、それは断続的なもの

であった。その流通がある程度計画性を見せるのは、中期後半から終末の時期である。この時期では佐倉市五反目遺跡が示すように、イボキサゴと小形のハマグリを主体としている。この時期は気候の寒冷化や環状集落の解体、貝層形成の衰退など、東京湾東岸地域では衰退的なイメージを想起させる事象が起こるが、内陸への資源流通はむしろ活発化していることは明らかだ。また集落形成についても、居住空間がそれまでの地点から隣接地へと移動したに過ぎず、移動や人口の極端な減少は想定しがたい（阿部 2010）。一般に中期から後期へという文化の移り変わりの中で、中期終末は衰退期として説明されることが多い。しかし、遺跡群の実態からみた場合の検討を欠いているように考えられる。

元来、縄文時代の貝塚形成の本質的な性格が、主食としての資源利用とは考え難いこともあり、中期終末における貝塚形成の衰退は、単に環境の変化だけではなく、資源利用形態の組み換えに伴う依存率の低下を示唆している可能性が考えられる。

後期中葉に、それまでとは異なる流通システムではじまる魚介類の流通実態とは、内陸地域社会との相互関係の強化が関係している。その場合、八木原貝塚が内陸部において破格の規模を有する事実にふたたび注目したい。貝層の形成とは資源消費の側面から考えた場合、貝殻を廃棄する行為であるため、消費に関与した集団が八木原貝塚（千代田遺跡）の人々だけに限定されていたと規定できるわけではない。その場合、嗜好品として特化した鹹水産資源の消費に、周辺集落からの人々の参画があった可能性が浮上する。ヤマトシジミ主体の貝塚において特徴的に認められる僅かなオキアサリやハマグリの出土は、そうした際の分配の痕跡であったかもしれない[9]。

内陸に持ち込まれた海の貝の量と、その取り扱いを考えるときに、興味深い事例は草刈堀込遺跡での貝類の出土状況であろう（高橋・林田・小林 2001）。ここからは晩期初頭の台付浅鉢の内部にイボキサゴとハマグリなどがあたかも内部に詰め込まれたかのような状態で発見されている。台付土器の用途とも関わるであろうが、遠隔地の資源消費の一場面を想起させるものがある。

いずれにしてもこうした事実は、貝塚の形成背景は貝類が漠然とした食資源として、ただ単純に自然の資源として利用されたわけではなく、人類の主体的、選択的な利用形態が深く関わりをもつことを示唆している。

資源の移動や流通という側面から貝塚形成を考える場合、貝塚を残す遺跡自体の性格や、遺跡間の関係の解明なくして、その歴史的な意味を解明することは難しい。古環境との突き合わせもこの議論のなかでは重要な意味をもつが、考古学においてもっとも重要な点は、遺跡の形成過程の復元を前提とした構造分析や動物遺存体の分析から、生業活動全体の枠組の中で人間の活動実態を復元する多視点な道筋を明確に描く姿勢であろう。

注
1）特に近年では東京都中里貝塚のように、海辺の作業場に付随して残された貝塚の中には、大形

個体に限定されたカキとハマグリに特化した採取形態をもつものもあり、目的に応じた採貝活動が行われたことがわかるようになってきた。
2) ボーリングコアの年代は、コアを等間隔で年代測定し、その間のサンプルには深度と年代を等分配する手法が一般的であるが、この方法では、今日考古学が時間単位とする土器型式（数百年単位）の年代に対応できない場合が多い。また、現状における分析成果も機械的に等分配された年代値を再検証するために実際のサンプルから再測定し、堆積速度との誤差を補正する検証も最低限必要であろう。
3) あるいはまた、台地の先端部などに貝塚が形成されていた場合には、海進によって台地が浸食されて台地の端部が崩落し、消滅してしまった場合も想定されるが、遺跡自体の数も少ない事実から、活動が不活発な時期であったと考えるべきであろう。
4) 筆者は1980年に千葉県教育委員会が実施した県内貝塚所在確認調査において、その推定地点を踏査し、畑脇の荒地に少量のイボキサゴの散布を確認した。この地点で採集できた土器は加曽利E3式であったと記憶している。またその後、報告者である相川日出男氏に面会した際に、貝層から出土したという土器を拝見させていただいた記憶があるが、加曽利E2式から3式のものであったので、貝塚の時期は中期後半と考えて良いだろう。
5) 1974年に筆者が確認しサンプルを採取したが、土坑内部に堆積した小規模な貝ブロックであったと記憶している。資料は現在明治大学博物館に収蔵されている。
6) 筆者は2000年以降、佐倉市遠部台遺跡、曲輪ノ内貝塚、四街道市八木原貝塚の調査を実施してきたが、その調査の目的の1つに貝層形成過程の解明があった。現在資料を分析の途上であるが、千代田遺跡の造成中に発見された地点貝塚で加曽利B1式期の貝層を（阿部2005）、現千代田団地内公園に保存されている八木原貝塚では加曽利B2式から安行3a式期までの貝層を確認している。
7) 堀之内式期に貝塚が認められない事実についてはすでに金子浩昌氏による指摘があり、水系ではつながりの深い現利根川下流域の貝塚群とその様相を異にしている。
8) 魚骨サンプルの同定については、樋泉岳二氏の御教示によるものである。記して感謝申し上げたい。層位別の組成などは、正式報告時に詳細を公表する予定である。
9) そうした特定稀少な資源消費行為の季節性については、筆者と樋泉岳二氏との共同研究において現在分析中である。水産資源の流通が継続的で周年を通じたものであったのか、あるいは季節的に限定された行為であったのか、という議論は資源流通の季節性を考える場合、極めて重要であろう。

引用・参考文献

相川日出男 1961「前広貝塚」『印旛・手賀』早稲田大学考古学研究室
相川日出男 1994「四街道物井千代田団地内貝塚調査概要報告（遺稿）」『四街道市の文化財』19
阿部芳郎 1994「四街道市島越台貝塚と鹿島川流域の後期遺跡群」『四街道市の文化財』20
阿部芳郎 2000「縄文時代における土器の集中保有化と遺跡形成」『考古学研究』47―2
阿部芳郎 2001「四街道市八木原貝塚の基礎的研究」『四街道市の文化財』25
阿部芳郎 2003「遺跡群と生業活動からみた縄文後期の地域社会」『縄文社会を探る』学生社
阿部芳郎 2005「貝食文化と貝塚形成」『地域と文化の考古学』Ⅰ　明治大学考古学研究室
阿部芳郎 2007『縄文時代における地域社会と遺跡形成に関する構造的研究』平成15～18年度科学研究費補助金研究成果報告書
阿部芳郎 2010「加曽利貝塚の形成過程と集落構造」『東京湾巨大貝塚の時代と社会』雄山閣
阿部芳郎ほか 2000「縄文後期における遺跡群の成り立ちと地域構造」『駿台史学』109
阿部芳郎ほか 2001「佐倉市草刈堀込遺跡と縄文後晩期の集落景観」『貝塚博物館紀要』28

池上啓介 1937「千葉県印旛郡臼井町遠部石器時代遺跡の遺物」『史前学雑誌』9―3
大山史前学研究所 1933『東京湾に注ぐ主要渓谷の貝類に於ける縄紋式石器時代の編年学的研究予報』大山史前学研究所
金子浩昌 1961「印旛・手賀沼地域の貝塚」『印旛・手賀周辺地域埋蔵文化財調査報告書』千葉県教育委員会
川戸　彰 1961「野呂山田貝塚」『印旛・手賀周辺地域埋蔵文化財調査報告書』千葉県教育委員会
栗原東洋 1974「千代田遺跡の紹介と論点の検討」『四街道市の文化財』1
栗原東洋 1975「第2章　原始古代の四街道地域と生活環境」『四街道町史（第1部通史編）』
小口英一郎 2001「佐倉市五反目遺跡と印旛沼南岸の縄文中期遺跡群」『佐倉市史研究』14
斉藤　毅・高橋　誠 1991『和良比遺跡発掘調査報告書（財）印旛沼郡市文化財センター
酒詰仲男 1942「南関東石器時代貝塚の貝類相と土器型式との関係に就いて」『人類学雑誌』57―6
酒詰仲男 1961『日本石器時代食糧総説』土曜会
高橋　誠・林田利之・小林園子 2001「縄文集落の領域と「縄文流通網」の継承」『研究紀要』2　財団法人印旛郡市文化財センター
田中英世 1984「鹿島川流域の縄文時代の遺跡―千葉市野呂山町八反目台貝塚―」『貝塚博物館紀要』11
千葉県教育委員会 1983『千葉県貝塚所在貝塚遺跡詳細分布調査報告書』
樋泉岳二 2003「貝塚からみた生業活動と社会」『縄文社会を探る』学生社
東木竜七 1926「地形と貝塚分布より見たる関東低地の旧海岸線」『地理学評論』2―7・8・9
西本豊弘ほか 1994『木戸先遺跡』印旛郡市埋蔵文化財センター
林田利之 1999『吉見台A地点遺跡』印旛郡市埋蔵文化財センター
堀越正行 1983「谷奥貝塚の意味するもの」『史館』15
宮内慶介・吉岡卓真 2003「内陸地域における貝塚の形成と海産資源の流通」『貝塚博物館紀要』30
八幡一郎ほか 1972『千代田遺跡』四街道町千代田遺跡調査会
八幡一郎・岡崎文喜 1972『海老ヶ作貝塚』

2 貝類の流通からみた縄文時代の社会関係
― オキアサリの成長線分析の試み ―

樋 泉 岳 二

1 研究の目的

　オキアサリ *Gomphina semicancellata*（マルスダレガイ科、二枚貝綱）は、東京湾奥部沿岸の縄文時代貝塚から特徴的に出土する種である。本種の現在の分布は、房総・能登以南～台湾・中国大陸南部とされるが（波部・小菅1977、奥谷編2000）、良好な生息地は限られているようであり、その生態や生活史については不明な点が多い。

　東京湾岸の縄文貝塚からの出土状況をみると、東京湾奥部沿岸の現松戸市～千葉市西部（汐田川流域）の縄文中期～晩期の貝塚に多くにみられ（樋泉1999）、とくに現船橋市～千葉市西部の縄文中期後半（加曽利E式期）～後期後葉（安行2式期）の貝塚では貝類の10％以上（個体数比）を占める例が多く、過半を占めるケースもしばしば認められる。

　これに対し、東京湾岸でも上記の地域・時期以外では、わずかな例外を除けばごくまれであり、東京湾岸以外にいたっては貝塚からの産出例はほぼ皆無である。このように、本種は極端な地理的・年代的な分布を示すことから、縄文時代の東京湾奥部にきわめて限定的に繁殖していたと推定される。

　いっぽう、東京湾の北東側内陸に隣接する印旛沼水系の縄文後晩期貝塚でも、本種の出土が確認されている。とくに東京湾と印旛沼の中間地点に位置する四街道市八木原貝塚（第5図）では、縄文後期の比較的大規模な貝層からハマグリ・イボキサゴなどとともに本種が多数検出されており（阿部2003）、印旛沼周辺の貝塚でも主体種であるヤマトシジミに混じって、少数のオキアサリが出土するのが普通である（樋泉2003）。さらに、縄文晩期終末の成田市荒海川表遺跡（山田2001）や、明治大学学術フロンティア「環境と人類」プロジェクトチームが近年発掘した成田市台方花輪貝塚（阿部・樋泉2010）でも同様の状況が確認されている。印旛沼周辺地域を除く利根川流域・霞ヶ浦沿岸地域の貝塚では本種がみられないことから、印旛沼周辺貝塚のオキアサリが、東京湾から人為的に搬入されたものであることはほぼ間違いない。このようにオキアサリは、縄文後晩期の東京湾奥部沿岸地域と印旛沼周辺地域の物流の存在を実証しており、両地域間の社会的な結びつきを具体的に示す資料として重要である。

　しかしながら、オキアサリの生態や生活史等については実態がきわめて不明確である。また、ハマグリなどの二枚貝では、貝殻成長線の分析によって死亡（＝採集）季節などを推定できることが知られているが（Koike 1980）、オキアサリの貝殻成長線に関する基礎研究はこれまで行われておらず、季節推定が可能か明らかでなかった。

そこで本研究では、オキアサリの生息環境・生態の確認を目的として、鹿児島県吹上浜において現生オキアサリの生息状況に関する調査を実施した。さらに、八木原貝塚における貝類流通の実態を季節性の面から明らかにするため、オキアサリの貝殻成長線分析を試みた。

2 鹿児島県吹上浜における現生オキアサリの生息状況調査

現在のオキアサリの生息状況をみると、東京湾での生息は確認されておらず、全国的にみても生息地は限られているようである。黒住耐二氏（千葉県立中央博物館）より、良好な生息地として鹿児島県吹上浜が有望とのご教示を得たので、生息状況を確認するため、2007年1月20日および4月19〜21日、貝類の生息状況調査を実施した。調査地点については、現地での聞き取り調査をもとに、吹上浜中部の日置市入来浜、同南部の南さつま市加世田海岸（万之瀬川河口左岸〜相星川河口）を選定した（第1図）。調査項目は、①打ち上げ貝（波浪によって海岸に打ち上げられた貝殻）の調査、②生貝の調査（干潟における生貝の採集および市販されている貝類の調査）の2点である。

（1）打ち上げ貝の調査

加世田海岸（第1図a〜c）には夥しい数の打ち上げ貝がみられ、その半数以上はオキアサリであった（第2・3図）。ほかにバカガイ・サルボウ・ナミノコガイも多く、ハマグリ・

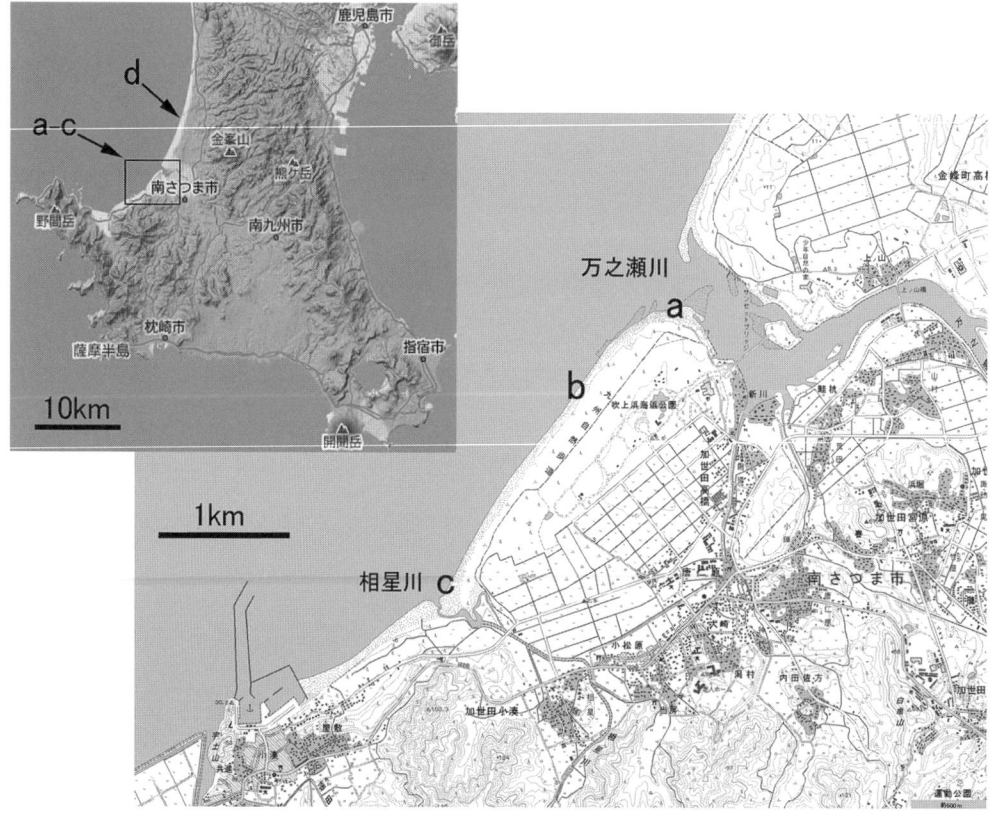

第1図　吹上浜におけるオキアサリ生息状況調査地点

イソシジミ類なども散見された。吹上浜は、地形的・景観的には九十九里浜などに類似した典型的な外海沿岸の砂質海岸だが、外洋沿岸性種であるチョウセンハマグリなどは少なく、ベンケイガイなどもみられなかった。打ち上げ貝の組成はやや内湾的な傾向を示していると思われる。

打ち上げ貝の保存状態をみると、バカガイとイソシジミは保存の良い貝殻が多く、合弁殻も普通である。オキアサリとハマグリは新鮮な貝殻もみられたが、全般的にやや風化したものが多い。このことから、これらの貝類は現在も近隣の海岸に生息していると推測されたが、オキアサリ・ハマグリの生貝は減少傾向にある可能性が考えられた。

（2）生貝の調査

入来浜（第1図d）と加世田海岸（万之瀬川河口―相星川河口の中間域。第1図b）は、いずれも外海に直面した単調な直線状の砂質海岸であり、貝類群集についても比較的類似した様相が確認された。高潮線に近い潮間帯上部にはナミノコガイが高密度で生息しており、入来浜ではウミニナも普通であった。それよりやや深い潮間帯中部にはオキアサリが普通にみられ、潮間帯下部では入来浜においてバカガイ・コタマガイの生息が確認された。

万之瀬川河口（第1図a）は、河口の両側から砂州が伸びてボトルネック状の地形をなしており、その外側にはデルタ状の砂質干潟が広がり、内側には両岸と中州に砂泥質の干潟が分布している（第4図）。外海に向けて開けた砂州の外側では、入来浜などと同様に、潮間帯上部にナミノコガイが多く、潮間帯中部にはオキアサリがみられた。いっぽう河口から数100m遡った砂州の内側では、潮間帯下部にハマグリが確認され、また水路の流入口付近の潮間帯上部ではウミニナ類やヘナタリ類が多くみられた。このように、貝類群集は砂州の内外で異なった様相を示しており、砂州の内側では内湾的様相が強く認められる。

なお、生貝を直接採集することはできなかったが、万之瀬川河口から約2km上流の地点でヤマトシジミ採集と思われる採貝風景がみられ、また市販されているヤマトシジミについても、聞き取り調査の結果、地元産の可能性が高いと考えられることから、万之瀬川下流域にはヤマトシジミも生息しているものと考えられる。

市販されている貝類の調査では、加世田郊外のスーパーマーケット（万世ストア）でオキアサリ、ハマグリ、ヤマトシジミが確認できた（100gでオキアサリ170円、ハマグリ180円）。漁獲地の詳細は確認できなかったが、当日朝に揚がったもので砂抜きが終わっていないとのことだったので、付近の海岸で採られたものであることは間違いない。

（3）オキアサリの生息環境

以上の調査結果をもとにオキアサリの生息環境の特徴をまとめると、各地点とも外海に面した砂質干潟の潮間帯中部という点で共通している。

平面分布についてみると、生息地は外海に面した波当たりのよい場所に限られており、外洋性のナミノコガイとセットで群集をなしていることから、オキアサリは基本的には外洋沿岸性種とみなしてよいと考えられる。おそらく淘汰の良い砂底、比較的高い塩分濃度など

第Ⅲ章　動物遺存体と時間情報 ―資源利用の季節性と物質変容―

1　万之瀬川河口（調査地点a）（国土交通省国土画像情報「cku-74-16 c28-2」（1974年撮影）使用）

2　万之瀬川河口左岸（調査地点a）より対岸を望む（満潮時の状況）。

3　調査地点aにおける打ち上げ物の状況。高潮線付近に多数の草や貝殻などが密集する。

4　調査地点aにおける打ち上げ貝の状況。

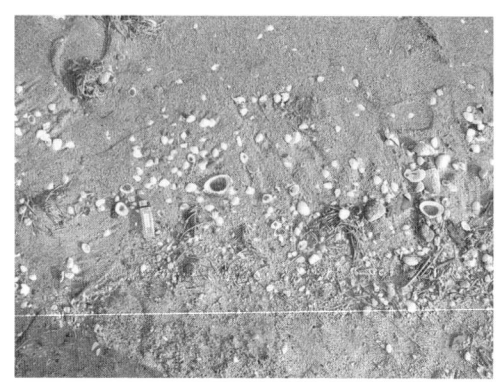

5　打ち上げ貝の拡大。オキアサリを主として、ナミノコガイも多く、バカガイなども普通である。

6　打ち上げられたオキアサリ。風化したものが多いが、比較的新鮮な貝殻も普通にみられる。

第2図　吹上浜における調査地点の景観と打ち上げ状況（1）

2　貝類の流通からみた縄文時代の社会関係 —オキアサリの成長線分析の試み—

1　調査地点b。吹上浜の大部分は典型的な外海沿岸の砂浜海岸である。

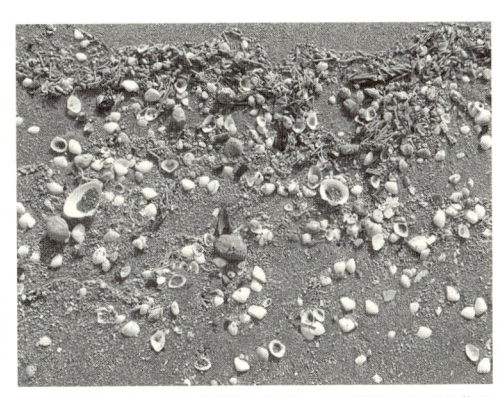

2　調査地点bの打ち上げ物の状況。万之瀬川河口より草などが少なく、貝殻・サンゴ片・軽石などの粗流物が多い。

3　2の拡大。オキアサリを主体にナミノコガイ・バカガイ・サルボウなども普通であり、万之瀬川河口と組成はあまり変わらない。

4　相星川河口（調査地点c）。（国土交通省国土画像情報「cku-74-16 c28-2」（1974年撮影）使用）

5　相星川河口干潟（調査地点c）

6　相星川河口干潟でのオキアサリ採取の様子。G：オキアサリ、L：ナミノコガイの生息場所。オキアサリの生息場所には湧水がみられる。

第3図　吹上浜における調査地点の景観と打ち上げ状況（2）

103

第4図　万之瀬川河口干潟における貝類の分布
B：ウミニナ類　Cj：ヤマトシジミ　Cs：ヘナタリ・フトヘナタリ
G：オキアサリ　L：ナミノコガイ　M：ハマグリ

が生息に適した環境条件となっているのではないかと推測される。ただし塩分濃度に関しては、先述のとおり打ち上げ貝の組成はやや内湾的な傾向を示しており、また後述する湧水の影響なども考慮すると、ある程度の淡水の影響がある場所が好まれている可能性も考えられる。

垂直分布（生息深度）については、ナミノコガイやウミニナ類よりやや深位、ハマグリやバカガイなどより浅位に分布しており、調査時の潮位からみて生息域は潮間帯中部に相当すると考えられる。生息場所は干潟のごく狭い深度幅の中に限られており、明瞭な帯状分布を示す（第3図6）。

また各地点とも、生息場所の干潟表面から湧水が認められる場合が多かった。調査地の入来浜や加世田海岸では、海岸の背後に砂丘があり、さらにその後背に水田・湿地や沼が存在する。おそらくこうした砂丘後背の湿地や沼から砂丘の下を通して流れてきた水が、干潟面で湧出しているのではないかと推測される。詳細は不明だが、この湧水がオキアサリの生息環境と何らかの関係をもっている可能性は高いと考えられる。

なお、各地点ともオキアサリの生息密度はかなり疎（多いところで1個体／㎡程度）であり、またサイズも当歳～1歳と考えられる幼貝が大半であった。さらに販売業者の話では「2年前（2005年ころ）から急に取扱量が減った」とのことであり、南さつま市観光課などからも「最近は少なくなった」との証言が得られた。さらに先述の打ち上げ貝の所見でも、オキアサリの貝殻はやや風化の進んだものが多く、新鮮な貝殻は少なかった。これらの情報を合わせると、吹上浜におけるオキアサリの生息数は近年急速に減少しつつある可能性が強い。

3　八木原貝塚出土オキアサリの貝殻成長線分析

（1）八木原貝塚の特徴と性格

分析試料には千葉県四街道市八木原貝塚から出土したオキアサリを用いた（第1表）。

第1表　オキアサリ貝殻成長線の予備分析結果（八木原貝塚（TPⅣ、36層）出土試料）

試料No.	左右	殻高(mm)	殻長(mm)	成長線密集帯の数	成長線密集帯形成時の殻高(mm) 第1	第2	第3	成長線密集帯間の成長線数 * 第1-第2	第2-第3	最終密集帯－腹縁間の成長線数	備考
YH36-01	L	29.8	38.6	3	14.8	22.0	28.9	344+	275+	0	腹縁に冬輪形成中
YH36-02	L	26.5	36.2	2	15.0	25.4		368+		0	腹縁に冬輪形成中
YH36-03	L	23.8	32.0	1	13.7					325	腹縁は冬輪に向けて成長低下開始
YH36-04	L	20.1	27.5	1	15.5					120	
YH36-05	L	18.0	24.5	?						?	レプリカ不良のため判読不可

2 貝類の流通からみた縄文時代の社会関係 ―オキアサリの成長線分析の試み―

　印旛沼周辺地域は縄文後期遺跡の顕著な集中域として知られており、とくに後期中葉（加曽利B式期）には遺跡分布密度が著しく高くなり、大規模集落を含む多数の遺跡が形成される。大規模集落遺跡には貝塚を伴うものが多く、八木原貝塚はそうした印旛沼水系の貝塚群の中で、もっとも東京湾寄りに位置する貝塚のひとつである（第5図）。

　八木原貝塚は印旛沼に注ぐ鹿島川流域、当時の東京湾沿岸からの推定最短距離12km程度の内陸に位置する縄文時代中期末～晩期初頭の集落遺跡で、後期中葉（加曽利B式期）から晩期初頭（安行3a式期）には、この地域では例外的ともいえる大規模な貝塚が形成される（阿部 2003）。注目されるのは貝類の組成で、内陸の立地であるにもかかわらず、イボキサゴ、ハマグリ、オキアサリなど東京湾沿岸から搬入されたと考えられる貝類が主体を

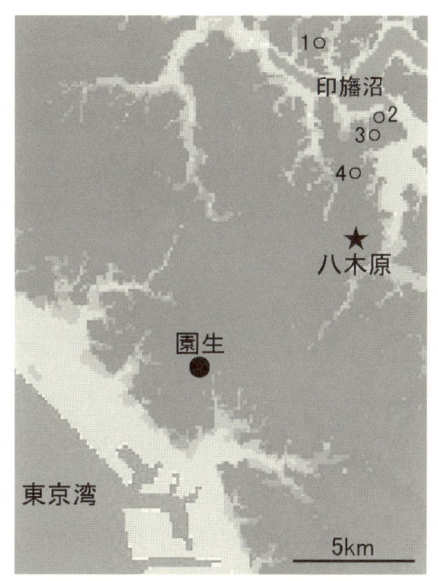

第5図　本論で言及する遺跡の位置
●：オキアサリ主体の貝塚
○：ヤマトシジミ主体の貝塚
1：石神台　2：遠部台　3：曲輪ノ内　4：吉見台

なしている点が特徴である。ヤマトシジミも普通にみられるが、海産種に比べればはるかに少ない。

　これに対して、吉見台、曲輪ノ内、遠部台、石神台などの印旛沼周辺の貝塚（第5図）では、貝層の規模は八木原貝塚よりも小さく、貝類組成もヤマトシジミが大半を占める点で八木原貝塚とは明確に異なる。縄文後期当時の印旛沼は汽水域となっており、そこに多棲していたヤマトシジミを周辺の集落のひとびとが採集・利用していたものと考えられる。その一方で、これらの貝塚ではヤマトシジミに混じって、ハマグリ・オキアサリなどの海産貝類が少量ながらコンスタントに出土するという点も共通の特色となっている。先述のオキアサリの分布状況からみて、これらの海産貝類が東京湾奥部沿岸から搬入されたものであることはほぼ確実である。このことは、当時の東京湾奥部沿岸地域から印旛水系地域に向けて、東京湾産の貝を少量ずつだが安定して供給する物流の仕組みが存在していたことを暗示している。

　八木原貝塚は、こうした東京湾産貝類の流通過程を考える上で鍵となる遺跡である。すなわち八木原貝塚は東京湾と印旛沼の中間地点に位置し、なおかつ東京湾産の貝を主体とする大規模な貝層をもつ点で印旛沼水系の貝塚としては明らかに異質であり、あたかも東京湾産貝類の集荷所のごとき様相を呈している。こうした状況を考え合わせると、東京湾産貝類の印旛沼周辺地域への搬入過程において、八木原貝塚が中継地としての役割を担っていた可能性はきわめて高いといえるだろう。

　こうした貝類流通の実態を解明するうえで、重要なポイントのひとつとなるのが季節性の

問題である。もしもオキアサリの死亡季節を貝殻成長線分析によって推定することができれば、流通が特定の季節に集中して行われていたのか、あるいは恒常的なものだったかなど、東京湾岸―印旛沼周辺地域の貝類の流通構造や遺跡間関係に関して、季節性の側面からの実態解明が期待される。

こうした観点から本研究では、まずオキアサリの貝殻成長線による死亡季節推定が可能か否かについて検討し、次いで八木原貝塚におけるオキアサリの採集季節について暫定的な推定を試みた。

（2）オキアサリの貝殻成長線に関する予備分析

試料と分析方法

分析試料には、明治大学文学部考古学研究室によって発掘された八木原貝塚TP Ⅳから出土したオキアサリの貝殻5点を用いた（第1表）。

プレパラートの作成は、基本的に小池の方法（Koike 1980）に準じた。試料は、まず殻高・殻長を計測した後、殻頂と腹縁の殻高計測点を結ぶ線に沿って切断した。次いで切断試料を樹脂包埋し、切断面の研磨、0.1N希塩酸によるエッチング（約1分）の後、切断面に酢酸メチルを滴下してアセチルセルロースフィルムを貼付した。フィルムは剥離後の収縮を避けるため、充分に乾燥するまで数時間以上放置した後に剥離して、貝殻断面のレプリカを作成した。これをスライドグラスに挟んでプレパラートとした。成長線の観察は、メカニカルステージ付き生物顕微鏡下40～200倍で行った。成長線数の計数に関しては、明確に観察できるものを計数した。

分析結果

オキアサリの貝殻構造は、基本的にハマグリ（Koike 1980）と同様である。貝殻は内層と外層の2層構造をなし、外層には多数の微細成長線が明瞭に観察された（第6・7図）。また、成長線間隔には周期的な密集帯の形成が認められた（第6図b・第7図d・f）。密集帯は「亀裂」を伴っており、これは貝殻表面の明瞭な輪脈（第6図1）と合致する。

複数の成長線密集帯をもつ試料2点について、その間の成長線数を計数した（ただし密集帯の中心部では成長線がきわめて高密度で密集していたため、レプリカ像の解像度では個々の線を判別することができず、計数は困難であった。このため計数結果には＋を付して示してある）。その結果、密集帯1―2間では344＋～368＋、密集帯2―3間では275＋であった（第1表）。最後の成長線密集帯から腹縁までの成長線数は0（腹縁に密集帯形成中）の試料が2点、120の試料と325の試料が各1点であった（他の1点はレプリカ不良のため成長線を計数できなかった）。成長線密集帯形成時の殻高は、第1帯で13.7～15.5mm、第2帯で22.0～25.4mm、第3帯で28.9mmであった。

考察―オキアサリ貝殻成長線の形成周期

成長線の形成周期　密集帯間の成長線数は、同年齢ではおおむね一定（ただし成長するにつれて減少）と予測され、またその値が年間日数に近似していることから、本種の成長線は

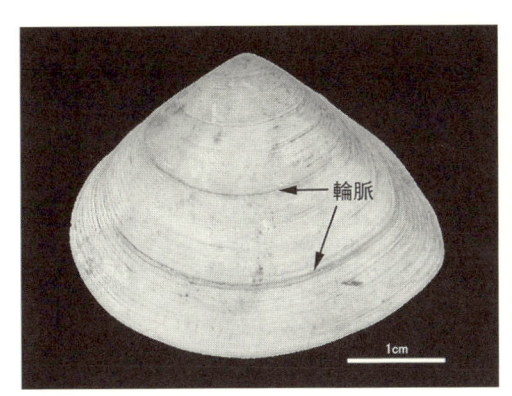

2 貝類の流通からみた縄文時代の社会関係 ―オキアサリの成長線分析の試み―

1 オキアサリの外観（YH36-01）

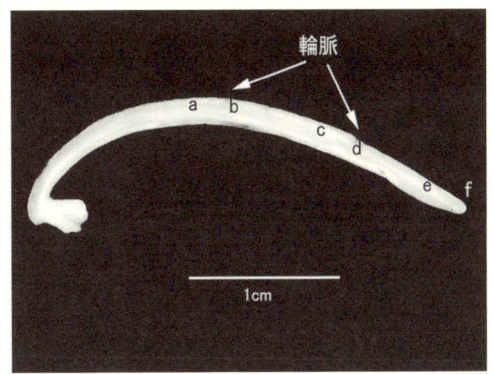

2 同試料の断面。a～fは拡大写真の番号に対応。

a

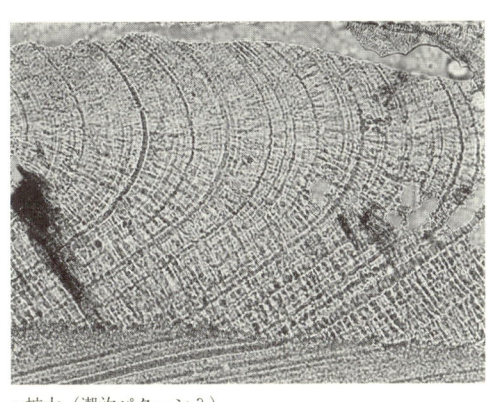

a 拡大（潮汐パターン？）

b（成長線密集帯1）

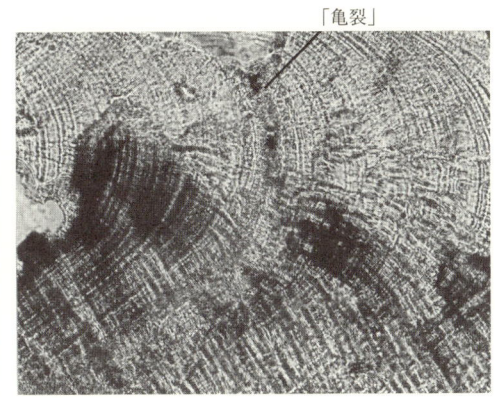

b 拡大

第6図　オキアサリの貝殻成長線（1）

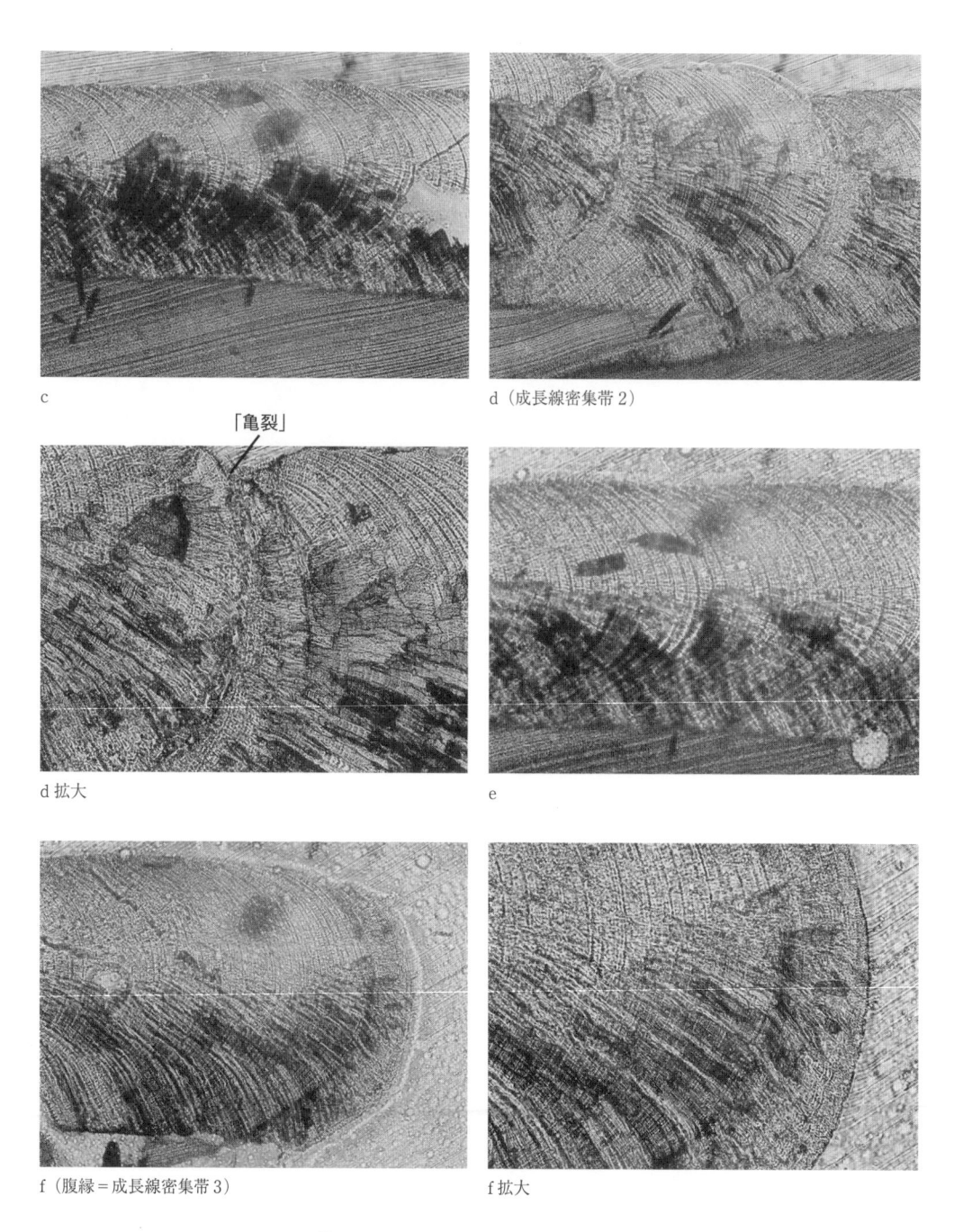

第Ⅲ章 動物遺存体と時間情報 —資源利用の季節性と物質変容—

c

d（成長線密集帯2）

「亀裂」

d拡大

e

f（腹縁＝成長線密集帯3）

f拡大

第7図　オキアサリの貝殻成長線（2）

日周期またはそれに近い周期で形成された可能性がある。潮間帯に生息する二枚貝類の貝殻成長線は、潮汐周期を基本的なペースメーカーとして形成されることが一般的であり、ハマグリでは成長線の配列に潮汐周期を示すパターンが観察されることが多い。今回の分析試料でも、一部の成長線に潮汐周期を思わせる配列パターンが認められたが（第6図a）、ハマグリに比べると不明確である。これは、先述のとおりオキアサリの生息深度が潮間帯中部でハマグリより浅いことと関連している可能性もあるが、詳細は未確認である。

このように、本種の成長線の形成周期については、現生試料の分析も含めさらに検討を要するが、本種の成長線がある程度は一定の形成周期をもつことは確実と思われる。

成長線密集帯の形成周期　上記の所見から、成長線密集帯は成長速度の低下（および、おそらく一時的な成長停止）を示していると推測される。オキアサリは温帯種であること、また全試料で成長線密集帯形成時の殻高がおおむね一致していることからみて、成長線密集帯は冬の成長低下によって形成された年輪（冬輪）とみてほぼ間違いないと思われる。ただし、その正確な形成時期については現生試料による確認が必要である。

以上から、現段階では未確定要素を多く残しているものの、オキアサリの貝殻成長線分析によって死亡季節および成長速度を推定することは充分に可能と予測される。

（3）八木原貝塚出土オキアサリの採集季節の推定

試料と分析方法

予備的分析の結果、オキアサリの貝殻成長線分析による死亡季節は可能と考えられたので、八木原貝塚TPⅣ出土オキアサリの貝殻を追加分析して、暫定的ではあるが、その死亡＝採集季節の推定を試みた。

TPⅣの層序は、下部貝層（加曽利B2式期）と上部貝層（加曽利B3式期）に大別され、それぞれがさらに詳細な細別層に区分されている。これらの細別層のうち貝殻の産出数の多い層の中から、できるだけ偏らないように留意して、第2表に示した下部貝層（加曽利B2式期）6層準、上部貝層（加曽利B3式期）5層準を選定し、原則として各層からオキアサリ6点（良好な貝殻が少ない層準は例外）を抽出して分析試料とした（なお、オキアサリの産出数は層によって異なるためランダムサンプルにはなっていない）。資料を抽出する際には同一個体の左右がないことを確認し、サイズが偏らないように留意した。

プレパラートの作成方法、成長線の読み取り方法は前記の予備分析と同様である。死亡季節の推定方法は、成長線密集

第2表　八木原貝塚出土オキアサリ貝殻成長線分析試料
予備分析用試料（36層）を含む

地区	大別層準	年代	細別層準	点数	備考
TPⅣ	上部貝層	加曽利B3	4層	6	
			10層	6	
			18層	6	
			24層	6	
			35層	6	
			36層	5	予備分析試料（第1表）
			合計	35	
	下部貝層	加曽利B2	60層	6	
			72層	7	成長速度推定用大型貝1点追加
			78層	6	
			83層	6	
			97層	3	貝殻が少なく保存も悪かったため、両層あわせて試料数を確保した。
			98層	3	
			合計	31	
	総計			66	

帯を冬輪とみなして最終冬輪から腹縁までの成長線数をカウントし、その値をもって死亡季節の指標とした。

なお、ハマグリでは冬輪間の日成長線数が年間日数よりかなり少なくなるケースが普通にみられる。これは冬を中心とした殻成長の停止に起因する可能性が高く、そうした試料では冬の成長停止期間中の成長線が欠落するため、上記の方法による推定死亡季節は実際の死亡季節より前にずれている可能性が指摘されている（樋泉 1995・1998）。先述のとおり、今回のオキアサリの予備分析においても、第1―第2冬輪間では344+～368+と年間日数に近い値が得られたが、第2―第3冬輪間では275+とかなり少ない値となっている。これは、上記のハマグリの事例から類推して、高齢の貝ほど冬の成長停止期間が長くなるためではないかと推測される。こうした試料については、推定された死亡季節が実際の死亡季節よりも早めに示されている可能性が高い。追加分析試料の冬輪間日成長線数については現在分析中だが、とくに実際の死亡季節より若い値が示されている可能性が強いと思われる試料については、第8・9図に→を付して示した。

分析結果

これまでに下部貝層31点、上部貝層35点（36層の予備分析試料を含む）について成長線の読み取りを実施した。その結果を第3表に示す。

第3表　八木原貝塚出土オキアサリの貝殻成長線分析結果（暫定）（予備分析試料（36層）を含む）
*1：冬輪殻高を斜字で示したものは擬冬輪の可能性のあるもの。
*2：Wは腹縁に冬輪形成中、＞を付したものは値が実際の死亡季節より過少となっている可能性がとくに強いと考えられる試料を示す。

試料番号	層準	左右	計測(mm) 殻長　殻高	冬輪殻高(mm)＊1 W1 W2 W3 W4 W5 W6	最終冬輪－腹縁間の成長線数＊2	判読に関する備考
YH04-01	4層	L	26.0　18.5	6.1　*16.9*	105?	W2は擬冬輪の可能性もある
YH04-02	4層	L	27.0　19.0	10.7　20.2	10	冬輪から成長再開直後に死亡
YH04-03	4層	L	28.5　20.5	*9.6*　+?	?	冬輪から成長再開直後に死亡した可能性あり
YH04-04	4層	L	32.5　23.0	17.4　*23.5*	60 (/0) ?	腹縁は冬輪形成中の可能性もある
YH04-05	4層	L	35.0　26.5	16.0　24.9	96	
YH04-06	4層	L	37.0　26.0	14.8　23.3　*27.1*	W?	腹縁に冬輪形成中？
YH10-01	10層	R	24.0　18.0	10.2　19.5	W	腹縁に冬輪形成中
YH10-02	10層	R	30.0　21.5	*9.8　17.4　22.5*	W?	貝殻の保存悪く成長線不明瞭、腹縁は冬輪形成中の可能性あり
YH10-03	10層	R	29.5　21.5	11.5　*22.8*	10?	腹縁は冬輪から成長再開直後？ただしW2は擬冬輪の可能性もある
YH10-04	10層	R	29.0　21.5	16.4　22.0	255 (/40)	W2はおそらく擬冬輪（冬輪とした場合の採集季節は春前半）
YH10-05	10層	R	35.5　26.0	13.7　22.4　*26.6*	W+?	腹縁は冬輪から成長再開直後？ただしW3は擬冬輪の可能性もある
YH10-06	10層	R	37.0　27.5	*4.3*　13.1　23.2　28.6	W?	腹縁は冬輪形成中または成長再開直後
YH18-01	18層	L	20.5　14.5		?	腹縁は成長速く、冬ではない
YH18-02	18層	L	27.0　20.5		?	貝殻保存不良のため推定不可
YH18-03	18層	L	28.0　21.0	14.8　22.1	W	腹縁に冬輪形成中
YH18-04	18層	L	33.5　24.5	9.8　21.6	175	
YH18-05	18層	L	36.0　27.0	7.9　21.0	285	
YH18-06	18層	L	40.5　29.5	13.5　25.0　30.7	W	腹縁に冬輪形成中
YH24-01	24層	R	29.0　22.0	*16.0*	?	レプリカ不良
YH24-02	24層	R	31.0　22.0		?	レプリカ不良
YH24-03	24層	R	31.0　22.5		?	レプリカ不良

2　貝類の流通からみた縄文時代の社会関係 —オキアサリの成長線分析の試み—

試料番号	層準	左右	計測 (mm) 殻長 殻高	冬輪殻高 (mm) *1 W1 W2 W3 W4 W5 W6	最終冬輪-腹縁間の成長線数*2	判読に関する備考
YH24-04	24層	R	32.0 24.0	15.3 25.0	W	腹縁に冬輪形成中
YH24-05	24層	R	34.0 26.0	+ 19.6 27.5	W	腹縁に冬輪形成中
YH24-06	24層	R	37.0 27.5	5.6 16.6 27.7	55	
YH35-01	35層	R	26.0 18.5	15.8	145	
YH35-02	35層	R	26.0 19.0	13.2	200+45?	腹縁は冬輪に向けて成長低下開始?
YH35-03	35層	R	30.5 22.0	13.3	260	腹縁は冬輪に向けて成長低下開始
YH35-04	35層	R	32.0 23.0	+? 18.5	235?	初期成長は速いがW2以降は成長速度が急に低下する 腹縁は冬輪に向けて成長低下開始
YH35-05	35層	R	37.0 28.0	16.3 23.8 28.7	W	腹縁に冬輪形成中
YH35-06	35層	R	39.0 28.0	11.2 24.8 27.6 28.3 28.6 29.1	?	初期成長は速いがW2以降は成長速度が急に低下するため、冬輪の認定は不確実、腹縁は成長低下が著しく成長線の判別不可能
YH36-01	36層	L	29.8 38.6	14.8 22.0 28.9	W	腹縁に冬輪形成中
YH36-02	36層	L	26.5 36.2	15.0 25.4	W	腹縁に冬輪形成中
YH36-03	36層	L	23.8 32.0	13.7	325	腹縁は冬輪に向けて成長低下開始
YH36-04	36層	L	20.1 27.5	15.5	120	
YH36-05	36層	L	18.0 24.5		?	レプリカ不良
YH60-01	60層	R	26.5 18.0	9.8	250?	腹縁の保存状態が悪いためW1～腹縁間の成長線数は不確実
YH60-02	60層	R	28.0 20.0	+? 21.3	?	腹縁欠損、W2が冬輪なら春
YH60-03	60層	R	29.5 21.5	+? 23.3	W	腹縁に冬輪形成中
YH60-04	60層	R	38.5 24.0	10.6 22.2	70+10?	腹縁やや欠損
YH60-05	60層	R	35.0 26.5	+? 17.2 23.3	135	
YH60-06	60層	R	40.0 29.5	7.4 20.1 29.7	>35	W2以降は成長速度の低下が著しいため、W3～腹縁の成長線数は過少となっている可能性が強い
YH72-01	72層	L	27.5 20.0		?	冬輪不明確、腹縁は成長速く、冬ではない
YH72-02	72層	L	29.5 21.0	+? 19.0	120?	腹縁は成長低下開始?→冬輪の認定ミスの可能性あり
YH72-03	72層	L	32.0 28.0	+? 21.3	235	腹縁は冬輪に向けて成長低下開始
YH72-04	72層	L	51.0 41.0	8.2 20.5 29.3 34.0 37.6	>60	W5以降は成長速度の低下が著しいため、W5～腹縁間の成長線数は過少となっている可能性が強い、W3以降冬輪の少し後に成長低下帯あり＝産卵障害?
YH72-05	72層	L	31.5 23.0	9.3	250	腹縁は冬輪に向けて成長低下開始
YH72-06	72層	L	35.5 25.0	+? 21.3	165	
YH72-07	72層	L	42.0 28.0	+? 20.8	220?	W2は擬冬輪の可能性もある
YH78-01	78層	L	29.0 22.5	+ 22.1	60+	
YH78-02	78層	L	34.5 26.5	8.9 20.4	200±?	W2は擬冬輪の可能性もある。成長線不明瞭のためW2～腹縁間の成長線数は概数
YH78-03	78層	L	36.5 28.0	+ 22.3	300±	腹縁は成長低下開始＝冬輪形成直前
YH78-04	78層	L	44.5 32.5	9.6 22.3 3.18	>75?	W3は擬冬輪の可能性もある。W3以降は成長低下・成長線不明瞭のため、W3～腹縁間の成長線数は概数
YH78-05	78層	L	31.0 22.5	? 17.1	190±	W2付近は成長低下のため成長線数は概数
YH78-06	78層	R	36.0 27.0	? 15.6 28.0	30±?	成長速い。腹縁やや欠損のため正確な計数はできないが、冬輪から回復直後は確実
YH83-01	83層	L	28.5 20.5	12.8 21.8	W	腹縁に冬輪形成中
YH83-02	83層	L	29.0 20.5	+ 19.7	65±	腹縁は保存不良・成長線不明瞭のため、W2～腹縁間の成長線数は概数
YH83-03	83層	L	36.0 26.0	6.8 15.5 23.3	130	
YH83-04	83層	L	46.5 33.0	9.6 +? 25.5 33.3	20	
YH83-05	83層	L	23.0 16.0	? 15.5	65	
YH83-06	83層	R	315. 23.0	13.8	270?	W1は成長低下が弱いが、他に冬輪の候補なし
YH97-01	97層	L	39.0 27.5	12.2 24.8	160±?	冬輪不明確。腹縁やや欠損のため、W2～腹縁間の成長線数は概数
YH97-02	97層	R	36.0 26.0	+ 17.4	290	腹縁は成長低下開始＝冬輪形成直前
YH97-03	97層	R	36.0 26.0	? 16.3 25.9	40?	貝殻の溶解により成長線・冬輪不明確。W3～腹縁間の成長線数は概数
YH98-01	98層	L	25.0 18.5	10.0	230±	W1付近が保存不良のため、W1～腹縁間の成長線数は概数
YH98-02	98層	L	32.0 24.0	+ 24.3	20	
YH98-03	98層	R	44.0 31.5	? 15.7 26.1 32.7	W	腹縁に冬輪形成中

111

分析を行った66点の試料のうち、これまでに下部貝層29点、上部貝層27点、計56点の試料について死亡季節を推定できた。第8・9図では冬輪─腹縁間の成長線数を90日間隔で区分し、1～90、91～180、181～270、271～腹縁に冬輪形成中のもの（図表ではWと表示した）の各期間の頻度によって死亡季節分布を示した。先述のとおり、これらの各期間と具体的な季節の対応関係についてはさらに検討を要するが、以下では1～90が春、91～180が夏、181～270が秋、271～Wが冬におおむね相当するものとみなして記述する。

　下部貝層（加曽利B2式期）　全試料の合計値による季節分布（第8図）をみると、春（1～90）の試料が11点ともっとも多く、次いで秋（181～270）の試料が8点、夏（91～180）と冬（271～W）の試料が各5点となった。

　これを細別層別にみると（第9図）、分析試料数が少ないため傾向が不明瞭ではあるが、どの層準においても季節分布は広く分散している。72層以外の各層準では春の試料がやや多くみられるが、分布の偏りはそれほど強くはない。72層では夏～秋の試料が主体である。このように、下部貝層の季節分布は、全体を通じて春にゆるやかなピークをもちながらも、各季節に分散する傾向を示している。

　上部貝層（加曽利B3式期）　全試料の合計（第8図）では、季節を推定できた試料27点のうち、冬（271～W）の試料が13点と約半数を占め、さらにそのうちの11点は腹縁に冬輪形成中（またはその可能性の強い試料）であった。その他では春（1～90）と夏（91～180）の試料が各5点、秋（181～270）の試料が4点となった。

　季節分布の詳細な層位変化（第9図）をみても、冬輪形成中またはその前後の試料がまとまる層（10層、18層、24層、36層）が繰り返し出現している。ただし、これらの層にも春～秋の試料が若干混在しており、また春～夏の試料が中心となる層（4層）や秋の試料が中心となる層（35層）もみられる。

採集季節からみたオキアサリの流通─予察と今後の課題

　分析の結果、加曽利B2式期の下部貝層、同B3式期の上部貝層のいずれにおいてもオキアサリの季節性は周年に分散しており、八木原貝塚へのオキアサリの搬入が年間を通じて行われていたことが確認された。このことから、八木原貝塚と東京湾岸の産地との間に、ある程度は恒常的な流通関係が存在していたことが示唆される。少なくとも、オキアサリの流通が特定の季節に限定して行われていた可能性は否定できる。

　いっぽうで、下部貝層と上部貝層の季節分布にはかなりの相違も認められる。すなわち、下部貝層では春をピークとしながらも各季節に分散する傾向が強いのに対して、上部貝層では冬にかなり強い集中がみられる点で対照的である。とくに腹縁に冬輪形成中の試料は、上部貝層では27点中11点（約40％）を占めるのに対して、下部貝層では29点中わずか3点であった。さらに下部貝層、上部貝層ともに、上記の傾向が層序の全体にわたって継続的に認められたことから、両層の季節分布の相違は偶然の偏りではなく、それぞれの時期の流通量（八木原貝塚への搬入量）の周期性の違いを反映している可能性が強い。

2 貝類の流通からみた縄文時代の社会関係 —オキアサリの成長線分析の試み—

層準・年代	最終冬輪-腹縁間の成長線数 ~90 / ~180 / ~270 / ~W	N
上部貝層（加B3）		27
下部貝層（加B2）		29

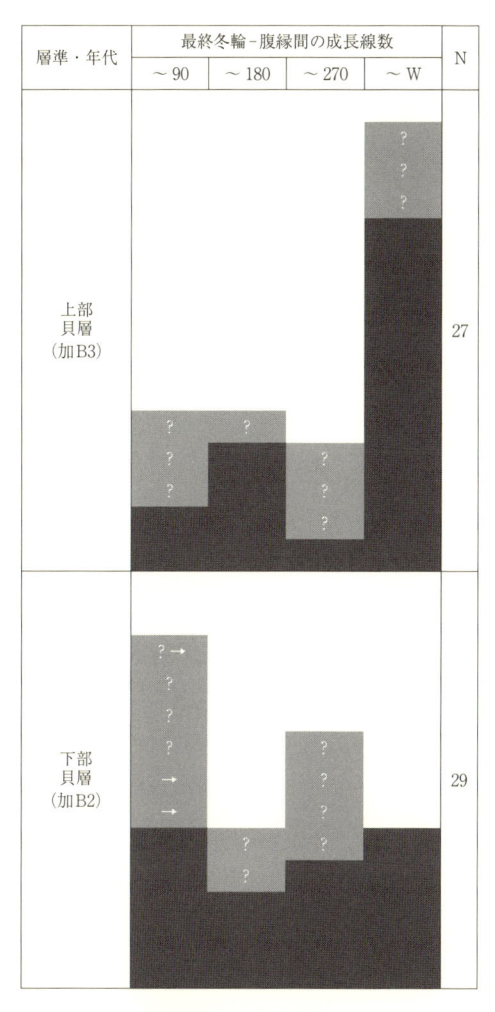

■ ? 不確実な推測値
■ → 補正を要すると考えられる試料

第8図 八木原貝塚出土オキアサリの死亡季節分布の層位変化

層準・年代		最終冬輪-腹縁間の成長線数				N
		~90	~180	~270	~W	
上部貝層（加B3）	4層	60? 10	105? 95		W?	5
	10層	10? 0+?		255?	W? W?	6
	18層		175		W W 285	4
	24層	55			W W	3
	35層		145	245? 235? 260	W	5
	36層		120		W W 325	4
下部貝層（加B2）	60層	80? 35→	135	250?	W	5
	72層	60→	120? 165	220? 250 235		6
	78層	75?→ 30? 60+		200? 190	300	6
	83層	65 65 20	130	270?	W	6
	97層・98層	40? 20	160?	220	W 290	6

数値は最終冬輪—腹縁間の成長線数、Wは腹縁に冬輪形成中、?は不確実な推定値、→は補正を要すると考えられる試料を示す。

第9図 八木原貝塚出土オキアサリの死亡季節分布の層位変化（詳細）

113

分析試料数が少ないため即断はできないが、こうした状況からみて、加曽利B2式期～B3式期の間でオキアサリの流通季節に変化が生じた可能性が考えられる。すなわち、加曽利B2式期におけるオキアサリの流通は春にゆるやかなピークをもちつつも、流通量の季節変動が比較的小さかったのに対して、加曽利B3式期におけるオキアサリの流通は、冬をピークとする比較的強い季節変動を伴うものであった可能性が強い。

　こうした八木原貝塚におけるオキアサリの季節性が、東京湾岸におけるオキアサリの採集季節を直接反映したものなのか、あるいは産地における採集季節とは別に、オキアサリの流通に固有の季節性を示しているのかも重要な課題である。現時点ではこの問題に関する所見は得られていないが、産地である東京湾奥部沿岸の貝塚におけるオキアサリの採集季節を推定し、八木原貝塚と比較することによって解決の糸口が得られるであろう。

　東京湾奥部沿岸、千葉市西部（八木原貝塚との直線距離約8.5km、第5図）に位置する園生貝塚は、オキアサリ産地における出荷元と目される遺跡のひとつである。同貝塚では近年行われた発掘調査によって、堀之内1式期～安行3b式期の大規模な貝層が確認され、多数のオキアサリが出土した（田中編 2010）。

　園生貝塚の貝類組成（樋泉 2010）をみると、貝層形成の全期間を通じて、イボキサゴ・オキアサリをはじめとする東京湾岸の砂泥質干潟の生息種が大半を占めており、とくに二枚貝類ではオキアサリが一貫して最多種となっている点が特徴である。いっぽう貝類組成の変遷をみると、堀之内1式期と同2式期の間に転換期があり、堀之内1式期にはハマグリ・アサリも比較的多く、二枚貝類の組成が多様で、種・サイズの選択性がそれほど強くないことから、近隣干潟での一般的な貝類採集の様相を呈している可能性が強い。これに対し、堀之内2式期以降にはオキアサリの増加が顕著となる。オキアサリのサイズも、堀之内1式期には比較的小型のものが多いが、堀之内2式期以降には大型個体への選択性が強まる。このように、園生貝塚の貝類採集は堀之内2式期以降に大型のオキアサリ採取へと段階的に特化していく傾向を示し、とくに後期中葉～後葉（加曽利B～安行2式期）にはその傾向が顕著となる。園生貝塚におけるこの時期の集約化は、オキアサリを多産する東京湾奥部の縄文貝塚の中でも特異な様相といえる。こうした状況からみて、園生貝塚の貝類採集が単なる自家消費目的の活動であったとは考えにくく、縄文後期中葉～後葉において八木原貝塚など、印旛沼水系地域に向けたオキアサリの供給基地として機能していた可能性は充分に考えられる。

　今後園生貝塚の採集季節を明らかにし、八木原貝塚や印旛沼周辺の貝塚産資料の採集季節を比較することにより、東京湾岸―印旛沼周辺地域の貝類の流通構造や遺跡間の社会的関係などがよりいっそう明確になるものと期待される。

　また、八木原貝塚からはオキアサリとともにハマグリの貝殻が多数出土しており、現在その成長線分析を進めている。ハマグリはオキアサリとともに印旛沼周辺のヤマトシジミ主体貝塚から出土する東京湾産貝類の代表種であり、両種は同様の取り扱いをなされていた可能性がある。この点についても、ハマグリとオキアサリの季節性を比較することにより、両種

の間に取り扱いの方法に違いがあるかどうかを流通季節の面から確認できると期待している。

謝　辞

　森　聡氏（南さつま市青果市場）には、現生オキアサリの収集に関して多大なるご協力を賜った。阿部芳郎氏（明治大学）には八木原貝塚の貝類の内容についてご教示いただき、また分析試料を提供していただいた。黒住耐二氏（千葉県立中央博物館）、には現生オキアサリに関する情報・文献を提供していただいた。黒住氏および西野雅人氏（千葉県教育振興財団）には吹上浜調査において多大なるご助力・ご教示を賜った。記して厚く御礼申し上げる。

引用・参考文献

阿部芳郎 2003「海の貝が大量に運び込まれた内陸のムラ［四街道市八木原貝塚］」『縄文社会を探る』
　　学生社　pp.245-248
阿部芳郎・樋泉岳二 2010『台方花輪貝塚発掘調査概報—印旛沼東岸地域における縄文時代終末〜弥
　　生時代初頭貝塚の研究—』明治大学古文化財研究所
奥谷喬司編 2000『日本近海産貝類図鑑』東海大学出版会
田中英世編 2010『千葉市園生貝塚—平成19・20年度発掘調査報告書』千葉市教育委員会・千葉市
　　教育振興財団埋蔵文化財調査センター
樋泉岳二 1995「能満上小貝塚出土ハマグリの採取季節と成長速度」『市原市能満上小貝塚』千葉県
　　市原市文化財センター　pp.484-501
樋泉岳二 1998「水神貝塚（第2貝塚）出土ハマグリの貝殻成長線分析」『水神貝塚（第2貝塚）』豊
　　橋市教育委員会・牟呂地区遺跡調査会　pp.199-217
樋泉岳二 1999「東京湾地域における完新世の海洋環境変遷と縄文貝塚形成史」『国立歴史民俗博物
　　館研究報告』81　pp.289-310
樋泉岳二 2003「貝塚からみた生業活動と縄文社会—動物資源利用から縄文後期下総台地の地域社会
　　を探る—」『縄文社会を探る』学生社　pp.20-52
樋泉岳二 2010「園生貝塚2008年調査で採集された動物遺体群」『千葉市園生貝塚—平成19・20年
　　度発掘調査報告書』千葉市教育委員会・千葉市教育振興財団埋蔵文化財調査センター　pp.45-71
波部忠重・小菅貞男 1977『標準原色図鑑全集3　貝』保育社
山田敏史 2001「コラムサンプルと動物遺存体の分析」『成田市荒海川表遺跡発掘調査報告書　第2分
　　冊』千葉県　pp.21-52
Koike, H. 1980 "Seasonal dating by growthline counting of the clam, Meretrix lusoria", The university museum, The university of Tokyo, : *Bulletin*, 18, pp.1-104

3 縄文時代遺跡における焼骨生成の実験考古学的研究

阿 部 芳 郎

はじめに

　縄文時代の遺跡から焼骨が出土する事例は少なくはない。古くは東京都あきる野市前田耕地遺跡の草創期の住居内から、焼土とともにシロザケの顎や歯骨の出土が報じられている（加藤 2002）。しかし、出土事例が圧倒的に増加するのは後期中葉以降の事例である。

　その焼骨の多くは白色にチョーク化しているものが大半であり、獣肉を焼いて食したと考えた場合の焦げ痕とは明らかに区別される、きわめて高い温度によって生成されたと考えられる。そしてこれらの骨焼き行為の背景に、アイヌの「モノ送り」や浄化の念をこめた祭祀的な意味を想定する見解が現在では主流である（高山 1976、新津 1985 など）。

　小論は、直接的に焼骨の文化史的な意味について問うものではない。しかし、この問題の前提となるべき、遺跡出土の焼骨自体の生成過程に関してはまだ十分な議論が蓄積されているとはいえず、議論は、焼骨自体の生成行為や遺跡形成論として展開すべき、本来考古学が扱うはずの課題をのこしたままの状況で、新たな議論の展開や深化がみられない。このような段階で焼骨の出土状況を検討し、焼骨生成に関わる焼成実験による物理的な変化を整理しておくことは、今後の研究の展開に少なからぬ意味をもつであろう。

　小論では縄文時代遺跡における焼骨の出土状態を検討し、焼骨集積の多様性について整理する。つぎに焼骨化の過程を実験的に検証し、焼骨集積の形成過程について検討を加える。

1　遺跡における焼骨の出土状態

　焼骨の出土が比較的丹念に記録され報告されている事例は、関東地方では後期から晩期の時期に類例を見つけることができる。ここでは関東地方を中心とした事例のなかから焼骨の有無だけではなく、出土状況が明確に記録された事例を中心に検討し、遺跡における焼骨の出土状況を整理する。

東京都なすな原遺跡（第1図）

　東京都なすな原遺跡は、後晩期の集落遺跡である。その報告において、金子浩昌氏は晩期の住居から出土した焼骨の同定を行い、出土状態とその背景について考察を加えた（金子 1984）。そして第 134 号住居（第1図）では住居の覆土中に焼土が存在し、その周囲から焼骨が出土する状況について、「住居とは直接の関係はなく住居の廃絶後に何らかの目的で火が焚かれたと推測されている」点に着目し、住居の利用と焼骨の生成に時間的な差を指摘する

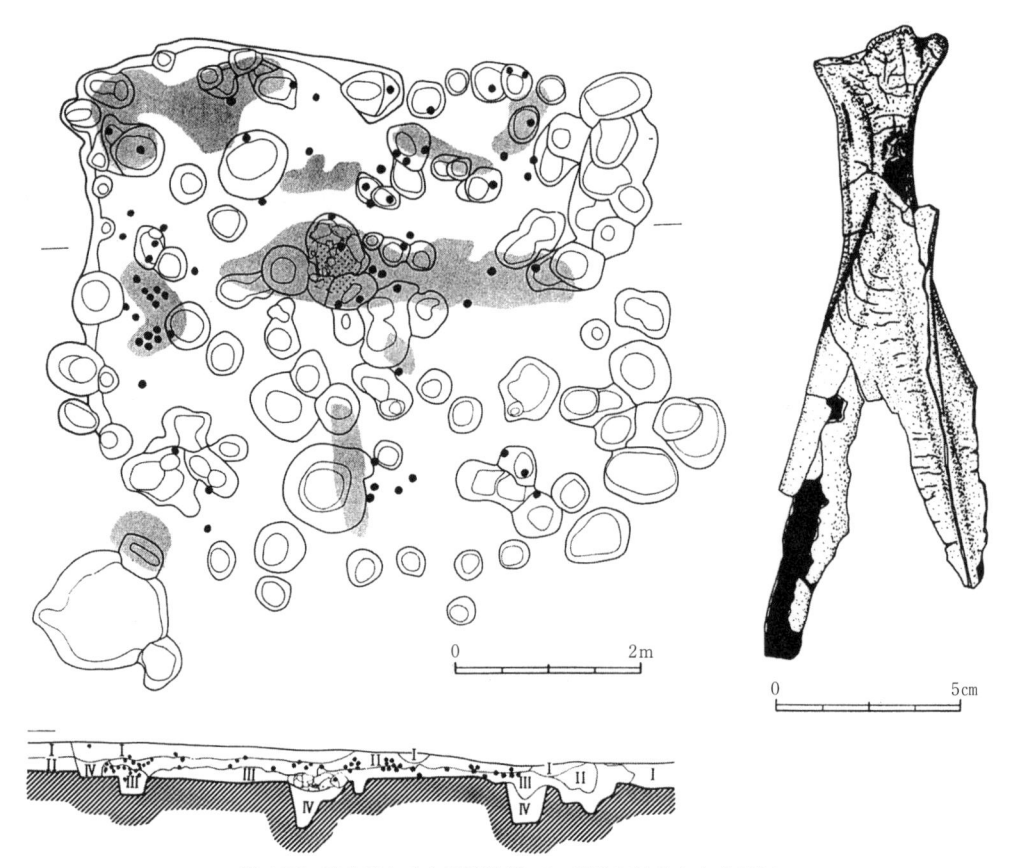

第1図　東京都なすな原遺跡第134号住居焼骨と出土状況

とともに、焼骨生成の行為自体が埋没過程にある住居の窪地で行われた可能性を指摘している（金子前掲）。

　なすな原遺跡から出土した焼骨のなかには、種別や部位が判定できるほど大形で遺存状況の良好なものが存在する点も注意すべき点である（第1図右）。本来骨は、被熱によって油脂分が燃焼する際に捻れや亀裂が発達し骨自体が脆くなるので、そうした焼骨が先史地表面上に散乱していた場合に冬季の凍結作用や風雨などによって劣化と破損が進行するはずである。仮にそうした状況下で遺存の良好な状態が保持されるためには、周辺が堆積速度の速い環境にあったか、骨の散布する面を土などで覆う埋め戻しのような行為が介在した可能性も考えてみるべきかもしれない。

神奈川県下原遺跡（第2図）

　和島誠一による調査の際に、土坑墓と共に安行3c式、同3d式土器を伴う住居が発見されている（浜田 2000）。良好な遺存状態の住居の覆土から被熱した骨角器、加工痕のある骨片が多く出土している。多くは覆土の上層からの出土であり、発掘区のなかでも住居の周辺付近に焼骨の集中が確認されるということから、焼骨の分布は遺跡の全体を均質に覆うのではなく、住居の周辺に限定されていたか、またはその中心が住居跡の窪地周辺であった可能性

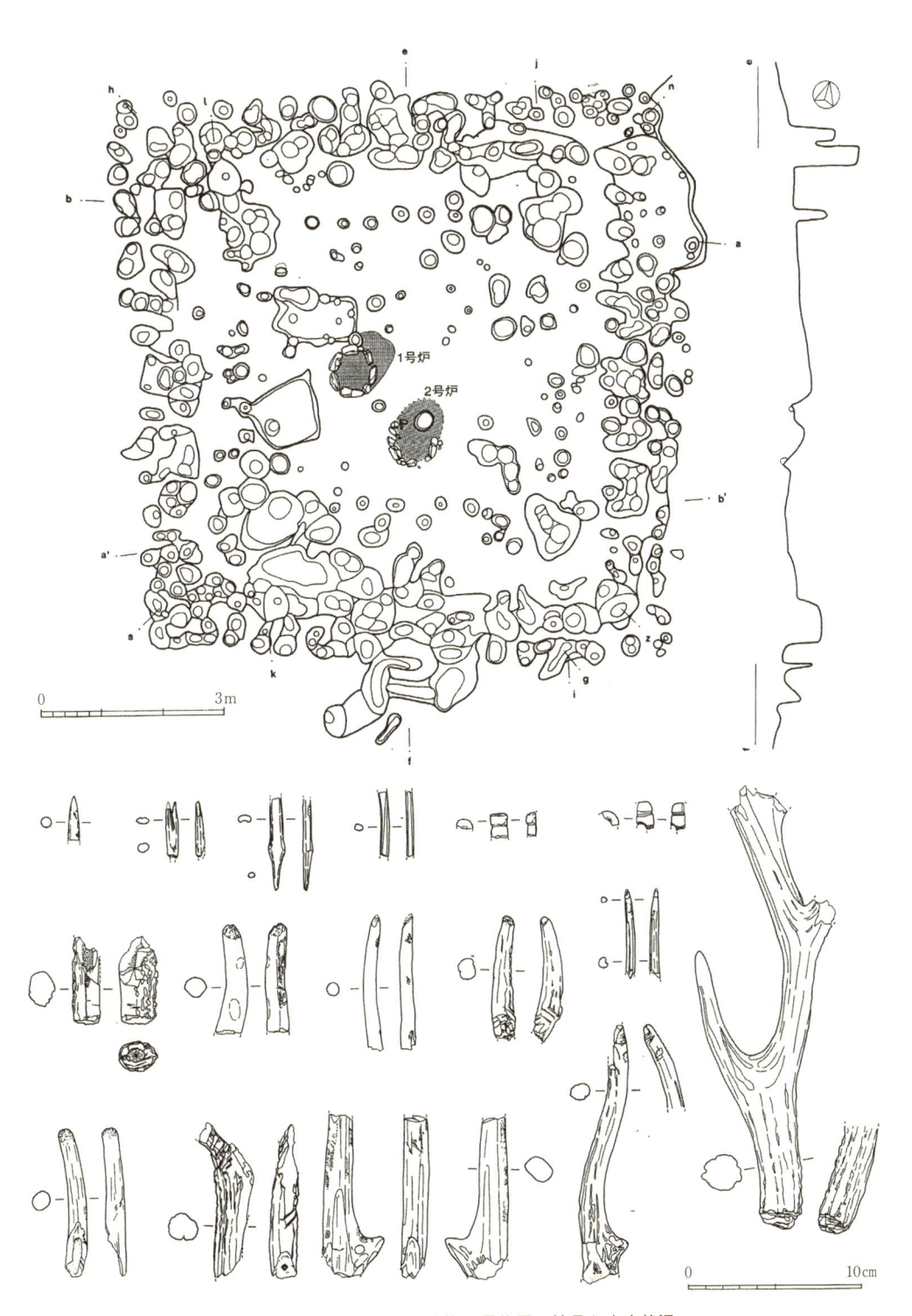

3 縄文時代遺跡における焼骨生成の実験考古学的研究

第2図　神奈川県下原遺跡第2号住居の焼骨と出土状況

が高いことを示す。未加工の骨は具体的な数量は呈示されていないが、出土量は骨角器の量を大きく上回るということなので、その数は少ない量ではない。

被熱した骨角器は刺突具を主体として、製品だけでなくその素材と思われる切断痕のある鹿角や、長さが20㎝以上もある大形の枝角が含まれている。未掲載の資料は、これらの焼骨から遊離したものや焼骨生成時に破砕されたものなのであろう。食材として消費された骨だけが焼かれたわけではないことを示している。素材や未製品、欠損品などの存在は、焼骨の性質を考える場合に注目すべきであろう。

山梨県池之元遺跡（第3図）

富士山麓に位置する富士吉田市池之元遺跡では、堀之内2式期の住居2軒が厚い火山灰の下に良好な遺存状況で検出されている（阿部 1997）。そのなかで3号住居とされた住居覆土の上層に、配石墓と逆位埋甕が検出されている。焼骨は、この配石墓の構築面に薄い焼土の分布する範囲を中心に検出された。1㎜前後の骨粉状のものから3㎝ほどの骨片などから構成されており、大形の焼骨の中には鹿角片を含む。また焼骨の範囲から黒曜石製の石鏃と石核と剥片類も比較的多く出土しており、両者の集中箇所が重複している。

なお、この住居に隣接して検出された1号住居では対照的に、床面や覆土において、焼骨の集中した状況はまったく認められなかった。また両住居の炉跡内の焼土からは少量ではあるが完全にチョーク化した焼骨片が検出されているので、すべてではないが遺跡のなかの焼骨の一部が住居の炉跡で生成されたことは確実である。炉跡の焼土内から発見された焼骨の遺存は数㎝に満たないが遺存は良好であった。このあり方は、なすな原遺跡など、住居の覆土形成とは異なるパターンがあることを示す点で注目すべき事例である。

東京都西ヶ原貝塚（第4・5・6図）

東京都北区に所在する西ヶ原貝塚は、中期後半から晩期前葉にかけて形成された集落で、中期後半から晩期初頭の時期にかけて環状の広がりの遺構群と貝層が形成される。ここではこれまでの調査のなかで3つの事例を紹介する。

1例目は、飛鳥中学校校庭の後期前葉の貝層下面である。堀之内式期の焼土面が確認され、その内部から鹿角を主体とした焼骨が出土している。これらの焼骨は白色化しているものだけではなく、青灰色のもの、黒色のものなどが認められ、個々の資料の熱履歴の違いを示しているようである。鹿角の中には、切断痕を持つものも認められ、骨角器の素材や残滓である。また至近の位置からは、鹿角製のヤスがまとまって6本出土している点も注目される（第4図）。

2例目は、晩期中葉の住居内での焼骨集積である（第5図）。飛鳥中学校の校庭から検出された住居は、中央部に存在する窪地に面して形成された掘り込みの浅い住居である。住居内からは破片ではあるが豊富な晩期中葉の遺物が出土している。

この住居から発見された焼骨は、骨粉とでもいうべき表現がもっともふさわしく、細かく破砕されたものが主体となり、部位や種別が鑑定できたものはほとんどない。なすな原遺

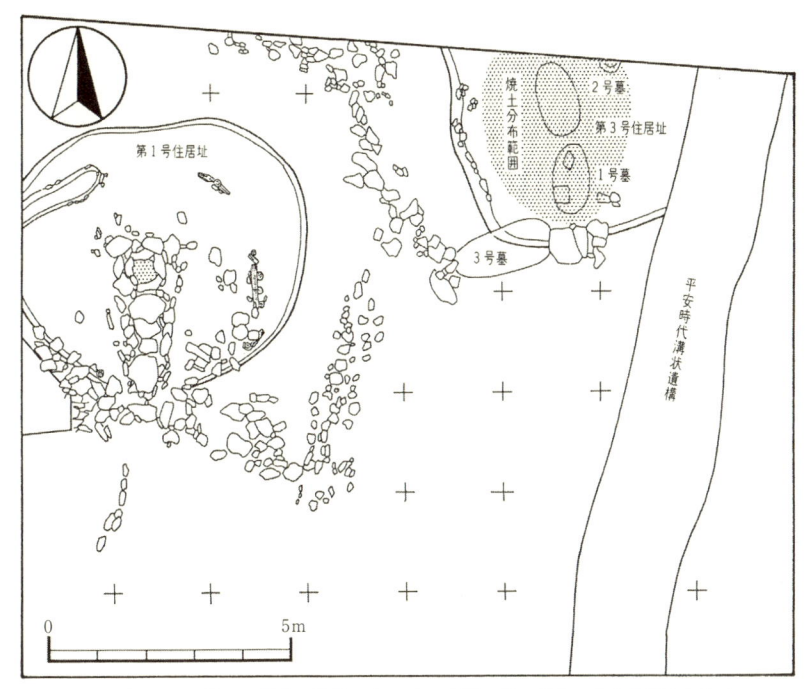

3 縄文時代遺跡における焼骨生成の実験考古学的研究

住居の覆土中に2基の土坑墓が構築され、その上面に薄い焼土の分布が認められる。
焼骨は焼土の範囲に集中して検出され、黒曜石の石鏃や剥片類などが共伴した。

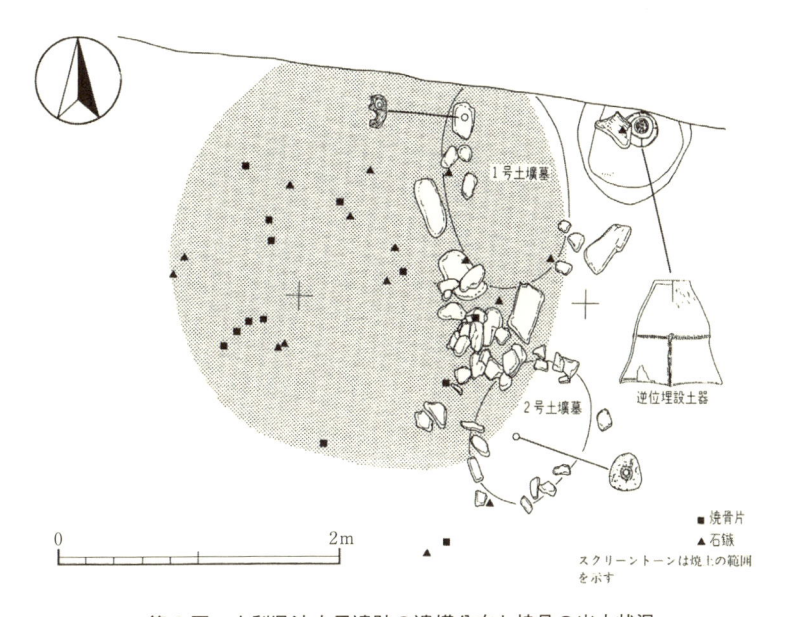

第3図　山梨県池之元遺跡の遺構分布と焼骨の出土状況

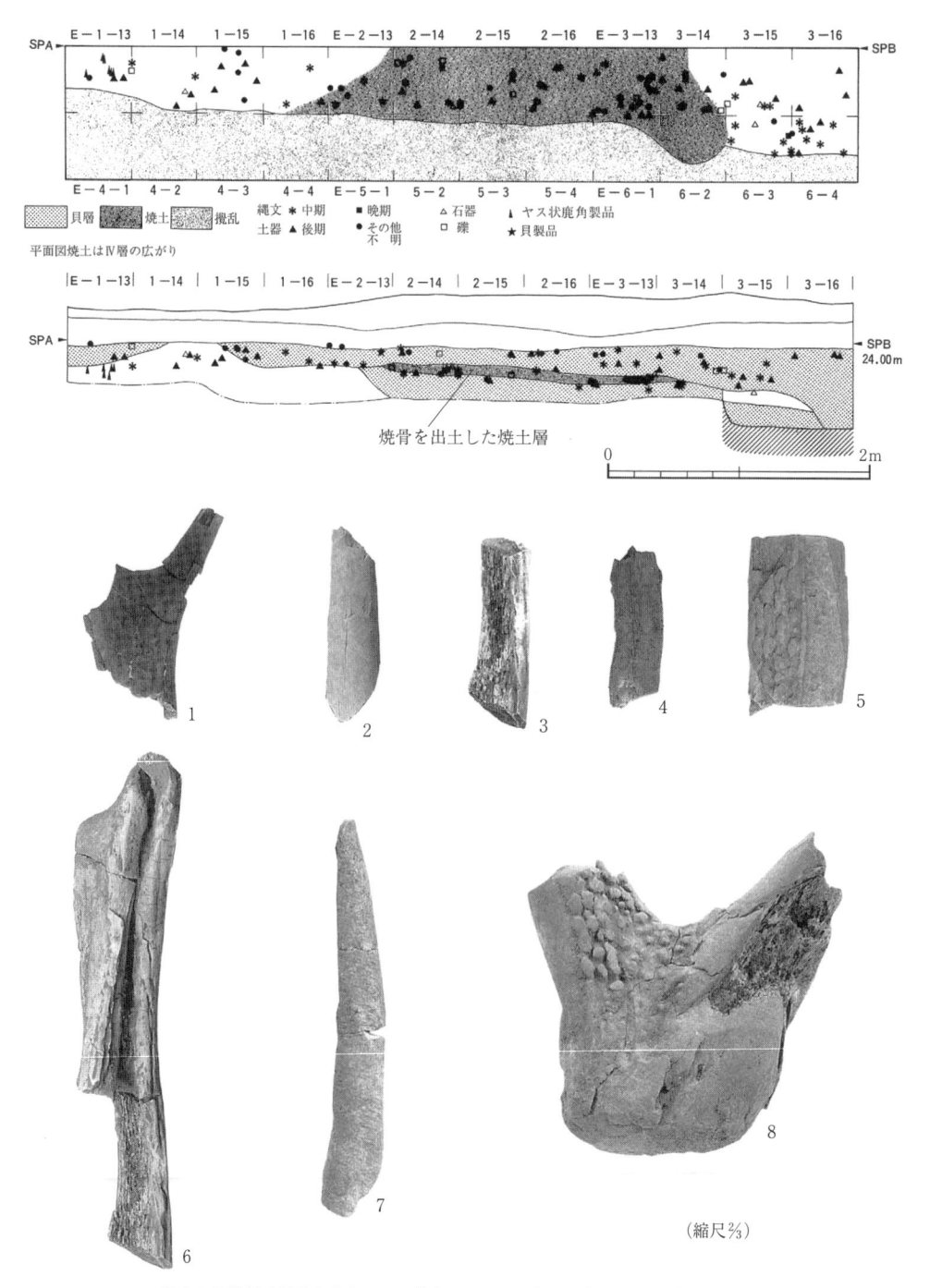

第Ⅲ章　動物遺存体と時間情報 —資源利用の季節性と物質変容—

出土した焼骨は黒化したものや、白色にチョーク化したものなど、多様である。また大半が鹿角であり、切断痕（8）や擦切痕（6）を残すものがある。

第4図　東京都西ヶ原貝塚飛鳥中学校地点の焼骨と出土状況

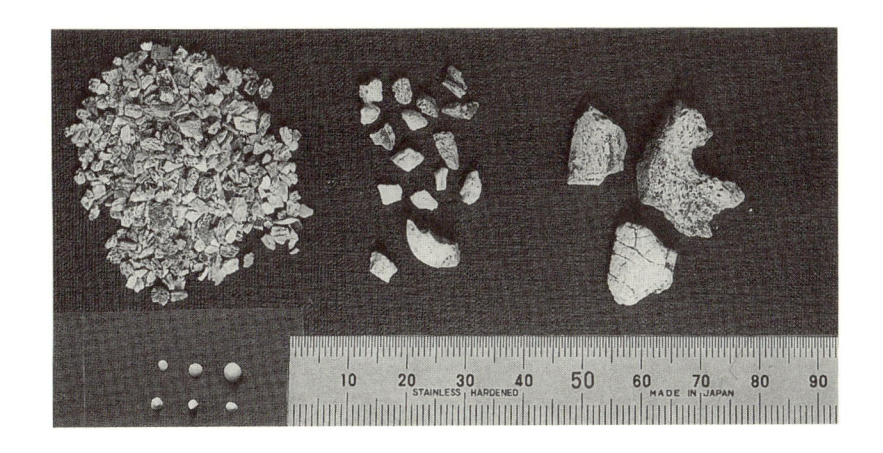

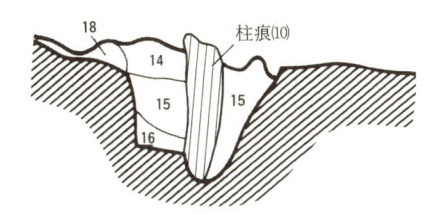

3　縄文時代遺跡における焼骨生成の実験考古学的研究

A. 掘り方内部の柱材を樹立させる

柱痕の左側には柱材を支える埋土が3枚にわたり充填されている。これらの柱痕と充填土の内部には焼骨片はまったく混入していない。
埋土はローム層の床面とほぼ親しい面まで充填されたいた。

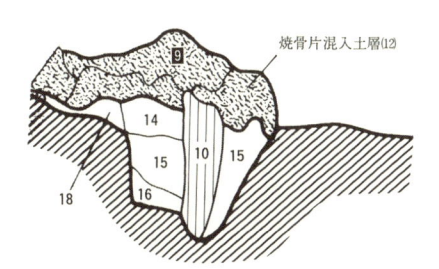

B. 柱の周囲に盛り上がる焼骨片混入層の形成

樹立した柱の周囲に多量の焼骨片を含むブロック状の土層が堆積しているが、その状況は、むしろ柱材周囲に盛り上がる状況を呈している。
この焼骨片の混入土層は、住居西側の壁柱穴の周辺において特徴的に認められた。

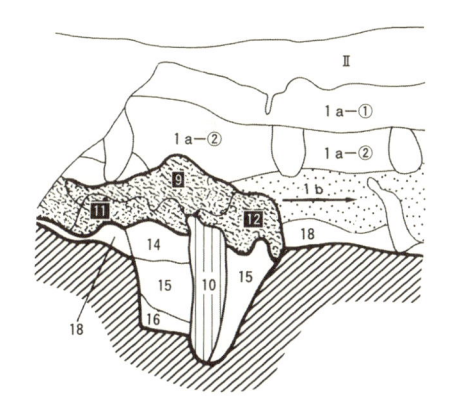

C. 焼骨片混入土層の流出と散漫な骨片含層の形成

焼骨片の混入した土層は、その住居の埋没過程のなかで次第に住居内部の窪地に流出し、結果として覆土中における散漫な焼骨片の分布域を形成する。
覆土中における焼骨片の分布は、床面よりも浮いた上部の土層において散漫に分布している。その後の堆積環境は窪地を埋めるような土壌の堆積が確認されたが、この層中において焼骨片の混入は殆んど認められなかった。（矢印は焼骨片の流出）

第5図　東京都西ヶ原貝塚飛鳥中学校地点の晩期住居内の焼骨出土状況

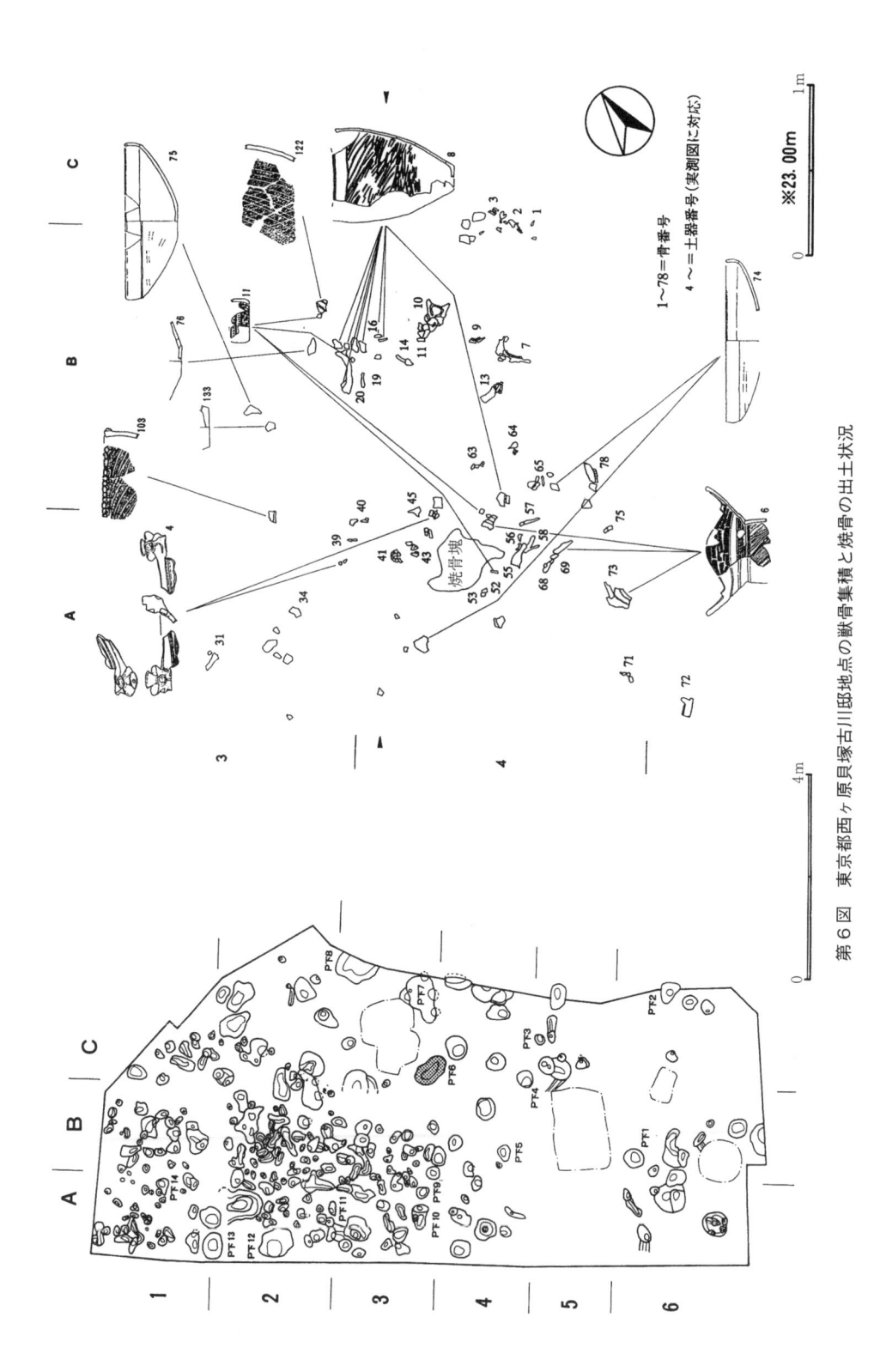

第Ⅲ章　動物遺存体と時間情報 ―資源利用の季節性と物質変容―

第6図　東京都西ヶ原貝塚古川邸地点の獣骨集積と焼骨の出土状況

跡や下原遺跡とは、焼骨の遺存状況が明確に異なる。そして微細な焼骨は風雨や表層の土砂の移動などにより飛散する可能性が高いと思われるが、出土状況は壁際の壁柱穴の周囲に集中するという特異なあり方をしている。調査範囲内の住居内の土壌はすべて1mmメッシュで水洗選別を行い、遺物を回収したが、焼骨は先述した壁際に集中している状況は明らかである。しかもこの部分の土層断面には、柱穴の周囲に盛り上がるようなブロック状の土層の内部に限定して微細な焼骨が多量に含まれていた（第5図上段写真）。さらに住居の内部には、この壁際の焼骨集中に由来する二次的な移動と考えられる少量の焼骨が認められた（第5図）。

　こうした状況は、時期的にはほぼ同時期である、なすな原遺跡や下原遺跡の状況とは明確に異なる。西ヶ原貝塚の晩期の住居の事例は、住居の構造物の一部を構成する土壁のような構造物の痕跡かもしれない。焼骨が微細である点も他の事例とは異なる点で、土壌に混和されたと考えると、こうした状況は整合的に説明できる。また土壌から選別された焼骨の中には、タイの歯骨が含まれていたことも特記しておくべきかもしれない（第5図上段写真左下）。詳細に観察したにもかかわらず、椎骨の存在は確認できなかった。それほどに焼骨は粉状に粉砕されていたということだろうか。

　もう1つの事例は、古川邸地点と呼称される後期後葉の貝塚が形成された地点の調査事例である（植月 2002）。この地点は緩やかな傾斜をもつ自然地形の上に、ヤマトシジミを主体とした良好な貝層が堆積し、貝層の下面にはシカ、イノシシを主体とした獣骨の集積が検出されている（第6図）。

　共伴した土器から、加曽利B3式期から曽谷式期に形成されたものであることがわかる。貝層の下には標準的な堆積層である褐色土層が存在せず、すぐにローム層となり、その上面に不規則な柱穴状のピットが多数検出されている。獣骨の集積はこの遺構面に形成されていた。3×3mほどの範囲でシカとイノシシの骨が検出されているが、これらはとくに部位に偏りがあるわけではない。獣骨の集積範囲のなかで、報告書中には灰ブロックと記載されている範囲があるが、これは灰白色をして細かく砕けた焼骨の塊である[1]。出土した直後では、塊の内部には形状をとどめた指骨の端部などが複数認められた。表面は風化がすすみ白色の粉状を呈しており、表面的には灰と誤認された理由もわかる。なお、このローム上には焼土や木炭などの集中は認められなかった。灰白色の焼骨を生成する焼土址や炉跡は付近に見つかっていないので、焼骨が生成された場所は調査区外に求められることになるであろう。遺構に伴い、塊状を呈して周囲に飛散した状況を認めることはできない。また焼骨生成に関わる火処も確認されていない。

　以上のように西ヶ原貝塚では、遺跡内において後期中葉と晩期中葉に焼骨集積が認められたが、その様相は各例ともに遺構に伴う出土状況を示すものの、同一の形成過程ではなく、一遺跡の中での多様な焼骨のあり方を示す事例として考えることができる。

千葉県曲輪ノ内貝塚（第7図）

　千葉県佐倉市に所在する曲輪内貝塚は、中期終末から晩期中葉にかけて継続して営まれた

第Ⅲ章 動物遺存体と時間情報 —資源利用の季節性と物質変容—

集落遺跡である。遺跡の中央部には溺れ谷が入り込み、窪地を形成している。この窪地を開口部とした環状の高まり上に、地点貝塚や遺構が集中して構築されていることが明らかにされている（阿部 2005）。筆者による高まり部分の発掘調査によって、遺物を包含する黒色土中に加曽利B3式期の建物址が1棟検出されている（第7図）。黒色土の床面は炉の周囲に有機質の土層が薄く堆積し、床面上には土器をはじめとした遺物の集積が残されていた。また、覆土の全体にごく少量の焼骨片が散漫に認められた。建物址の構造は壁柱穴をもつが、多くの骨片が集中したのは、壁柱穴の周囲であった。微細な焼骨片は調査の途上より遺構のプランを描くように分布していた。

この焼骨集積は柱穴の内部には入り込むことはなく、柱の根元の周囲に集中している状況が柱穴の断面から確認することができた。同様の状況は、先述した西ヶ原貝塚の飛鳥中学校校庭地点の晩期の住居においても認められている。このほかに曲輪ノ内貝塚では明確な集中は示さないが、加曽利B式期以降の遺物包含層のなかで散漫な混入が認められている[2]。

埼玉県石神貝塚（第8図）

埼玉県川口市に所在する石神貝塚は、台地上から緩斜面にかけて複数の地点貝塚が環状にめぐる集落跡である。貝塚のある場所を中心に高まりが形成されており、「環状盛土遺構」と考えられている（元井 1997）。しかし、明確な盛り土行為が認められた層位的な所見は認められない。県道の拡幅工事によってこの高まり部分を横断するように調査が実施され、高まりの断面構造が明らかになった点でも注目される。

高まりは堀之内式期の土層の上に形成され、そこからは加曽利B2式期の住居と焼土址、土坑などが検出されている。報告によれば、加曽利B2式期の住居を埋める土層には多量の焼骨が含まれていたという。さらに、この土層に類似する層は住居だけではなく、「盛土」と呼称されている高まりの一部を構成するⅡ層とⅢ層の形成に関係しているようである。長さ約30mにおよぶ長い土層の断面で、こうした焼骨層は栃木県小山市寺野東遺跡の「環状盛土遺構」（江原・初山 2007）などと類似していると共に、焼骨が後晩期の集落の中では局所的な集積だけにとどまらず、広範囲に及んでいることを示している。こうした混入物の産状からみても、「盛土」と呼称された土層が一時期的に形成されたと考えるには矛盾がある。

焼骨が多量に含まれる土層中にはSX1と呼称された焼土址が検出され、その内部や周囲から多量の焼骨が出土しており、

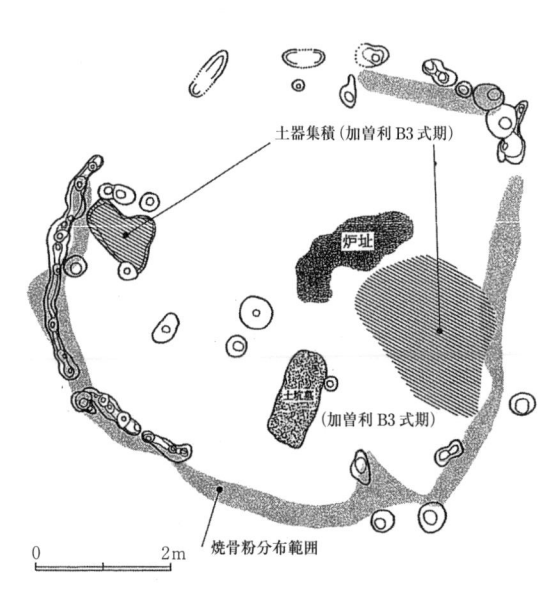

第7図　千葉県曲輪ノ内貝塚の住居と焼骨の確認状況

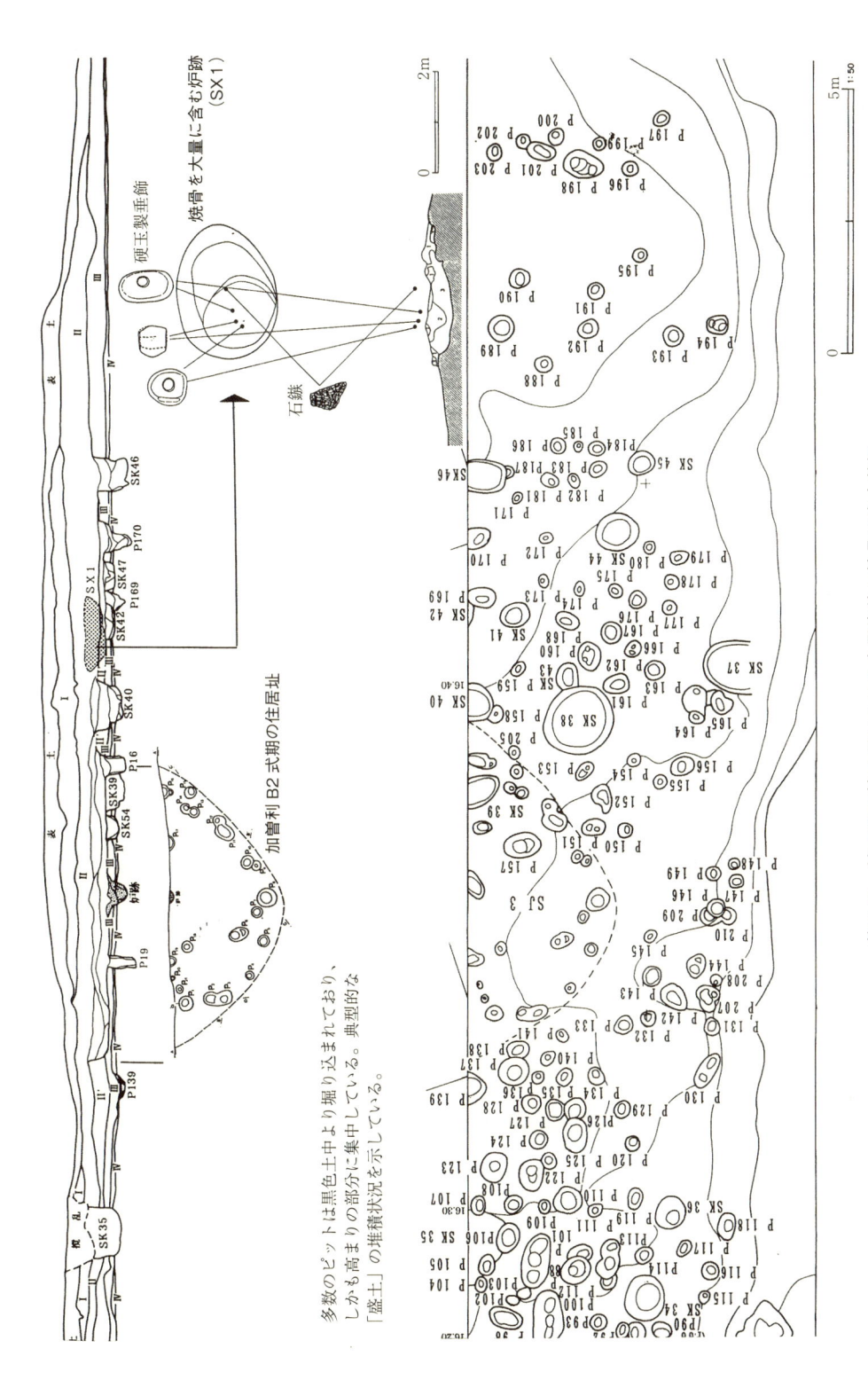

3 縄文時代遺跡における焼骨生成の実験考古学的研究

第8図 埼玉県石神貝塚における土層堆積と焼骨の出土状況

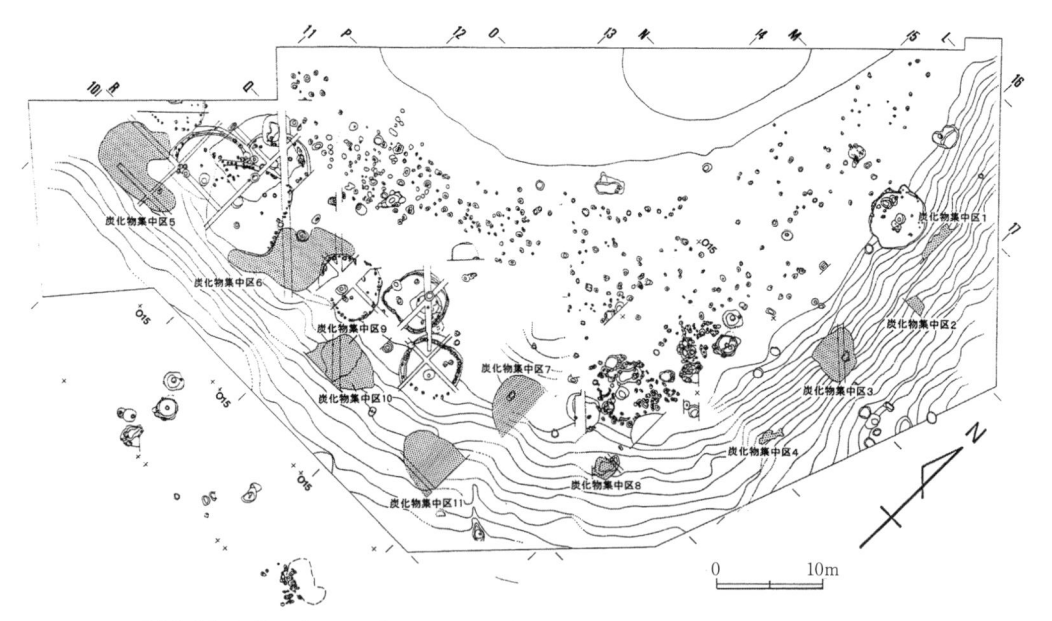

第Ⅲ章 動物遺存体と時間情報 ―資源利用の季節性と物質変容―

「炭化物集中区」は住居に近接して環状に分布している。これらの大半は明確な堀り込みをもたないで多量の炭化物と焼骨片が混入した覆土を形成している。これらの中には焼土址が伴うものもある。スクリーンは「炭化物集中区」を示す。

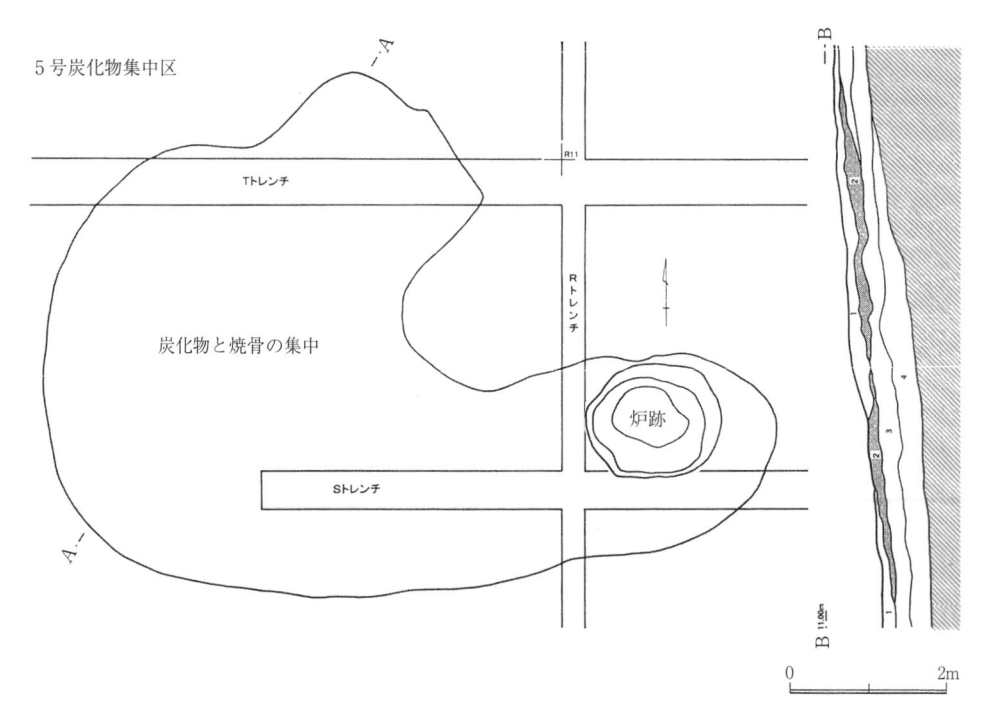

第9図 埼玉県後谷遺跡の遺構分布と「炭化物集中区」の構造

報告者は焼骨を生成した施設と推測している（元井前掲）。さらに内部からは焼土と焼骨以外に3点の硬玉製の垂飾が出土していることから、特殊な施設として紹介されている。しかし、出土した硬玉自体に被熱の痕跡は認められない。土坑には厚い焼土が堆積しており、焼土の形成は一回性のものではないらしい。にもかかわらず硬玉に被熱の痕跡がないということは、焼土址の形成と玉の埋没は時期を違えていることを意味するのであろうか。

土坑に近接して構築された住居は、時期的にも同時期の加曽利B2式期ものであり、土器型式を時間軸とした場合、住居の近くに焼骨を生成する施設が設けられていたことになる。

埼玉県後谷遺跡（第9図）

埼玉県桶川市後谷遺跡は、石神貝塚と類似した居住区域が環状の高まりをもつ集落遺跡で、後期前葉から晩期中葉まで継続して形成されている（末木ほか 2005）。中央部の窪地は削平がすすみ遺構の遺存状況は悪いが、高まり部分の構造は「環状盛土遺構」との類似性が指摘されている。焼骨は、基本的には高まりの居住区域の全面に認められる。居住区域の外側は河川低地が廻り、後晩期の遺物と共に杭列や木組遺構が検出されている。低地部の水場遺構と集落が一体化した後晩期の集落と考えることができる。

焼骨のあり方で特筆されるのは、住居のある区域から斜面付近にかけて11ヵ所が検出された「炭化物集中区」（末木ほか 2005）という遺構である。それは「調査が進行する中で、炭化材、焼骨片を多量に含む黒色土のひろがり」（末木ほか前掲）として確認され、平面的な範囲は、長軸が4〜6mほどの楕円形や不正円形で定型的な構造をもたない。また平面的にはプランが認識できても、明確な掘り込みを持つものは全体のなかの1基にすぎない。その中で炉跡と重複するものが4ヵ所あり、燃焼施設をもつ遺構であった可能性もある。炉跡は重複例もふくめて全体で45基が確認されており、そのうち26基の覆土は「焼骨・骨片・骨粉を多量に含む」という。この焼土址が、後谷遺跡の焼骨生成に関与していることは確実であろう（第9図）。

「炭化物集中区」からは炭化物とともに大量の焼骨が発見されている事実からすると、焼骨が廃棄されたか、生成されたか、どちらかの可能性が高いことになる。なかでも4例に炉跡と重複する事例があり、重複が無関係というよりは、焼骨生成に伴う施設であった可能性を考えたい。また「炭化物集中区」の断面をみると、明確な掘り込みをもたず、柱穴もない。さらに傾斜をもつ先史地表面上に形成されているものも多いことから、構造物の存在は想定しにくい。こうした遺構が残存し得たのは、形成後の埋没が比較的短期のうちに進行したことを意味するのかもしれない。

後谷遺跡の場合は、後期の集落の居住域を平面的に調査した貴重な事例である。「炭化物集中区」は、住居群が展開する場所に付随して設けられている。これらのあり方は、石神貝塚の土層断面で明確に形成過程が確認された骨焼き土坑と同様の機能を考えることができる。

2 遺跡における焼骨の多様性

　本論で取り上げた出土事例だけを見ても、焼骨が生成された地点と、焼骨の出土する場所とのあいだには、単純ではない痕跡化の過程が想定される。それらは人間が介在する主体的な要因と、それらの行為が自然的な要因により二次的に変容し痕跡化した場合などが考えられる。遺跡における焼骨の出土状況は以下のように類型化ができる。

　I-A類は、焼骨が生成された場所に残置された場合である。それが目的的か否かは別次元での検証が必要である。この場合、掘り込みなどの下部施設を伴うものをA、伴わないものをBとして区別しておく。焼骨の出土状況などを勘案する必要があるが、Aの場合は継続的な焼骨生成に関わる可能性がある。類例としては、埼玉県石神貝塚のSX1や後谷遺跡の炭化物集中区に設けられた屋外炉などが適例である。

　I-B類は東京都なすな原遺跡、池之元遺跡の住居覆土が該当する。焼土の残存が目安となるであろう。ただし、確認された焼土がその場所で生成されたのか否かという所見は報告書には記載がない。残された記録からは、焼け土と焼骨をともに廃棄すれば出来上がる同様の状況と区別することはできないが、ここでは原地性の生成と解釈して類型化をしておく。火床面の確認は今後の調査では必須の確認事項である。

　山梨県金生遺跡の有名なイノシシ幼獣の下顎集積は、燃焼状況の詳細がわからないが、下顎骨の出土状況などから本類型に含められる可能性が高いだろう。

　II類は焼骨の生成場所である燃焼施設から意図的に持ち運ばれた、あるいは自然営為によって移動した状態を示すものである。人為的な行為と自然的な営為による場合が考えられるが、個々の遺跡形成と関わる事項である。

　II-A類は焼骨のみが塊状に出土するパターンで、焼土や木炭などを伴わないことから、燃焼施設で焼骨のみを取り出すという選択的な行為が働いている。西ヶ原貝塚古川邸地点が適例である。

　II-B類は骨粉状の微細なものばかりが遺跡内の局所的な土壌に含まれる事例であり、焼骨が土壌に混ぜ込まれたかのような状況を推測させるもの。西ヶ原貝塚飛鳥中学校地点の晩期の住居などが好例である。

　II-C類は遺跡内の包含層中などに散漫に含まれる場合で、もっとも多くの該当事例がある。

　I類　燃焼地点からの出土
　　　　　　　　A：炉跡などの燃焼施設を伴う連続的な利用施設
　　　　　　　　B：焼土と木炭のみの一回性または短期的な燃焼地点

　II類　燃焼地点からの二次的な移動を伴うもの
　　　　　　　　A：集塊状
　　　　　　　　B：土壌混入（人為的）
　　　　　　　　C：包含層に散漫に混入

その要因は本来的な産状から二次的に流出したり、飛散したものである場合である可能性が高い。とくに微細な骨粉状のものなどは移動性に富んでおり、包含された土壌の生成要因とも密接に関わりをもつであろう。

これらの焼骨のあり方の意味を考える場合、その現象のみを特化して考えるのではなく、遺跡形成過程における存在形態を第一に考察すべきであろう。その場合、Ⅰ類とした燃焼施設に伴う場合と、焼骨のみが出土するⅡ類の相互関係を検討することによって、焼骨生成の意味と遺跡形成過程を有機的に結びつけることができよう。その点で石神貝塚例にみる焼骨生成の層位学的な状況と所見は、遺跡形成の時間的経過の中で焼骨の性質を考察することを可能にしている。また後谷遺跡例は、遺跡の空間的な広がりの中で焼骨生成と集落形成の問題を考える際に注目すべき事例といえるだろう。

後晩期の関東地方の集落遺跡では、量の多寡にかかわらず、遺物を包含する土壌や住居の炉跡、屋外の焼土址などに焼骨が混入することは決して特殊な事例とはいえない。その反面で焼骨が生成される過程や被熱による焼骨の変容の状態などについては、焼骨生成に関する実験的な検証を通じた比較検討が必須である。

焼骨の存在形態を行為論や遺跡形成論的な観点から試考するために、次に焼骨の生成実験の成果を紹介する。

3　焼骨の生成実験

焼骨の生成実験において用いた試料は、軟部付着の試料としてはイノシシの前肢を用い、また軟部を除去した試料はシカの中足骨を利用した。

焼成環境は地表面に予め焚き火を行い、オキと灰を準備して火処としたが、とくに地表面を掘り窪めたり、石囲いなどを施したりはしていない。実験はオキの上に金網を設置し、その周囲に薪を方形に組み、骨の変化が肉眼で観察しやすい状況で実施した。焼成温度は、火処と骨の表面温度を放射温度計で測定し、燃焼試料の表面的な状況の変化と温度を記録した。

（1）軟部付着試料の焼成（第10図）

火処の燃焼温度は約750度である。金網上に試料を置いて、薪が着火すると直ぐに表面の獣毛が燃焼する。5分で皮膚と皮下脂肪、筋肉組織が燃焼と炭化を開始し、初期においてその表面はタール状に変化し、一部では火を噴くように試料自体が燃焼する。おそらく軟部自体の油脂分に着火して燃焼するのであろう。その表面放射温度は400度以下である。

軟部の燃焼は10分程度で終了し、実験開始後15分で軟部は黒～灰黒色の炭化物になる。表面温度は400度～450度である。この段階ではすでに自発的な燃焼はしない。これらの炭化物は20～30分後には端部や火処面より灰白色に変化するとともに、骨より剥離して落ちるためこの段階で表面的に内部の骨が露出する。骨はすでに外面からの温度によって黒化を終えている。

実験を継続して燃焼を続け、45分で指骨も完全に白色～青灰色化を終えた。骨の表面に

第Ⅲ章　動物遺存体と時間情報 —資源利用の季節性と物質変容—

1　燃焼実験の火床

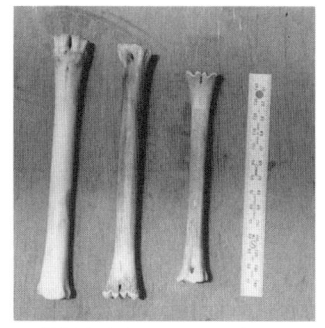

2　燃焼試料（シカの中足骨）

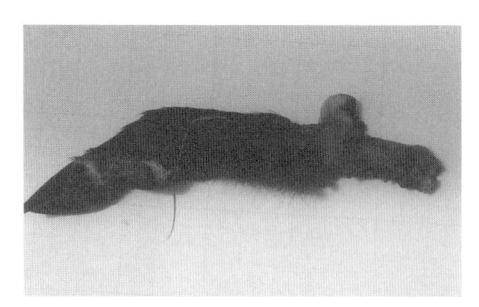

5　燃焼試料（イノシシ前肢）

3　燃焼状況（黒化の開始）
5分程度で骨端部を中心にして黒化が始まる。その後、油脂分が発火し、自発的な燃焼が終了すると、白色化が始まる。

6　燃焼終了状態（白色化）

7　白色化した獣骨類

4　燃焼状況（黒化から白色化の段階）

第10図　焼骨の生成実験

は細かな亀裂が認められるが、その多くは長軸に沿うかたちの亀裂であり、稀に骨短部などに亀甲状の亀裂が認められた。骨自体の変形も亀裂を原因とした破損と捩れが主である。

以後も60分まで実験を継続したが、骨の亀裂が増加するのみで、骨自体には変化は見られなかった。

（2）軟部除去試料の焼成

シカの中足骨を燃焼部に設置した金網の上に置き、周囲に薪を置いて着火させた。実験は5回実施したが、それらの実験で共通した現象をまとめる。火処の温度は650度から700度である。実験開始後5分程度ですでに骨の表面の黒化が始まる。黒化は下面の火に直接あたる部分より速やかに始まり、やがて表面におよび、全体が黒化する。所要時間は10分以内で完全に黒化した。試料の多くが黒化の過程で部分的に亀裂を生じている。

また5分から10分以内に亀裂部分より油脂分が着火し、火を噴く。骨の表面温度は500度から600度である。この燃焼過程で亀裂は広がり、形態的な捩れが生じるのである。油脂分の燃焼は5分程度で終わるものが多いが、この段階で骨端の一部などはすでに白色化が始まり、おおむね黒→青灰色→白色という過程で変色が進行する。

そして燃焼実験を開始して20分程度で全体は白色化を終える。燃焼実験を60分まで実施したが、以後、骨の色調には変化は見られない。しかし40分程度で骨にはいる亀裂が増加し、タテ方向に入った亀裂を横断するように新たな亀裂を生じて砕片化するが、全体の形態が損なわれるような破砕は見られない。

4　燃焼温度と焼骨の特徴

今回実施した焼骨の燃焼実験は上述したとおりであるが、複数の実験を通して指摘できた事実と所見について記す。

（1）被熱による骨質の熱的変化

燃焼温度と骨質の相関的な変化を考える場合、軟部の付着したものであっても、またそうでない白骨化した実験試料においても、骨の表面は最終的には白色にチョーク化することが確認できた。また、その前段階においては黒色化が著しく、この段階で骨髄などの油脂分が発火して亀裂が生じる。

シカの中手骨、中足骨などの細く長い棒状の骨は、火処の中では骨端よりチョーク化が進行し、おおむね黒色→青灰色→白色という色調の共通した変化を伴う。さらに被熱によって黒化した段階で被熱が一時中断した場合でも、ふたたび被熱を受けることによってチョーク化は進行する。しかし、いちどチョーク化した骨が燃焼によって黒化することはない。さらに多くの骨は骨髄がはいる管状の構造をもつから、熱的な色調変化は表面より進行し、内部に及ぶが燃焼温度が低いか、短い場合は内部と表面の色調が異なる状況が生じる。こうした状態はおおむね、一回性の低温度または短時間の被熱によっている場合が多い。つまり、こうした被熱骨片は、複数の燃焼や砕片化した骨の継続的な燃焼ではない可能性が高い。

また今回の実験成果は、海外の実験的成果である骨の灰白色化と亀裂・収縮・変形は800度から1000度で2時間以上の時間を要したとする所見（Driesch, A. von den 1976）を必ずしも否定するものではないが、その方法・熱的環境・燃焼施設・被熱対象物のサイズなどによって結果が大きく異なる可能性が高いことが十分に予測されるために、この結果を遺跡出土の焼骨片に一元的に敷衍することはできない。

　今回の実験ではイノシシの前肢は体毛をもつ状態のものであって、チョーク化までの過程にそれほどの時間を必要としなかった。しかし反対にたとえば人体などを開放熱で火葬する場合は、より多くの時間を要する可能性は高い。

　また、骨の変形・亀裂・収縮が軟部付着した状態でも被熱の特徴としている所見がある（馬場・茂原 1986）。実験では被熱時に骨の内部の骨髄や油脂分が燃焼を開始する段階で亀裂が生じ始め、シカの四肢骨などは捻れや歪みが生じる状況が複数の実験で共通して観察できた。実験試料では細かな亀裂は不均一な燃焼部分に多く発生しており、必ずしも軟部付着の有無を判定する直接的な判断要素とすることはできない。しかし軟部が付着した場合は被熱が不均一に進行する場合は想像に難くなく、こうした状況下での骨の変容を否定するものでもない。熱的な環境と燃焼温度、燃焼施設との相互関係からの検討が焼骨生成に関わる人間行為を考古学的に考察するためには有意義であろう。

（2）遺跡出土焼骨の特徴

　遺跡から出土する焼骨は住居や遺跡の一角に集積するなど、多様な存在形態をもつことがわかった。こうした遺跡内でのあり方とは視点を別にして、高山は焼骨の出土地域が内陸部や山岳地帯に類例が多いとし、狩猟民独自の祭祀行為であることを指摘した（高山 1976）。しかし、臨海地域の貝塚を形成する東京湾東岸地域の遺跡においても、後期中葉以降の集落遺跡の遺構内や遺物包含層では、ほぼ例外なく焼骨の出土を認めることができる。したがって焼骨生成の歴史的な背景は、生業の違いを含意する地域差よりも後期中葉以降の文化的な背景を重視すべきであろう。当然のことながら、焼骨の素材供給源であるシカやイノシシの狩猟活動の活発化は後期以降、晩期にいたる時期に認められ、生業における狩猟活動の活発化は、焼骨生成の背景を考える場合に関連を予測させる1つの重要な現象であろう。

　一方、経験的ではあるが、これまで筆者が関わってきた関東地方の貝塚の調査では、酸性土壌の日本のなかで骨の遺存を良好にする環境を二次的に形成しているにもかかわらず、貝塚から出土する焼骨には、黒化したものが散漫に認められる程度でチョーク化した骨の出土は著しく少ないという印象をもつ。

　筆者は当初、チョーク化した骨は白色で貝殻との識別が難しいために選別技術の問題と考えたことがあったが、その後に東京都西ヶ原貝塚（加曽利B式期）と茨城県小見玉市部室貝塚（加曽利E2～3式期、加曽利B2式期）、千葉県四街道市八木原貝塚貝層（加曽利B2式～安行3a式期）の貝層サンプルから1mmメッシュでの水洗選別のあとで意識的に焼骨の抽出を試みたが、ごく少量が見つけられたのみであった。色調の問題を抜きにしても、なすな原遺

跡などで出土した大形の骨片であれば、遺存もより良好である。もし、こうした状況の焼骨が貝塚に残存したとすれば、水洗サンプルからの抽出は容易であるはずである。にもかかわらず、焼骨の検出が著しく少ないのは、本来的に貝層形成と焼骨集積は、遺跡内でその主体的な形成空間を違えていたと考えるべきなのであろう。

　反面で包含層に形成された焼骨集積の大半が白色化しているのに対して、白色化の途上にある黒化した焼骨の出土は、筆者の経験では貝層からはずれた遺物包含層ではきわめて少なかった。このことが焼骨集積のもつ本質的な意味の違いであるのか、あるいは黒化した骨は酸性土壌では腐食溶解するのかは現時点では明確な判断材料を持ち合わせてはいない。しかし、たとえば、北区西ヶ原貝塚の事例のように、貝層直下という埋存環境にありながらも、被熱のない大量の獣骨集積の一角に、完全に白色化して灰のごとくに変化した焼骨塊が存在した事例などは、黒化の段階の骨は本来的に存在しなかったことを示す有力な証拠となろう。

　また焼骨の中には下原遺跡の例を代表とするように、多くの骨角器を含むものがあり、焼骨の起源は単純な食料残滓としての獣骨だけではない事例も多い。下原遺跡やなすな原遺跡は、焼骨が住居に直接伴わないという点で一致している。なすな原遺跡には住居覆土の上部に焼土址があり、焼骨の生成が原地性であることを示す。焼骨の大きさも大きく、原形をとどめているものが多数含まれている。原形をとどめている事実は何よりも、その後の意図的な粉砕や二次的な移動がほとんどなかったことを示すのであろう。また、焼土が形成されるような被熱行為があったとしても、それが屋根などの保護施設をもたず、明確な掘り込みなどの下部施設をもたない場合、被熱の痕跡がそのままの状態をとどめることはほとんど期待できない。この場合、二次的な変容を受けてはいるが、出土する付近の土器片の被熱の有無や、炭化物の集中などの観察が重要となろう。

　焼骨の生成が住居跡内の窪地で行われ、そのままの状態で埋没した場合、それを現象的に祭祀的な行為と一元的に解釈するわけにはいかない。不用な残滓を遺構の窪地に廃棄することは、縄文時代では一般的に認められる廃棄行為であるし、居住空間の衛生管理の面からも腐敗物や燃焼する残滓は焼却処理された可能性が高い。住居内貝層の内部に往々にみられる焚き火跡などはそうした行為の痕跡としての可能性もある。またこの場合、木材や骨片などは対象とされるだろうが、土器や石器などの無機物の場合はその当初から焼却の対象にはならなかったのかもしれない。

　また、一方で池之元遺跡例は土坑墓の上面に形成された集積であるが、薄い焼土の存在が示すように焼骨は現地性であると考えられるし、炭化物の集中も確認されている。石鏃の出土なども勘案すると埋葬後における墓前での行為であった可能性が指摘できるかもしれない。

　一方で西ヶ原貝塚の古川邸地点や飛鳥山中学校地点、曲輪ノ内貝塚などの例などは焼骨が生成された場所から移動して利用された事例として区別されるべきであり、焼骨生成の背景の違いを示すのではないか。とくに西ヶ原貝塚の晩期の住居の壁付近の焼骨のあり方は焼骨の破砕の度合いも著しく、まさに骨粉という表現がふさわしいものであり、それは焼骨その

ものの存在の意義よりも、焼骨が混入された土壌塊としての意味に重要性が考えられる。

5　焼骨の生成要因とその背景

（1）焼骨生成過程からみた産状の意味

　焼骨が広く遺跡の内部に認められるようになるのは、すでに先学の指摘にあるように後期から晩期である（西本 1983）。類例の増加した現時点においても、この事実に大きな変更はなさそうである。焼骨の意味が祭祀的な要因だけではないと考えた場合に、環状盛土遺構や遺丘集落の調査事例において指摘されているように、居住地点の固定化、長期化に伴う残滓処理方法の変容が考えられる。

　石神貝塚では、生活面を更新する水平で人為的な堆積土壌に多量の焼骨が混入する状態が確認されている。これを、単純に特殊な祭祀行為による結果と結論づけることは一方向的な見方から導かれた短絡的な結論であり、多様なあり方を示す焼骨の意味について慎重であるべきだ。また、近年では川島尚宗氏が後晩期の遺跡にみられる焼骨を饗宴の痕跡と想定するが、検証が不足し、論理が飛躍しており、手続きと結論は賛同できない（川島 2008）。

　焼骨生成実験によって明らかにできたように、焼骨の生成は特殊な労働や技術を必要とするものではなく、たとえば土器の焼成や住居内の炉での火の使用などでも十分に生成することが可能である。したがって、意図的か否かは別としても、結果として焼骨ができる場面は、長期的に継続した居住空間のなかで複数の要因を内在させて存在したというべきである。

　不要資源の焼却処理において、木材や繊維さらには骨など、有機質の素材の中で被熱によって本来の形状を部分的にも留めながら残存するものが、骨などに限定されるために遺物としての認識が強調化される可能性も考えられる。大形の焼骨が発見されるのは、なすな原遺跡の住居などの遺構の窪地から出土する場合である。これは一回性の焼骨の生成地点における焼骨生成時の状況を、比較的そのままの状態でとどめている原地性の出土である場合が多い。新津が指摘した焼骨が、「焼く」「埋納」「撒く」という工程で利用されたと考えると、これらの事例は説明が難しい。

　縄文時代遺跡における獣骨の多量出土事例として注目されてきた晩期の「骨塚」では、シカやイノシシの遺存体の集積がある。千葉市六通貝塚の前浦式期の骨塚（植月 2007）では、多量の獣骨の出土のなかで焼骨の出土はほとんど認められない。

　さらに、筆者らが調査して現在分析中の千葉県成田市台方花輪貝塚（阿部ほか 2009）の前浦式期の骨塚でも、焼骨はほとんど見られない。住居の覆土などには焼骨の出土が見られる事例もあるため、やはり焼骨の出土空間は、遺跡内においても限定されていた可能性が高いと見るべきであろう。

（2）焼骨生成実験における課題

　遺跡出土焼骨の意味を解明するためにも、今回の実験の課題を整理しておく必要がある。まず焼成温度の問題であるが、今回は開放熱で薪を燃料とした実験のため、測定温度が不安

定である点は否めない。正確な温度と骨質の熱的変化の相関関係を観察するためには、電気炉などを利用した閉鎖的な環境での実験が望ましい。今回の実験では燃焼材の量や火床痕跡の観察を含めたために、燃焼温度については、やや粗い部分があることは否めない。

また骨質の変化は軟部の付着した試料と除去した試料とでは異なるが、チョーク化の段階では両者の違いを区別できるほど明確な違いを焼骨自体に認識することはできない。また被熱の変容においても、直接炎があたる燃焼面とその対称位置とでは変化の度合いと状況が異なる。この点はこれまでの出土焼骨についての所見では配慮がなかった点である。さらに電気炉などの機器内ではこうした観察ができない点は、屋外実験の有効な点であろう。現実的な問題としては、熱的環境と骨質変化の、ゆるやかで調和的な変化を解釈の基準とすべきである。また、考古学的により重要な点は、焼骨の産状の記録と出土空間の形成過程とその痕跡化の解明であろう。

今回の実験では掘り込みのない地面に直接火床を設けたため、熱的環境がかならずしも安定的ではない。なすな原遺跡のような埋没過程にある窪地や、石神貝塚の土坑などの下部施設を有する熱的環境は、より安定的であることが推測される。こうした環境下での実験データも蓄積が必要である。

今回の実験で有効な所見は、考古学者がこれまで焼骨として認定し注目してきた遺物は、チョーク化が進行した熱的変化の最終段階にある白色の骨片であるということだ。しかし、焼骨生成実験での初期的状況では油脂分の燃焼や炭化によって黒化する工程がある。遺跡での焼骨集積において、こうした黒化骨片が少ないのは、酸性土壌における遺存状況によるものなのか、あるいは意図的な選択によるのか慎重な判断が必要とされ、土壌のph測定など遺存状況に関わる情報の回収も重要であろう。

いずれにしても、民族・民俗学的な事例参照を含めたこれまでの焼骨の意味論とはやや距離をおいて、実験的な手法による比較対象物の物質変容の過程を記述する研究は、まだ始まったばかりである。議論の高次化とともに、遺跡におけるサンプルの採取方法[3]や出土量の記載方法[4]などの調査所見の改善も重要な検討事項である。焼骨集積の考古学的背景の解明には、より多くの出土状況と、遺跡形成論としての比較モデルを構築し、相互の対比と検証が必要とされよう。

＊この論文は、「縄文時代遺跡における焼骨生成の実験考古学的研究」(2009『駿台史学』136 pp.31-55)を一部改変し転載したものである。

注
1) 筆者は発掘の最中にこれを指摘したが、残念ながら報告にはその所見は反映されていなかった。小論では焼骨出土事例の事例として紹介するが、報告書の記述と異なる記述の責任は筆者にある。
2) 中期終末から堀之内2式期の包含層中には混入が認められなかったのは、対照的なあり方として注意された。
3) 骨粉や骨片が含有される土層は、遺跡のなかで相当に広範囲にわたって分布している可能性があ

第Ⅲ章　動物遺存体と時間情報　—資源利用の季節性と物質変容—

る。その場合、すべてを回収することは物理的にも不可能である。したがって、各地点での定量的な土壌サンプルなどを対象とするのが、一定の基準で広域な面積のなかでの比較検討では有効であろう。それとともに、土層堆積状況の記録化が、遺跡形成論的な研究の推進においても重要になる。埼玉県石神貝塚はそうした記録化が行われた結果、興味深い事実が解明されている。
4）焼骨の出土量の記載に関してはいくつかの問題点がある。点数のみを記載する場合は、取り上げや土壌水洗時に破損し実数が変化する場合が考えられる。基本的には現場での観察所見と総重量の併記が理想的である。

引用・参考文献

阿部芳郎 1997『池之元遺跡発掘調査報告書』富士吉田市史料叢書14　富士吉田市史編さん室
阿部芳郎 1998『都内重要遺跡発掘調査報告書西ヶ原貝塚』「第4節縄文晩期の竪穴住居址における焼骨の分布とその背景」東京都文化課
阿部芳郎 2005「「環状盛土遺構」の形成と遺跡群の成り立ち」『日本考古学協会第71回総会研究発表要旨』日本考古学協会
阿部芳郎ほか 2009「千葉県成田市台方花輪貝塚の調査」『日本考古学協会第75回総会研究発表要旨』日本考古学協会
植月　学 2002「西ヶ原貝塚Ⅲ」『北区埋蔵文化財調査報告第20集　七社神社裏貝塚・西ヶ原貝塚Ⅲ・中里貝塚Ⅱ』東京都北区教育委員会
植月　学 2007「2　六通貝塚出土の動物遺体」『埋蔵文化財調査センター年報19—平成17年度—』財団法人千葉市教育振興財団埋蔵文化財調査センター
江原　英・初山孝行 2007『寺野東遺跡』同成社
加藤暁生 2002「前田耕地遺跡出土の魚類顎歯について」（再録）『前田耕地遺跡』pp.267-268
金子浩昌 1979「後谷遺跡出土の人骨」『後谷遺跡』後谷遺跡調査会
金子浩昌 1984「第4章　1　動物遺存体」『なすな原遺跡No.1地区調査』なすな原遺跡調査団
川島尚宗 2007「平三坊貝塚測量報告—環状盛土遺構検出の実践と課題—」『筑波大学・先史学・考古学研究』18
川島尚宗 2008「霞ヶ浦周辺地域の縄文時代後・晩期遺跡と「環状盛土遺構」」『物質文化』85
末木啓介ほか 2005『後谷遺跡第4次発掘調査報告書　第2分冊』桶川市教育委員会
鈴木保彦 1972『東正院遺跡調査報告』神奈川県教育委員会　東正院遺跡調査団
鈴木保彦 1977「環礫方形配石遺構」『下北原遺跡』神奈川県埋蔵文化財報告14　神奈川県教育委員会
高山　純 1976「配石遺構に伴出する焼けた骨類の有する意義」上・下『史学』47—4・48—1
新津　健 1985「縄文時代後晩期における焼けた獣骨について」『日本史の黎明』
西本豊弘 1983「縄文時代の動物と儀礼」『歴史公論』94
丹羽百合子 1983「解体・分配・調理」『縄文文化の研究』2（生業）　雄山閣
馬場悠男・茂原信夫ほか 1986「根古屋遺跡出土の人骨・動物骨」『霊山根古屋遺跡の研究』福島県霊山町教育委員会
浜田晋介 2000『下原遺跡』川崎市民市ミュージアム
宮川和夫 1982「骨と貝」『寿能泥炭層遺跡発掘調査報告書』（自然遺物編）埼玉県教育委員会
元井　茂 1997「Ⅵ結語2　焼土遺構（SX1）について」『石神貝塚』埼玉県埋蔵文化財調査報告書第182集　埼玉県埋蔵文化財調査事業団
山崎京美 1997「3　石神貝塚出土の動物遺存体」『石神貝塚』埼玉県埋蔵文化財調査報告書第182集　埼玉県埋蔵文化財調査事業団
Driesh, A. von den 1976 *A Guide to the Measurment of Animal Bones from Archaeological Sites*, Peabody Museum of Archaeology and Ethnology, Harverd University

第Ⅳ章　行為の時間情報
―遺跡形成における時間性と単位性―

1 移動生活に組み込まれた石材交換
― 「砂川類型」に見る旧石器時代の移動システム ―

栗 島 義 明

はじめに

　旧石器時代が移動生活を基本として成立した社会であった点については、今、改めて問題とするまでもない。特定の場所に住居を構えて通年的に周辺の動植物資源を効率的に利用する本格的な定住生活への移行は、計画的かつ継続的な集落形成がなされる縄文時代の前期以後のこととされている。当然、それ以前の社会では程度の差こそは在るものの、移動生活を基本としていた点に疑問を挟む余地はないが、その実体については未だに漠然とした印象が強い。そこで本論では移動生活が一定の領域内を計画的に巡回し、その中に資源の獲得及び計画的消費を厳格に組み込んでいたこと、更には移動過程では隣接集団との定期的な接触も果たしていたことを指摘してゆきたい。

　旧石器時代遺跡は周知のように数ヵ所からなる石器集中箇所の存在によって成立し、しかも個体別資料分析の成果等を援用するならば、遺跡形成の実体とは石材の消費を通じて移動先での道具装備を維持・補充する、極めて小規模な石器製作作業を示しているのが普通と言える。敢えてこうした考古学的現象を単純化するならば、石器集中箇所の多寡はそこを占拠した集団の規模の大小を示し、一方の石器製作の規模はそれが主に生産手段を担っていたであろうことから、逗留期間の長短を示すと判断して良いだろう。だが、現在の研究ではそれ以上具体的に移動生活について語るに足る十分な資料は揃っておらず、必然的に移動生活の具体的な範囲や経路、その経済的或いは社会的な機能についても十分に議論されているとは言い難い。先ずはここで旧石器時代後期の移動生活について、考古資料の技術型式学な分析に基づいた、或る意味でオーソドックスな手法でのアプローチを試みることから始めることにしよう。

1 型式学研究と石材研究

　考古学研究にも明らかに時代の趨勢というものがあり、ここ十年程の間における研究方針及びその方向は大きな転換を遂げたと言って良いだろう。旧石器時代研究ではそうした傾向が顕著であり、特に90年代以後に「パラダイムシフト」が叫ばれてからは、伝統的な型式学的研究はすっかりなりを潜めてしまった状況下にある。今後の研究方向については短絡的に予測し得るものではないものの、様々な理論的研究も型式学的な素養の上にこそ構築されるべきことを考えると、先ずは地道な型式学的分析と分類、特に技術的な視点を重視しつつ

第Ⅳ章　行為の時間情報 —遺跡形成における時間性と単位性—

石器群型式を見極めてゆくことが必須と言えよう。

（1）石器群に現れた石材環境

　旧石器時代の後半期に関東地域を中心に分布する「砂川型」のナイフ形石器は、研究者のなかで最も認知度がたかく、しかもその特徴や内容については多くの研究を通じて広く知れわたっている石器群である。事実、砂川遺跡の石器群については戸沢充則氏による報告以後（戸沢 1968）、様々な研究者が分析・検討をおこなっており、1979年と2000年にはそれぞれ「砂川型」と「砂川型刃器技法」、そして「砂川期」というナイフ形石器の型式、技術、編年を主題材としたシンポジュームが開催されている（神奈川考古学会、旧石器文化研究会）。多くの研究者がこうした共同研究を通じてナイフ形石器の名称や特徴、更に石器群の技術的特徴や遺跡構造等々について議論を重ねたことにより、当該石器群は研究者間では最も共通認識の形成された事例と判断してよいであろう。本稿で砂川期或いは砂川型のナイフ形石器の

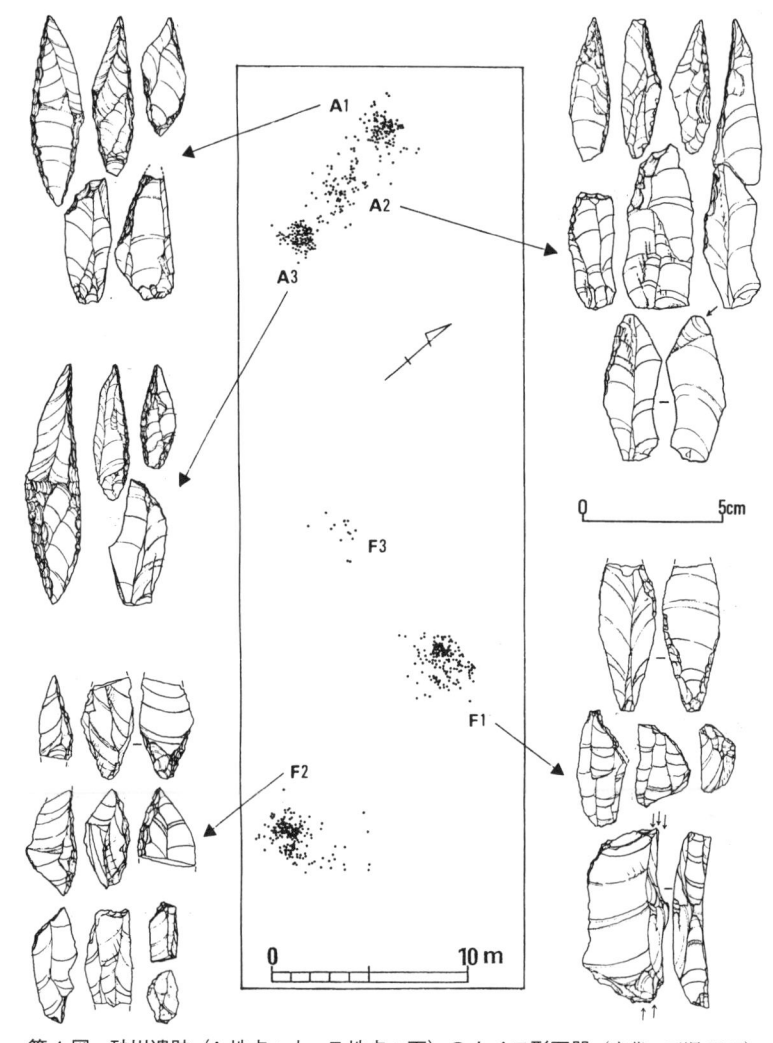

第1図　砂川遺跡（A地点：上、F地点：下）のナイフ形石器（安蒜・戸沢 1975）

第2図　砂川A地点（上）とF地点（下）のナイフ形石器の大きさ

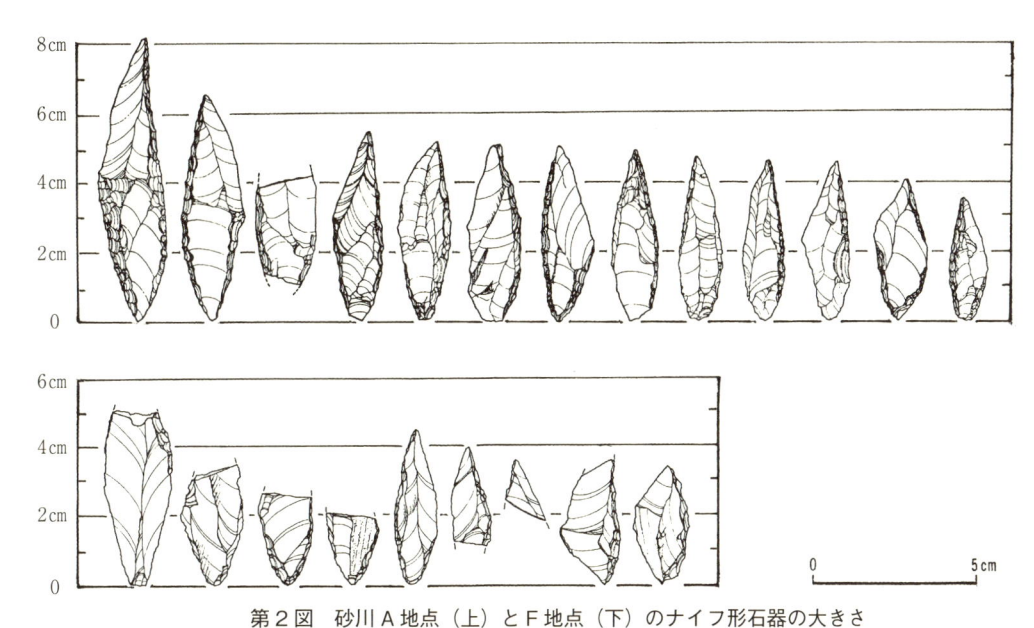

分析を通じて旧石器時代の移動生活を検討する理由は、こうした研究蓄積と洗練された研究対象である点に集約されている[1]。

さて、砂川遺跡は周知のようにそれぞれ3ヵ所の石器集中からなるA、F2ヵ所の地点から形成されている。1966年に調査されたA地点ではナイフ形石器23点を含む359点の石器群が、1973年に調査を実施したF地点からは23点のナイフを含む410点の石器群が発見された（第1図）。2つの地点の関係については、同一集団が時間差を置いて残したものとの解釈が一般的であるが、一方でこの問題については2つの集団が隣接して住居を構えたとの見解もある。しかし、相互に個体の共有関係や石器の交換が成立せず、また両地点での石材構成差などの諸点から判断して後者の可能性は低いと考えて良いだろう。

A、F両地点の石器群に目を向けて先ず目に付くのは、出土したナイフ形石器の形態や大きさ、接合資料に見る石器製作技術、使用された石材についての相違である。例えばナイフ形石器については両側縁に調整加工の施された第1形態では、A地点でその長さと幅の平均が5.24cm、1.57cmであるのに対して、F地点では3.84cm、1.52cmとなっている（第2図）。一方で縦長剥片の端部にのみ調整加工を施した第2形態では、A地点の長さと幅の平均値がそれぞれ4.63cm、1.85cm、F地点のそれは2.87cm、1.67cmという値を示している。何れのナイフ形石器もその素材は縦長剥片であり、幅については近似した数値を示しているものの、長さについては2つの形態共にA地点のものがF地点のものを大きく上回っている。同一集団により同一遺跡内に前後して残された石器群でありながらも、2つのナイフ形石器形態に大きさの相違が生じている背景には、一体何が要因となっていたのであろうか。

こうしたナイフ形石器の大きさは一見単純な数値に見えるが、しかしながらその大きさは石材環境と密接不離の関係にある点を忘れてはならない。遺跡形成を担う多量の石器群

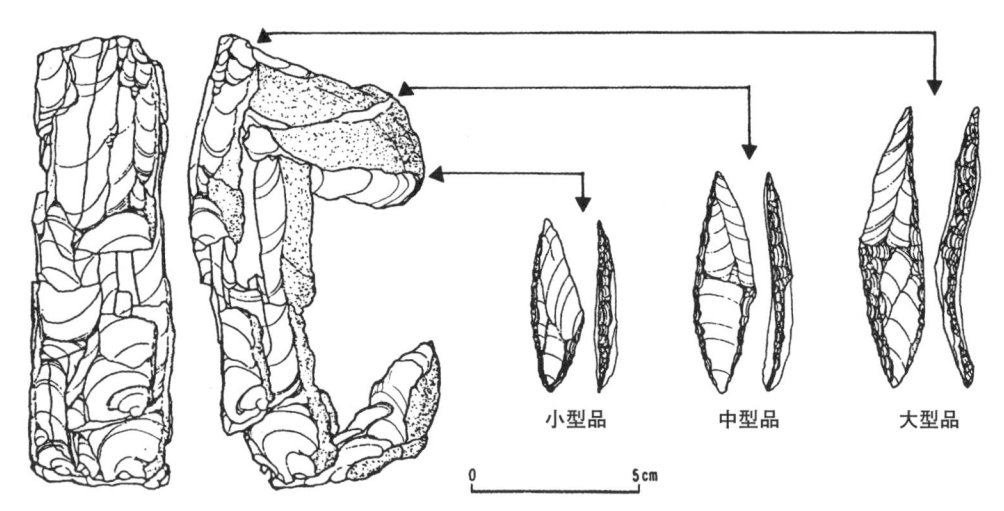

第3図　剥片剥離工程とナイフ形石器形態との対応関係（砂川A地点）

（剥片、砕片、石核）は、その殆ど総てがナイフ形製作に関わる工程で作出された遺物であり、両者が一体的関係を成立させている点に疑問を挟む余地はない。石材環境が悪化して集団の保有石材が乏しくなれば、当然のことながらナイフの製作作業は減少し、そして石材の節約に比例するかのようにナイフの小型化も加速する。次に、この点を具体的に見てみよう。

「砂川型刃器技法」と呼ばれたナイフ素材を連続的に生産する技術が戸沢氏によって提唱されたが、その高度に洗練された技術構造を良好に示すのが個体別資料№6とされている（第3図）。石核を除く剥片や打面再生剥片等19点の接合資料によって復元された個体原石の形状は、長軸15㎝、短軸8㎝、そして厚さが5㎝ほどの直方体形状の角礫である。この資料で注視すべき点は、作業の展開に伴って進む打面再生にあると判断される。石核の上下を反転させる打面転位によって、作出される剥片の長さと幅、そして厚さの均一化を図るが、それが適わなくなると石核の法量、作業面長の減少というリスクを覚悟の上で打面の再生をおこない、これにより剥離作業に有効な打角確保がなされている。こうした打面再生作業は石器（素材）製作の工程上において不可避的に付随するものであるが、一方で「打面再生⇒作業面長の減少⇒短い剥片⇒小型のナイフ」という相関関係をそこに成立させている点を見落とすこともできない。石材が豊富にある場合と枯渇状態にある場合とでは、石核の大きさや作業面長、作出される縦長剥片やナイフ形石器の大きさもそれらの影響を受けて変化したと判断される。当然のことながら石材の補充直後に残された遺跡では大型の剥片類が剥離され、それを素材に製作されたナイフも比較的大型のものが多くなる。その一方で石材が乏しくなると、携帯している石核も打面再生が繰り返され、結果的に剥離された剥片も相対的に小振りとなり、それを素材としたナイフも総じて小型となってゆく。砂川遺跡のA地点が前者に、F地点が後者に相当すると考えて間違いないであろう。

（2）石材環境の振幅

砂川遺跡の石器群に見られる石材構成は、極めて明瞭にこのような石材環境の違いを反

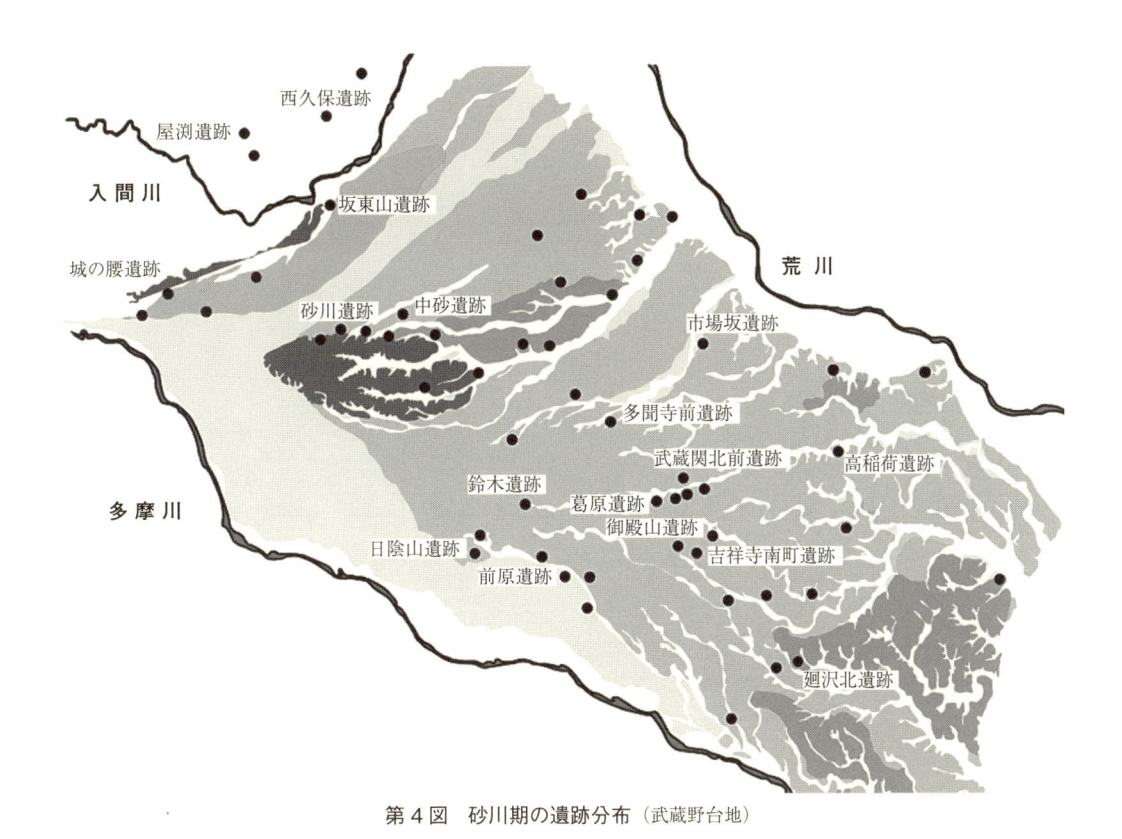

1 移動生活に組み込まれた石材交換 ―「砂川類型」に見る旧石器時代の移動システム―

第4図　砂川期の遺跡分布（武蔵野台地）

映したものと評価できよう。A地点の石材構成を個体別に見るとチャート22個体、粘板岩と砂石が2個体、そして頁岩、黒曜石がそれぞれ1個体、一方、F地点では最も個体数の多いのが細粒凝灰岩で22個体、チャートは18個体、黒曜石が5個体、頁岩と不明石材がそれぞれ1個体となっている。言うまでもなく細粒凝灰岩は武蔵野台地の周辺部での採取は困難な石材であり、チャートについては砂川遺跡から直線で約5km離れたの入間川河床での採取可能な石材である[2]。A、F2つの地点内それぞれの石器接合関係は頻繁に認められるが、2つの地点にまたがる個体別資料は僅かに3個体（接合関係の認められるものもある）に留まり、それらを詳しく検討すると各個体における剥片の剥離がF地点で始まり、数遺跡を経た後にA地点で消費されていった姿が鮮明となってくる。

　砂川遺跡のA、F2つの地点は同一集団が移動生活のなかで残したものであり、F地点が時間的に先行して形成されている。それ以前の居住地については明らかにし難いものの、F地点における石器製作が在地のチャートを凌駕するかたちで非在地系石材（神奈川県相模川流域に由来）である細粒凝灰岩によって賄なわれていることから、武蔵野台地の南半部方面からの移動が考えられよう。重要なことはこのF地点への移動時における石材環境の悪化である。F地点の個体別資料の分類表を一瞥すると、F地点には石器製作の痕跡を伴わない搬入された石器が実に多い点に気付く。これは石器装備の更新が困難であった石材環境の悪化状況を間接的に明示している。一方で10点以上の剥片の剥離作業がおこなわれている個

145

体はチャートで2個体、凝灰岩で4個体であり、チャートについては残核が残されていることから、ここ砂川遺跡F地点での逗留中に石材をほぼ消費し尽くしてしまったものと考えられる。良質な非在地系石材である貴重な凝灰岩は消費し尽くさずに携帯し、一方で在地石材であるチャートに関しては、入間川流域での採取・補充が可能との見通しの基に消費し尽くしたのであろうか。砂川遺跡F地点における在地（チャート）と非在地（凝灰岩）の石材に見る剥片剥離作業展開の差異は、そのような採取活動の見通しに裏付けられた消費行動であったと見なすことができる。

2　ナイフ形石器類型に見る型式学

　一般的に考古学的な分析手法により、集団生活に関わる空間的範囲を特定することは極めて困難な作業と認識されている。とりわけ残された資料が石器のみであり、かつそこに示された情報量も土器などの遺物に比べて極端に少ないことから、旧石器時代研究にとっては集団の生活・移動領域を把握することは長らく大きな研究テーマと認識されてきた。筆者も嘗てナイフ形石器の組成に加え、在地／非在地という石材構成の在り方に着目しつつ集団領域と移動問題に言及したが（栗島 1987）、ほぼ時を同じくして始動した田村氏を中心とした実証的かつ理論的な石材研究は、新たな研究視点と方法論的整備を踏まえた、この問題への有効なアプローチとして注目される成果へと結実した（田村ほか 1992）。

　さて、砂川遺跡から出土したナイフ形石器について触れた論文は膨大な数にのぼるが、その中でも特に重要なのが田中氏による分析である。氏は砂川遺跡のナイフを二形態に大別したうえでその型式学的属性について詳細に論じているが、特にここで注視するのは二側縁に調整加工の施されたナイフに特徴的に見られる、背縁部調整と刃部に続く主要剥離面側に施された調整とが表裏一体となって両側縁の調整を担っているとの指摘である（田中 1979）。筆者もまたこの型式的特徴こそが、砂川遺跡のナイフを実質的に規定するものとして再評価を試みた（栗島 2005）。改めてここで論じてゆくことにしよう。

　砂川遺跡のナイフは2つの形態に区分される（第5図）。第1形態はナイフ形石器の背縁と側縁の二つの箇所に調整加工が施されたもの、第2形態は縦長剥片の端部を斜位方向に調整したものである。第1形態のナイフには通常の主要剥離面（裏面）側からの調整だけでな

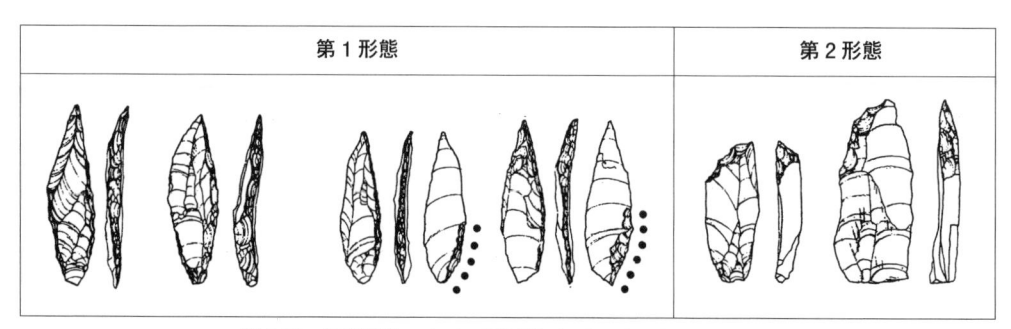

第5図　砂川遺跡のナイフ形石器（中央2点が裏面側縁調整）

1 移動生活に組み込まれた石材交換 —「砂川類型」に見る旧石器時代の移動システム—

（入間川右岸） （入間川左岸）

坂東山遺跡　　　　　　　屋渕遺跡　　　　　　西久保遺跡

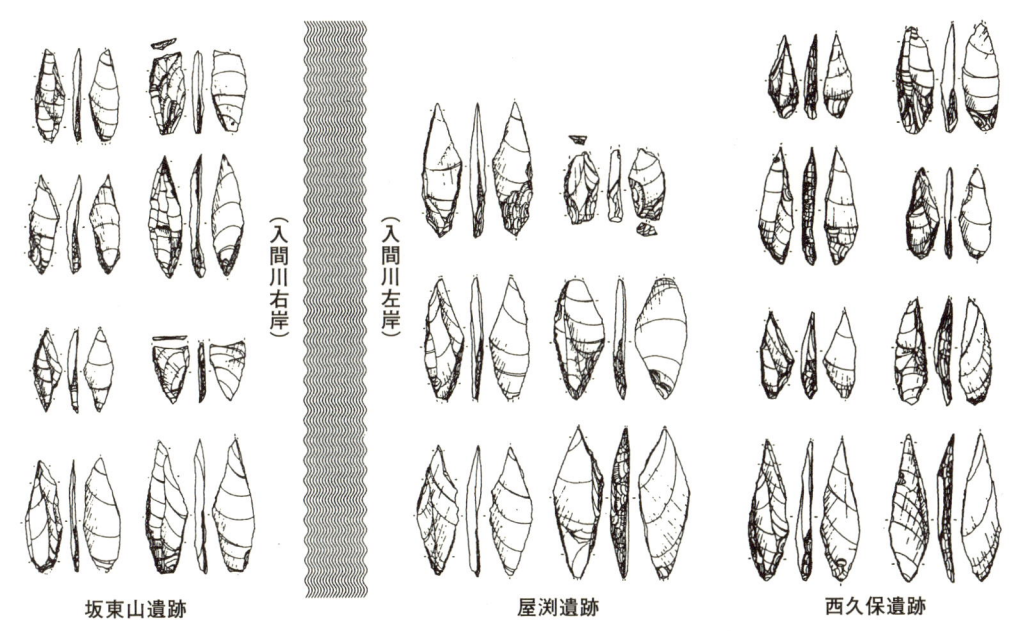

第6図　川を挟んで異なるナイフ形石器の類型

く、特徴的に刃部側側縁のみが逆方向の調整加工によって形成されたもの（以下「裏面側縁調整」と呼称）が認められる。砂川A地点の欠損品を除いた第1形態15点のうち、8点のナイフ形石器にこの裏面側縁調整が観察される。F地点では全体形が判明した5点のうち3点が裏面側縁調整を持ち、砂川遺跡を代表する第1形態のナイフ形石器は、通常の素材主要剥離面側から両側縁に及ぶ調整加工（裏→表）と共に、逆の調整加工（表→裏）を多用することによって成立した型式と言っても過言ではないことを知る。一般的に当該型式のナイフにおいて裏面加工は決して希なものではなく、むしろ普遍的に認められる技術的特徴であるが、しかし多くはあくまでナイフ形石器裏面の基部調整に留まる。南関東地方の砂川期段階の遺跡から出土した第1形態に目を向けた場合、裏面基部の調整だけでなく裏面側縁調整も持つ例も確かに散見されるが、それが表裏一体となってナイフ形石器の側縁調整を担う例、換言するならば裏面側縁調整が工程的に組み込まれた一群のナイフ形石器組成をもって、筆者はそれを「砂川類型」（栗島 2005）と呼称している[3]。

　この「砂川類型」を構成する裏面側縁調整については、従来はあくまで調整加工のバラエティの1つと捉えられるに留まり、技術型式学的な特徴としてそれが空間的な理解へと結び付けられることは皆無であった。だが武蔵野台地北部地域、特に入間川水系における狭山市西久保遺跡、飯能市屋渕遺跡、入間市坂東山遺跡、青梅市城の腰遺跡など砂川期の調査事例が蓄積されるなかで注視すべき傾向が見出されるに至った。これらの遺跡では眼下に広がる入間川河床のチャートに依拠したナイフ形石器の製作が圧倒的に多いが、不思議なことに真性な第1形態「砂川類型」が認められるのは坂東山、城の腰遺跡のみである。流域内で最も資料が安定的に出土している西久保遺跡でさえも、第1形態のナイフ20点余りのなかで裏面側

147

第Ⅳ章　行為の時間情報 —遺跡形成における時間性と単位性—

第7図　砂川期の遺跡分布（大宮台地）

第1表　台地別に見たナイフ形石器の調整加工別出現率

台地	遺跡名	通常の調整加工	裏面の調整加工 裏面基部	裏面の調整加工 裏面側縁	総数
入間台地	西久保遺跡	16（84%）	3（16%）	0	19
入間台地	富士見1丁目遺跡	8（89%）	1（11%）	0	9
入間台地	鶴ヶ丘遺跡	3（66%）	0	1（33%）	4
入間台地	屋渕遺跡	5（71%）	2（29%）	0	7
大宮台地	提灯木山遺跡	10（100%）	0	0	10
大宮台地	叺原遺跡	13（93%）	1（7%）	0	14
大宮台地	西大宮バイパスNo.5	11（92%）	0	1（8%）	12
大宮台地	西大宮バイパスNo.4	6（100%）	0	0	6
大宮台地	赤山陣屋跡遺跡	5（100%）	0	0	5
武蔵野台地	坂東山遺跡	4（50%）	0	4（50%）	8
武蔵野台地	砂川遺跡A地点	7（47%）	0	8（53%）	15
武蔵野台地	砂川遺跡F地点	3（50%）	0	3（50%）	6
武蔵野台地	市場坂遺跡	7（70%）	0	3（30%）	10
武蔵野台地	多聞寺前遺跡	4（33%）	2（17%）	6（50%）	12
武蔵野台地	高稲荷遺跡	10（42%）	8（33%）	6（25%）	24
武蔵野台地	天祖神社遺跡	11（64%）	3（18%）	3（18%）	17
武蔵野台地	葛原B遺跡	16（62%）	4（15%）	6（23%）	26
武蔵野台地	日影山遺跡	33（65%）	6（12%）	12（23%）	51
武蔵野台地	御殿山遺跡	23（77%）	4（13%）	3（10%）	30
相模野台地	中村遺跡L.DF	23（53%）	6（14%）	14（33%）	43
相模野台地	中村遺跡L.C	28（57%）	6（12%）	15（31%）	49
相模野台地	栗原中丸遺跡	22（52%）	11（26%）	9（22%）	42
相模野台地	上草柳遺跡	54（80%）	5（7%）	9（13%）	68
相模野台地	月見野上野遺跡	6（38%）	5（31%）	5（31%）	16
相模野台地	真光寺・広袴遺跡	14（58%）	5（21%）	5（21%）	24
相模野台地	寺尾遺跡	3（60%）	0	2（40%）	5

縁調整を持つものは皆無という、極めて不可解な状況が浮かび上がってくる。この現象に注目してゆくと入間川の南側（右岸）の武蔵野台地側では砂川遺跡を始め、坂東山遺跡や城の腰遺跡など典型的な砂川類型の範疇にあるが、北側の左岸側では屋渕遺跡や西久保遺跡のように、一切、裏面側縁調整を施さずに第1形態のナイフが製作される傾向を確認することができるのである（第6図）。即ち、第1形態の製作に際して裏面側縁調整を多用する地域とそうでない地域という、石器製作における技術的な伝統・系譜が地域を違えて存在していた蓋然性がたかいことが明瞭となるのである。

次にこのようなナイフ形石器「砂川類型」の有無に関連し、武蔵野台地に隣接した大宮台地の様相を検討してみよう。大宮台地は当該期遺跡が少なく、それに比例して出土資料も総体的に貧弱ではあるものの、提灯木山遺跡や西大宮バイパスNo.5遺跡、そして叺原遺跡等にまとまった資料がある。しかし不思議なことにここ大宮台地では、裏面側縁調整を持つ例が1例（西大宮バイパスNo.5）と裏面基部調整を持つ例が1例（叺原遺跡）に留まり、他は総て素材主要剥離面側から施された通常の調整加工のみによって成立している。確かに大宮台地では当該期の遺跡が総じて少ないものの、他の単独やそれに近い資料群へと

148

視野を広げた場合でも状況に大きな変化はない。上記した入間川以北と同じく、大宮台地においても基本的に砂川類型は見出せないと判断して良いだろう[4]。

当該期の遺跡が集中した武蔵野台地ではどうだろうか。各遺跡での第１形態における裏面側縁調整の出現率を見ると（第１表）、遺跡単位の数量の凹凸は存在するものの総ての遺跡に認められることに気づく。多い遺跡では半分ほど、少ない遺跡でも２割程度のナイフ形石器に裏面側縁調整が認められている。これは先の大宮台地と比べた場合、際だった差異として認識されて良いだろう。同じ傾向は多摩丘陵を挟んだ相模野台地の資料にも観察され、中村遺跡、月見野上野遺跡での出現率が３割程、その他では栗原中丸遺跡や真光寺・広袴遺跡で約２割の出現率を誇っている。いずれにしてもナイフ形石器第１形態における裏面側縁調整の出現率は、武蔵野台地と相模野台地ではほぼ同様と判断できそうである。

武蔵野台地の砂川期の諸遺跡では、台地の南北を区画する多摩川と入間川の河床に由来したチャート、ホルンフェルス、粘板岩などの在地石材を主体とし、一方の相模野台地では相模川に由来する各種凝灰岩や安山岩、粘板岩を用いた石器作りが盛んである。それぞれの在地系石材であるチャート、凝灰岩は量的な多寡は見られるものの、殆どの遺跡に於て利用されていることから台地間での交叉的な石材のやり取りがあったことを彷彿とさせている。そうした主要石材の交換は、ナイフ形石器製作における「砂川類型」で見られたような、技術的系譜を同じくする緊密な集団関係に基づくものであったと判断して良いだろう。少なくともナイフ形石器第１形態の製作に際して、裏面側縁調整を製作工程に全く組み込まない、即ち「砂川類型」の範疇外にある大宮台地や入間川以北の台地・丘陵を生活領域とした集団と比較した場合、系譜は無論のこと相互の関係性はより近くて親密であった点は疑いない。

（１）台地内移動と在地石材の消費

前項では石器製作に認められる技術特徴の工程的介在を指標として、集団間の結び付きの強弱を問題としたが、「砂川類型」がそれぞれの集団を表象する何らかの意味なり単位性を有したものであるのか否か、検証すべき課題は山積している。本項では類型が空間的な限定性を確かに有すること、そして空間的な限定性を超えた集団間の関係について、特に相互関係の維持をどのようにおこなっていたのかを追究してゆくことにする。

先ず最初に確認しておきたいのが、移動と共に変化する石材環境の根本的な変化についてである。砂川遺跡における第１形態のナイフ形石器がA地点では大きく（5.2cm）、F地点では小さい（3.8cm）という相違について、製作時の石材環境に影響されたものであると解釈した[5]。移動と共に石器製作を進めてゆくという基本的な生活形態のなかで、時間的な経緯に伴い人々が保有・携帯した石材が減少してゆくことは必然的な現象であった。当然のことながら彼らは移動の範囲やその時間幅に応じて携帯する石材の量を決定し、同時に移動先では補充の機会を念頭に置いた計画的な石材消費を常に心がけていたものの、相対的には石材が豊富な時は大きな剥片を用いて大型のナイフを製作し、一方で枯渇しつつある時は中・小型の剥片を素材とした小型ナイフの製作が主体となっていたと考えられる。

在地系石材と言えども、その様な状況に変化はなかったようだ。武蔵野台地は多摩川の扇状地を基盤とするものであり、その基底部はチャートを主とした礫層によって構成されている。ならばどの場所でも在地のチャート礫が確保できるとの印象を抱かせるが、東縁部などの崖線部や台地を東流する小河川沿いでは、基本的に石器石材となるような良質なチャート礫を採取することはできない。10㎝以上の大きさを持ち、良質で角礫形状を一定程度留めた例は、少なくとも中流以上の河床面からの採取と判断して間違いない。該当期における石材確保は基本的に入間川や多摩川などと言った河川の中流域への移動時、即ち扇頂部に近い台地西縁部域でなされていたと考えられ、その一方で台地東縁部域への移動時には一般的に携帯する石器石材が減少、枯渇した状況に陥っていた蓋然性がたかい。こうした想定を裏付けるように、遺跡を単位とした凹凸は若干在るものの、総じて武蔵野台地東部域の遺跡から出土した在地系石材を用いたナイフは中型・小型品が多いことを知る。即ち、

　　黒目川流域：市場坂（4.6㎝）、多聞寺前（3.7㎝）
　　白子川流域：もみじ山（3.5㎝）、丸山東（3.9㎝）
　　石神井川流域：武蔵関B（3.8㎝）、葛原B（3.6㎝）、城山A（3.2㎝）、天祖神社（3.0㎝）
　　その他：御殿山（3.6㎝）、吉祥寺南町（3.7㎝）、前原遺跡（4.9㎝）

ここに見る主に在地系石材を用いた第1形態のナイフの大きさは、砂川A地点のそれと比較するまでもなく小型品であることが一目瞭然であり、むしろF地点の数値に近似していることが了解されよう。だがこうしたナイフの小型化も台地西部域への移動時には解消されたようで、有名な前原遺跡では第1形態の大きさは平均で約5㎝と、砂川A地点とほぼ同様な大きさを回復している。何れにしても、武蔵野台地のような空間内にあってさえ在地系石材が枯渇する状況を回避し、節約しつつ消費することで移動生活に伴う石器製作が遂行されていたことが、ナイフ形石器の大きさからも明瞭に捉えられてくるのである。

（2）非在地系石材の分布と消費行動

ところで当該期の武蔵野台地石神井川流域を中心に、非在地系石材である頁岩類が特徴的に見出される点は以前より注目していたが（栗島 1991）、その後、日影山遺跡等の資料が追加されたことにより、これらの非在地系石材の消費についての行動論的解釈が可能となった（国武 2000）。この地で石器として用いられているものは黒色頁岩と硬質頁岩とがあり、それぞれは最短の原産地でも群馬や栃木・茨城などの北関東に由来したものであることから、非在地系石材との認識に間違いはあるまい。

黒色頁岩は石神井川流域の武蔵関北遺跡、神田川源流部の吉祥寺南町遺跡、御殿山遺跡、そして野川源流部の日影山遺跡で製作痕跡を伴う比較的まとまった資料が検出されている（第8図）。特に台地東部に位置する武蔵関北遺跡では、石核は見られなかったもののナイフ形石器10点を含む150点余りの黒色頁岩が発見されている。吉祥寺南町と御殿山遺跡でも2～3点のナイフと小規模な剥片剥離の痕跡が見られ、台地扇頂部にほど近い国分寺崖線上の日影山遺跡ではナイフ4点と共に残核3点が残されている。これらの遺跡から出土して

礫の表皮を残す剝片は、剝片の剝離がこの遺跡で始められたことを示す。剝片の大きさから復元される石核の大きさは、作業面長が15センチ以上の大型品と予想される。

上の石核は背面を構成する礫面近くまで剝片が剝離されている。下の石核は上下に打面が設けられ、最後まで剝片を生産しようとする意図が窺える。何れも貴重な石材を消費し尽くす技術的工夫が見られる。石核の作業面長5センチ。

日陰山遺跡　　　　　　　　武蔵関北遺跡

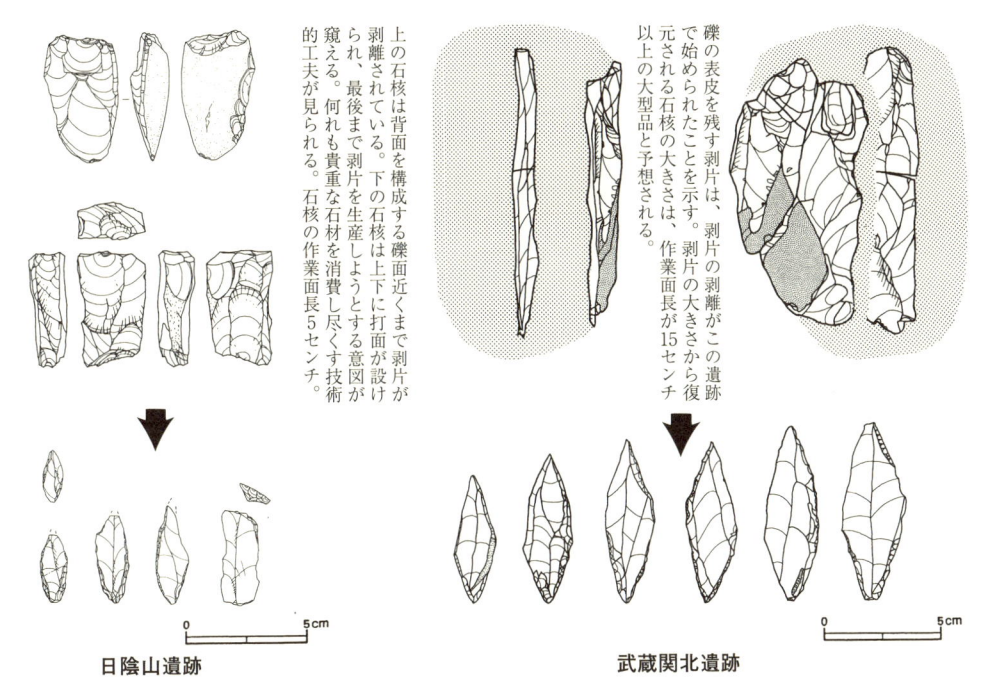

第8図　武蔵野台地の黒色頁岩製品

いるナイフ形石器の大きさを概観すると、武蔵関北遺跡5.9cm、御殿山遺跡3.2cm、日影山遺跡3.1cmと台地東側から西側にゆくに従って順次、総体的に小型化する傾向が顕著である。このような傾向は、各遺跡から出土している剝片の大きさとも見事な整合性を有している。また、日影山遺跡からは上下に打面を設けられたうえに背面側でも剝離作業がおこなわれた石核が報告されており、貴重な非在地系石材である黒色頁岩を究極利用しようとする技術的適応の姿を窺うことができる[6]。

硬質頁岩についても同様な傾向が見られることは注目される。石神井川下流に位置する高稲荷遺跡にはやはり石核は残されていないものの、ナイフ形石器8点を含む450点を上回る硬質頁岩製の資料が報告されている。中流にある武蔵関北遺跡では、ナイフ形石器5点を含む60点余りの硬質頁岩資料が検出されている。神田川源流部の吉祥寺南町遺跡や御殿山遺跡でもナイフ形石器数点を含む小規模な製作痕跡を留め、後者には3点の石核も残されている。そして台地西部域に位置する日影山遺跡に至っては、ナイフ形石器15点、残核4点を含む120点近くの硬質頁岩資料が発見されている。これら硬質頁岩製のナイフ形石器の大きさを見ると高稲荷遺跡5.5cm、武蔵関北3.3cm、吉祥寺南町遺跡3.1cmを計測し、

第2表　硬質頁岩製ナイフの大きさ

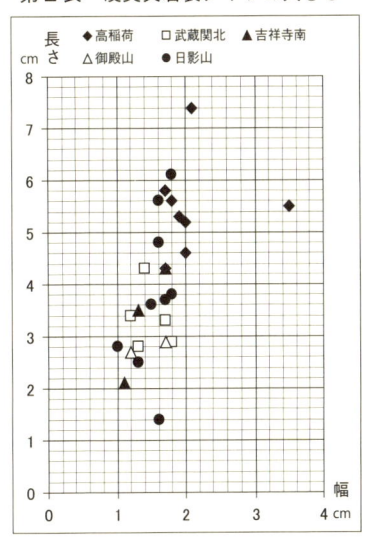

第Ⅳ章 行為の時間情報 —遺跡形成における時間性と単位性—

砂川遺跡A地点

多聞寺前遺跡

砂川遺跡A地点では武蔵野台地西北部への移動で入手したチャートを基に大型のナイフが製作されるが、その後の台地東部域への移動と共に石材消費が進み、多聞寺前遺跡に見るように小型の素材生産＝小型ナイフの製作へとシフトする。

日陰山遺跡

高稲荷遺跡

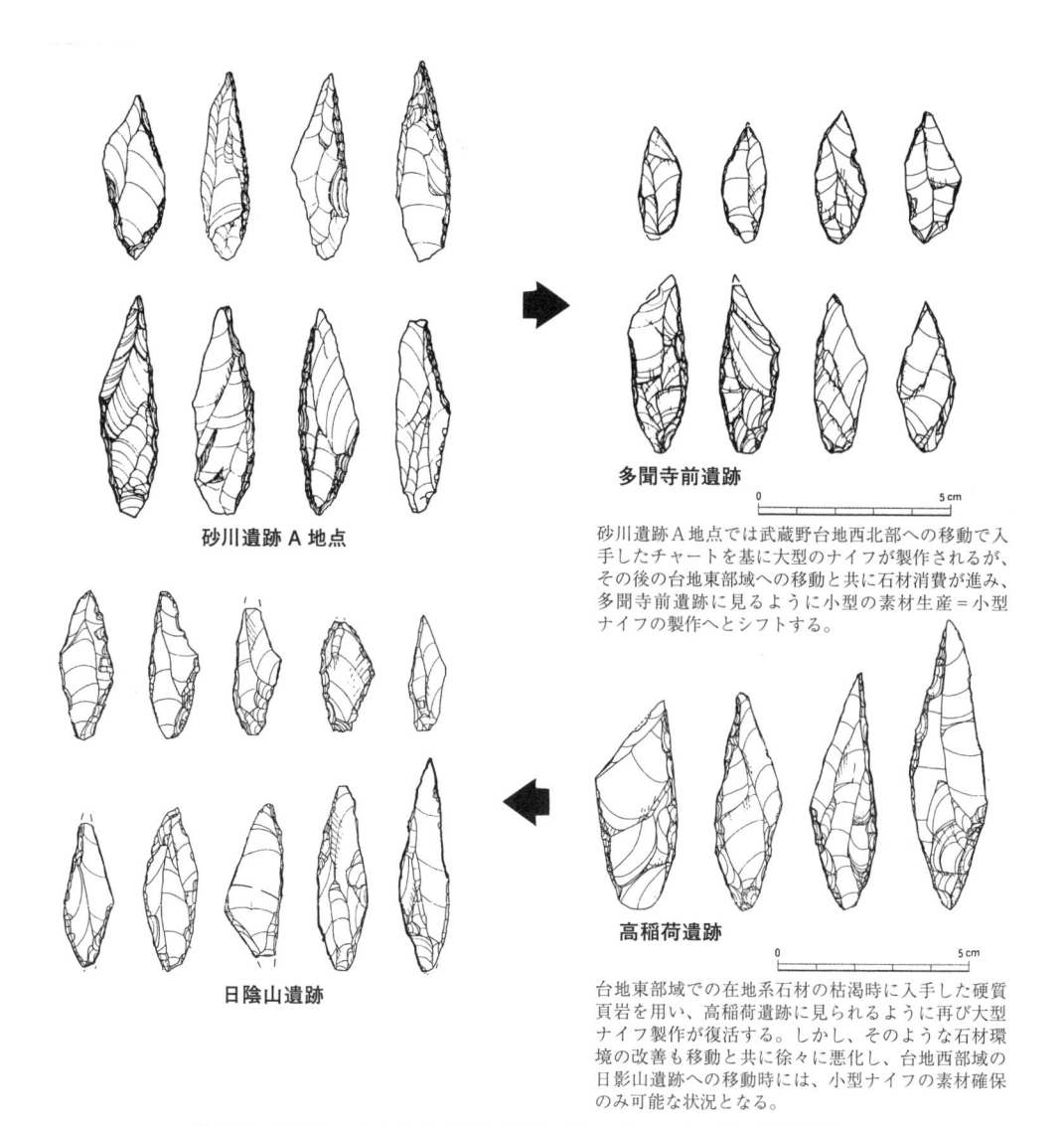

台地東部域での在地系石材の枯渇時に入手した硬質頁岩を用い、高稲荷遺跡に見られるように再び大型ナイフ製作が復活する。しかし、そのような石材環境の改善も移動と共に徐々に悪化し、台地西部域の日陰山遺跡への移動時には、小型ナイフの素材確保のみ可能な状況となる。

第9図 移動にともなうナイフの小型化（上：チャート、下：硬質頁跡）

東側の遺跡から順次小型化している様子が明瞭に窺われるが、特に興味深いのが日陰山遺跡である。この遺跡では個体別資料分析により搬入されたものと製作されたものの区別が厳格とされているが、ナイフ形石器のうち搬入品の平均値は4.6cmであるのに対して、ここ日陰山で製作されたナイフは2.3cmの大きさに留まる。剥片剥離作業の初期段階に製作されたナイフが、移動と共に遺跡内へと数多く持ち込まれていたことを物語っている。

このように武蔵野台地外に産地を持つ、明らかな非在地系石材が台地中央部の石神井川流域を中心として、あたかも貫入するように分布している点は興味深い。しかも、黒色頁岩、硬質頁岩の何れもが剥片剥離作業の初期工程の痕跡を台地東側の下流域に留め、中流域や上流域では作業の最終工程遺物が特徴的に認められる点は、非在地系石材の入手・獲得後、台地西部域への移動と共にそれらを順次消費していった状況を彷彿とさせている。剥片剥離工

程に呼応したナイフ形石器製作についても状況は同じで、下流域の台地東部近辺に残されたナイフは総じて大型であるのに対して、中流域では既にやや小型化が進んでいるようである。そして上流域に相当する台地西部域に至っては、製作痕跡を伴わない搬入石材は大きいものの、ここで製作されたナイフは石材減少・不足を反映してか、小型のナイフしか残されていない。

　筆者が最も注目する点はこれら非在地系石材を用いたナイフ形石器製作が、先に示したチャートを始めとした在地系石材とは対照的な様相を示している点にある。チャートを代表とする在地系石材は、武蔵野台地西部の扇頂部付近に接した入間川や多摩川の河床で獲得されるのが一般的で、そこで獲得・補充された個体を携えた旧石器時代の集団は、台地縁辺や東流する小河川沿いに台地の東縁部側へと移動してゆく。移動先での居住と共に開始される石器製作により、携帯した石材は不可避的に減少してゆくことから、相対的に石材消費は効率化と節約化の一途を辿ってゆくこととなり、その結果としてナイフ形石器も中型・小型品が多くなる。単純に考えればそのような移動に伴う石材環境の悪化がピークに達するのが、石材採取地から最も離れた武蔵野台地東縁部にあったと言えよう。

　非在地系石材である黒色頁岩や硬質頁岩の搬入は、まさにこのような場面と機会になされている点は注目に値する。何故ならば、移動生活を送るなかでの石器製作に伴う在地系石材の枯渇・欠乏を、非在地系石材の獲得によって補充するというシステムが存在していたことを彷彿とさせているからである。武蔵野台地という空間内で、対照的な様相を示す在地系石材と非在地系石材を用いた石器群の様相、とりわけナイフ形石器の大きさに反映された石材環境の姿は好対照をなす。これは明らかに黒色・硬質それぞれの非在地系石材の獲得を移動生活のなかに組み込んでいたと評価すべきであり、逆説的に言えばその獲得を前提として在地石材の数量や移動ルート、更にはそれぞれの居住地点での滞在期間も決定されていた点についても認めるべきであろうか。

（3）ヒトの移動かモノの移動か

　前項までの検討はオーソドックスな考古資料の分析とその解釈と言える。だが、追究すべき学問的課題はむしろこれ以後に在る。先ず問題とすべき点は、黒色頁岩や硬質頁岩を用いた石器製作の痕跡が表示するのは、①他台地からこれらの石材を携えた人々が移動してきたのか、或いは②武蔵野台地側の人々が石材のみを入手したのか、という基本的課題である。一見、単純そうに見えるこうした設問に考古学的な資料分析を踏まえたうえで解釈や判断を下すことは意外と難しい。

　さて、黒色・硬質頁岩の獲得が台地東縁部でなされていること、荒川低地を隔てた大宮台地側にも同時期の遺跡が分布し、そこでの主要石材が黒色頁岩であったり硬質頁岩であることを考えれば、これらが大宮台地側からもたらされたものであるとの考えに間違いあるまい[7]。問題は上記設問のようにヒトが来たのか、モノ（石材）がきたのか、という点に集約されようか。仮に前者であれば移動の範囲や領域というものが流動的であったことを示唆し、

一方、後者であればその搬入に際しての獲得形態（贈与、交換等）の問題が新たに浮上してくるからである。そしてこのような在地系に非在地系石材を交えた石器製作作業の姿は、各地の旧石器時代遺跡において、普遍的に認められる現象であることを我々は経験的に承知している。

この問題に対しての解決の糸口が、先に検討した「砂川類型」と認識した型式学的分析にある。砂川期とされる極めて画一性のたかいナイフ形石器組成を有し、しかもその代表的な第1形態のナイフの製作では、素材形状、その用い方、調整加工部位、概形等に関して強い規格性が認められた。そのようななかで調整加工工程の一部に裏面側縁調整を組み込み、それを多用するという技術類型を武蔵野・相模野両台地で顕著に見出すことが可能であった。一方で大宮台地を始めとした下総台地や常総台地等に分布する遺跡出土の第1形態のナイフには、同様な裏面側縁調整を認めることはできない。改めてこの「砂川類型」が明確な地域性（＝集団表象）を有していたことを強く印象付けているのである。

このことを確認したうえで、改めて武蔵野台地石神井川流域を中心に検出されている黒色頁岩、硬質頁岩製のナイフ形石器を概観してみると、興味深い事実が浮かび上がってくる。それぞれの非在地系石材の初期消費の痕跡を留めた武蔵関北遺跡（黒色頁岩）と高稲荷遺跡では、共に裏面側縁調整を持つナイフ形石器第1形態が安定し、特に前者では在地系のチャートと分け隔てなく裏面側縁調整によって生成されたナイフが安定的に組成している。同様に資料が安定している硬質頁岩で目を転じれば、剥片剥離作業が終焉を迎えつつある日影山遺跡でも、搬入品・製作品その双方に裏面側縁調整を持つナイフが見出される事実がある。

このような非在地系石材を用いたナイフ形石器製作が、在地系のそれと同じく「砂川類型」の範疇にあることは、同じく黒色頁岩や硬質頁岩を用いる大宮台地側の諸遺跡と比較した場合に際だった特徴と認識されてよい。と同時に、このような技術型式学的な確証を根拠に、これら非在地系石材は人々の移動に付随したものではなく、あくまで「砂川類型」を残した武蔵野台地側の人々が石材のみを入手した、明らかにモノの移動であったと判断されるのである。

（4）石材交換の実体と背景

列島各地の旧石器時代遺跡では在地系石材を用いた石器製作に加えて、付近には産しない遠隔地からもたらされた石材や、そこから製作された石器そのものが発見されることは決して珍しくはない。むしろ普遍的な現象と認識されるこれらの石器群構成については、「搬入品」という認識の基にとりわけ大きな注意が払われることなく、旧石器時代における移動生活との関わりのなかで表層的に理解されることが一般的であったと言わざるを得ない。今日、蛍光X線を用いた理化学的な黒曜石原産地の特定が進むなかで、改めてこうした遠隔地に産する石材が何故に大きな動き（空間的移動）を果たしているのか、その意味を正面から考古学的に検討・検証することは不可欠と認識されるのである。

これまでの検討から所謂「砂川期」とされる後期旧石器時代の後半期、2つの形態のナイフ形石器装備を持つ石器群は、南関東地域に顕著に認められるものの、ナイフ形石器の整形技術の違いからより小さな地域性が把握されることとなった。裏面側縁調整を持つ第1形態のナイフ形石器を安定的に組成する「砂川類型」は、武蔵野台地を中心に多摩丘陵部から相模野台地へと一定の空間的なまとまりを見せている。一方、入間川の北部域や荒川低地を挟んだ大宮台地側の遺跡では、同様な調整加工を持つナイフの組成を見出すことは基本的にできない。特定の台地を単位として集団がそこを継続的に占拠しつつ、自らの集団の流儀に従った道具作りをおこなうと言う地域的様相が鮮明に浮かび上がってくるのである。
　武蔵野台地北部は「砂川類型」が最も顕著に見出せる地域であるが、ここでの石器製作は在地系石材であるチャートを多用することで成立しており、その採取・補充は台地西部域（多摩川・入間川の中・上流域付近）への移動を契機としていた。その後の台地東部域への移動に伴う石器製作により携帯する石材は減少してゆき、刻々と変化する石材環境に連動するかたちで、製作されるナイフ形石器も中型品（5cm前後）・小型品（3cm前後）が圧倒的多数を占めるようになる。台地外からの非在地系石材の獲得は、このような在地系石材が枯渇した時点でなされていることは極めて興味深い。石材獲得後における武蔵野台地東部から西部への移動過程（主に石神井川を遡上するような経路が想定される）では、黒色頁岩や硬質頁岩などの非在地系石材を用いた新たな剥片剥離作業が展開され、大型剥片を素材として製作された7cm前後の大型品を中心とした装備へとナイフ形石器が再編成されてゆく。ナイフ形石器の組成という観点から見れば、この非在地系石材の獲得を契機として在地系石材による中・小型を中心とした組成から大・中型品を中心とした組成へと、新たに息を吹き返すかのようなナイフの組織変化を認めることができるのである。
　さて、武蔵野台地東部とは荒川低地を挟んで対峙した大宮台地南部には叺原遺跡が存在する。この遺跡は総体的に遺跡単位の資料数が少ない大宮台地にあって、最も安定した資料数を誇る遺跡でもある。この叺原遺跡は頁岩を主体とした石器群であるが、出土した第1形態はいずれも小型品でその平均値は3.5cm程である（第10図）。大宮台地での硬質頁岩、黒色頁岩それぞれを用いたナイフ形石器製作の様相を概観するには未だに資料的制約が在るが、黒色頁岩製のナイフでは西大宮バイパスNo.4、5遺跡、提灯木山遺跡などで中型・小型品がまとまり、大宮市C-26遺跡などには少量であるが大型品も存在する。武蔵野台地と同様に大宮台地でも石材環境の変化に呼応するように、石材獲得後の移動に伴って製作されるナイフ形石器の大きさが刻々と変わっていたと見て間違いあるまい。黒色頁岩にしろ硬質頁岩にしろ、その獲得は大宮台地北部域（群馬・栃木・茨城方面）以外は考え難いことから、移動に伴う消費を考えれば台地南端部に位置する叺原遺跡などで、これらの石材を用いた小型ナイフが主体的に構成していることは極めて理に適った現象と解することができようか。
　このように大宮台地側においても、在地系石材と認識される黒色頁岩などを用いた石器製作が、石材採取地から離れるに従って規模が縮小しつつ消費個体数も減少し、それに関連し

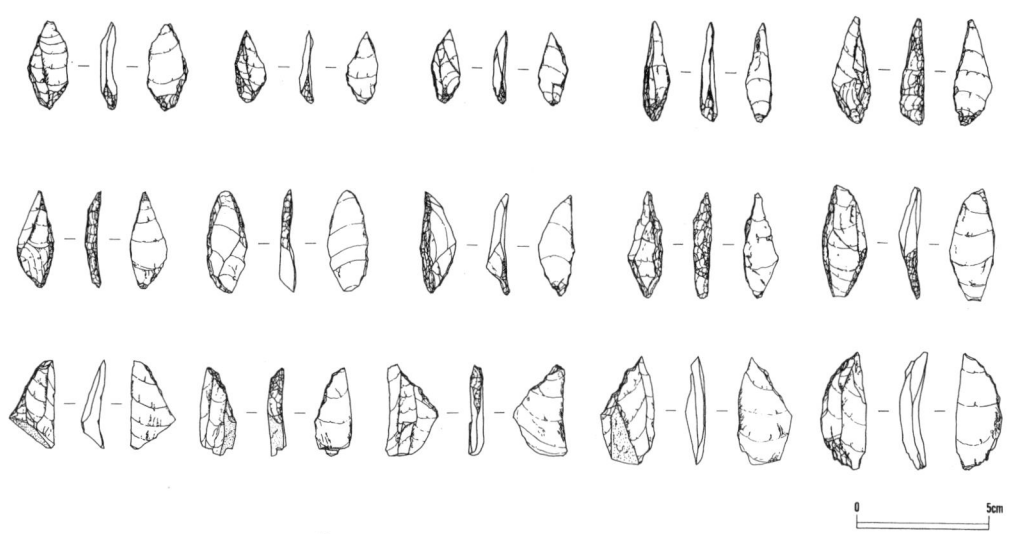

第10図　叺原遺跡の頁岩製ナイフ形石器

て製作されるナイフ形石器の大きさも中・小型へとシフトするのが通例であった。こうした現象は不可視的な当該期集団の活動領域を見定めるに際して、一定の基準となるに違いない。武蔵野台地、大宮台地共に在地系石材を用いた石器製作作業が空間的に展開した状況が遺跡分布を通じて明らかであるが、各々の遺跡でおこなわれた石器製作作業は決して等質的なものではなかった。それぞれが移動経路上の特定場所に石材採取地を取り込んでいることから、石材確保直後に残された遺跡では、良好となった石材環境を反映した積極的な石器製作を背景として大型のナイフ製作が中心となる。しかし、その後の移動生活では各遺跡での石器製作を通じて保有する石材は少なくなってゆき、剥片剥離作業も入念な石核調整や打面転位を施しつつ、なるべく多くの剥片を生産しようとする倹約・節約モードへの転換を余儀なくされる。その結果、消費個体数の減少や石核形態の変化、何よりもナイフ形石器の小型化という現象が生起してくる。こうした在り方は、石材産地（原産地、採取地双方を含む）を生活領域内に取り込み、一定量の石材を携帯しつつ領域内を巡回するという移動生活に、普遍的な姿であったと判断することが可能であろう。

　台地の東部域に残された遺跡では、いずれの遺跡でもナイフ形石器の小型化が進み、従って在地系石材のチャートを主体とした石材環境の悪化が明瞭となっている。その後、黒色頁岩や硬質頁岩を新たに確保することで石器群装備の改善が果たされているが、対峙した大宮台地側においても、叺原遺跡に見られたように状況は同様であった。叺原遺跡での石器製作は比較的小規模で、資料群の大半を占めている頁岩製石器群についても個体数は多いが良好な接合資料は見当たらず、しかも製作されたナイフについても相対的に小型である点は先に指摘したとおりである。当該遺跡が大宮台地の南端部付近に位置することを考慮すれば、大宮台地を生活領域として巡回移動を繰り返す集団にとって、台地南端部域への移動時期とは、まさに石材環境の悪化と期を同じくしていたと解釈して間違いあるまい。叺原遺跡

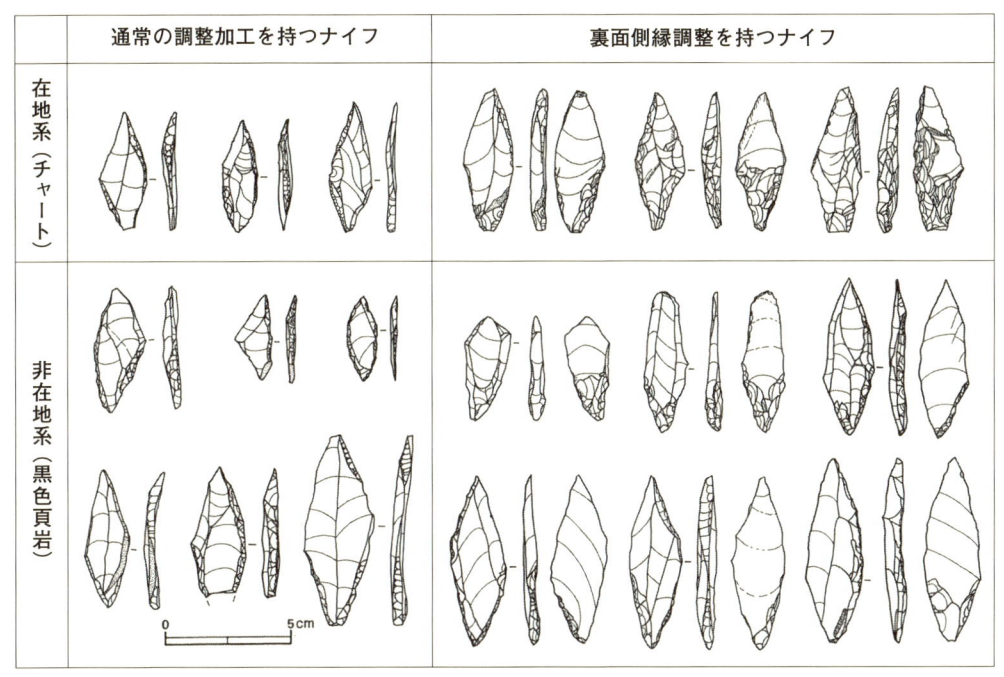

1 移動生活に組み込まれた石材交換 ―「砂川類型」に見る旧石器時代の移動システム―

第11図　武蔵関北遺跡のナイフ形石器

の石器群内容はこうした解釈と符号する部分が多いが、その一方で荒川低地を挟んだ武蔵野台地の東部域（主に石神井川流域）の高稲荷遺跡や武蔵関北遺跡などでは、台地外に由来した石材である黒色・硬質頁岩を用いた集約的とも言える石器製作の痕跡を顕著に留めている（第11図）。この点は極めて不可解である。

　一見すると矛盾とも見受けられる上記現象の背景には、極めて複雑な石材を巡る社会的機能の存在を想定せざるを得ない。この点を単純化しつつ概観するならば、叭原遺跡へと移住してきた集団は既に石材環境の悪化により、自分達の石器製作さえも規制・節約した状況下にあったと判断されるのである。石器製作の規模は縮小し、剥片剥離作業の進んだ石核からは中・小型の剥片のみの生産に留まり、この為に製作されるナイフ形石器も必然的に中・小型で占められることとなった。しかし、彼らは本当に石材に困窮していた訳ではなく、実は武蔵野台地側の集団と交換する目的で複数の黒色頁岩・硬質頁岩を保持していたのである。これらの言わば「交換用石材」は、領域内を巡回する通常の移動生活のなかでは決して消費されることがなく、採取或いは入手した状態のままずっと携帯し続けられた。そして大宮側の集団が台地南端部への移動を果たし、また武蔵野台地側の集団が台地東部の石神井川下流部へと移動した時、互いが接触を果たしていたものと推察される。前者から後者へは頁岩類を主として安山岩や瑪瑙が、一方、後者から前者へはチャートや細粒凝灰岩、黒曜石などの石材が交換用として持ち込まれたのであろうか。事実、大宮台地側にも黒曜石を主体とした石器群（久保山遺跡、前原遺跡）、客体的ながらチャート製石器群を含む事例（提灯木山遺跡）も存在し、これらの石材が台地間（集団間）で交叉的に交換されていた可能性は極めてたか

157

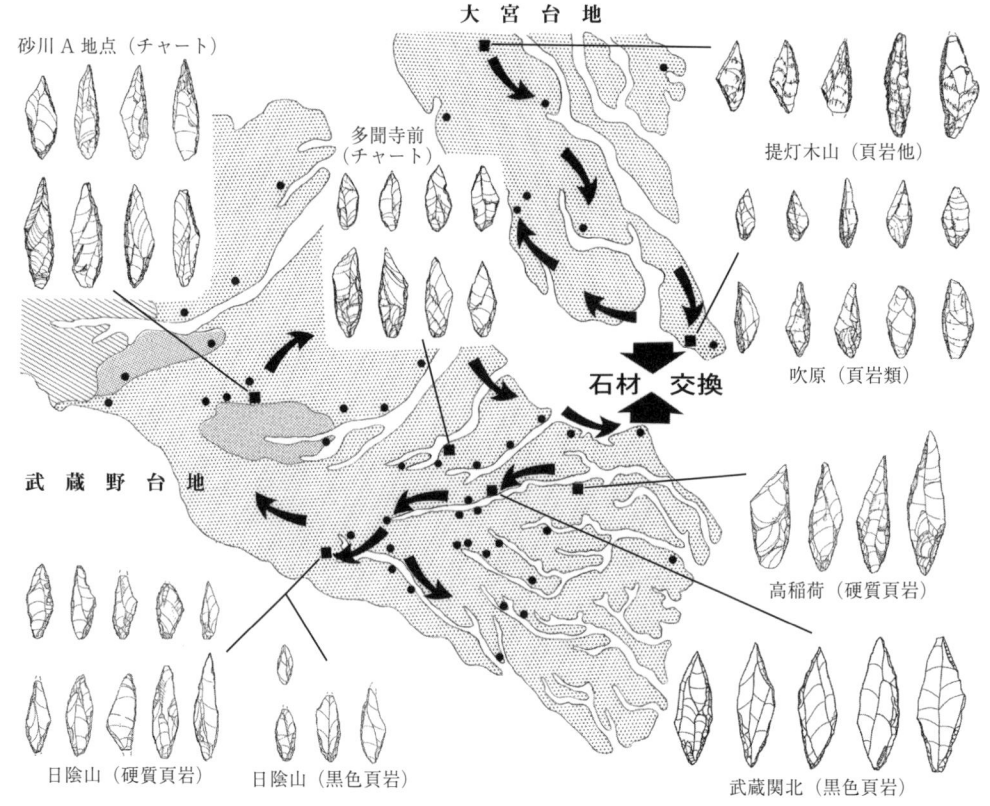

第12図　移動に伴う石材の消費と交換

いのである[8]。

3　まとめ

　武蔵野台地を生活領域とする集団が大宮台地側の集団とは相違したものであった点は、それぞれが独自の在地系石材を用いた石器製作を遂行しているからだけではなく、ナイフ形石器（第1形態）の製作技術の違いからも検証し得るものであった。「砂川類型」の認定は、まさに縄文土器における文様意匠と同類の型式認定を基礎としており、それが概ね集団表象の技術的産物と解して良いと考えている。荒川低地を挟んだ武蔵野台地側の集団は、むしろ相模野台地側の集団との繋がりの方が強かったと考えられ、一方、大宮台地側のそれは下総や常総、下野などの地域集団との結び付きがより強固であったと思われる。そうした経済的・社会的な相違点が想定されながらも、しかし、武蔵野台地側と大宮台地側の集団とは定期的に接触を果たしつつ石材の交換という親和的な社会関係を保持していたのであった。どのように考えてみても、そうした両者の関係は経済的ではなく社会的なものであったと言わざるを得ない。

　在地石材と言えども台地内の巡回的に移動する過程で、徐々に消耗してゆくことは必然的である。先に検討した武蔵野台地側の石材環境から判断すると、砂川F地点での石材環境の悪化は、入間川水系への移動によって確保された在地産のチャートの確保によって改善さ

れた。A地点に残された接合資料の質量共に見る優位性は、在地系石材確保後に形成されたからこその産物とも言える。その後、石材を携帯して移動を繰り返すなかで石材環境は悪化し、小規模な石器製作と中・小型のナイフ形石器製作へと陥ってしまう。そして台地東部への移動を果たした時、彼らは隣接する大宮台地側の集団との接触の機会を通じて石材を交換し、その後は獲得した黒色頁岩や硬質頁岩を早々と消費しながら小河川（石神井川等）を遡上しつつ台地西側に向けた移動生活を開始している。だがこの時、石材の獲得は一方的なものであった筈はなく、等価交換用として武蔵野台地側の集団からも在地石材であるチャート等が大宮台地の集団へと贈与されていたに違いない。

さて、両台地の集団はそれぞれが在地系等の石器石材を持ち寄ったうえで、それを相手に譲与することで互いが石材環境の悪化を切り抜けているようにも見えるが、しかしそもそも互いが贈与用に携帯し続けている石材を自己消費へと転化すれば、そうした状況は基本的に回避・改善されていた筈である。石質の違いによる価値の相違等も考えられるものの、しかし、それがナイフ形石器の製作やその出来映え、機能に影響を及ぼすとは考えられない。事実、武蔵野台地側の集団は非在地系石材である黒色・硬質頁岩を入手した後、直ちに剥片剥離をおこない、在地石材と同様に裏面側縁調整を多用することで、頑なに彼らの集団表象であるナイフ形石器第1形態における「砂川類型」を作り上げている事実がある。

こうした状況からも互いの集団が各々非在地系の石材を確保するのは、その目的が石材確保という経済的側面にあった訳ではないことは明らかである。経済的な目的であったとすれば、そもそも贈与（交換）用に在地系石材を長い移動生活を通じて携帯し続ける必要はなく、当初より台地領域を一巡する移動生活に足る在地系石材を採取・携帯すれば支障なかった筈である。石材交換を巡る背景を行動論的に解釈すれば、互いが移動生活の場面で出会うことそれ自体が第一義的な目的であり、互いが持ち寄った在地系石材を交換し合うことは副次的なことであったと判断される。その為に生活領域内での移動は、石材の確保、消費などと言った石材環境の維持や保持と共に、他集団との接触の場所と期日をも射程に入れた、極めて計画性のたかいものであったと推察されてくる。しかも、その接触時に譲渡する石材や石器などを予め用意しておくことも不可欠であった。

隣接した他集団との交渉では、モノの交換を通じて社会的関係の確認と維持・発展を図ることこそが大きな意味を持っていたに違いなく、それにより生活領域を違える集団どうしが互いの存在を再確認し、相互に不可侵且つ良好な社会的関係を維持する目的があったのだろう。だからこそ、経済的には意味を持たない在地系石材を互いが持ち寄り、それを贈与し合うという互酬的な交換を成立させていたものと考えられる。無論、可視的な石材交換以上に重要な集団間での情報や技術の交換、更にはヒト（女性）の交換もここに組み込まれていた可能性についても視野に入れなくてはならない。いずれにせよ「砂川期」と認定される規格性のたかいナイフとその組成が広域的に認められる背景には、こうした高度に発達した地域集団どうしを有機的に結び付ける、社会的な交換・交易網の成立が深く関わっていることだけ

第Ⅳ章　行為の時間情報 —遺跡形成における時間性と単位性—

は間違いなさそうである。

注

1) 所謂「砂川型」や「砂川期」については多用な解釈が存在しているが、筆者は「砂川類型」を含むナイフ形石器群と限定的に捉える立場にある。
2) 遺跡出土の石材についての課題は多い。砂川遺跡の凝灰岩や粘板岩などについて本論では報告書に則っているが、これも同様な問題を抱えていると認識する。とりあえずここでは論旨に影響ないと考えている。
3) ここで言う類型とは「技術類型」そのものに近く、型式より下位の概念として存在し得ると考えている。ナイフなどの石器型式は技術工程の連鎖によって生成されるものであるが、その技術要素は多様であって、実際の運用に際しては選択的に相互を組み合わせることで型式が成り立っている。その連鎖構造を決定する要素は文化・社会にあり、時代や地域によって相違している。両側縁に調整加工を施すナイフ形石器の基本構造の一翼を裏面側縁調整が担っているのは、まさに地域的な技術伝統と理解されるのである。
4) 入間川北部、大宮台地にそれぞれ鶴ヶ丘遺跡と戸崎前遺跡というチャートのみによる石器製作遺跡、しかも砂川類型のナイフを主体とする遺跡が1ヵ所ずつ存在する。一見すると遺跡の位置、石器内容から判断して武蔵野台地側の人々が遠征して残したような様相であるが、その評価は今後の課題である。
5) 砂川遺跡のA・F両地点の解釈は様々であるが、本論のように同一集団が時間差をおいて残したと解釈することで、石材環境差による技術的変位という新たな研究テーマが生起する。その場合の技術が石器製作技術にのみ限定されたものでないことは言うまでもない。
6) 大宮台地側から入手した黒色・硬質頁岩類が、何故に武蔵野台地の中央部を東流する石神井川流域沿いでの消費が顕著に認められるのか、この点については実に不可解である。武蔵野台地の面積が如何に大きいかは相模野台地などと比べれば一目瞭然であり、密かに筆者はこの河川を境として生活領域を違えた集団が占拠していたと考えている。
7) 最終氷期から徐々に気候回復（温暖化）がなされつつあるとはいえ、海水面低下に伴って武蔵野台地と大宮台地の間、荒川低地には二段の河岸段丘が形成されていた。台地面と荒川との比高差は40〜50mにも及んでいたことが判明している。
8) 石材そのものに価値があるのではなく、交換されることにより価値が生まれてくるのである。そして交換という行動は社会学的にも民族学的に判断しても、時間差を有する「贈与」と「返礼」という形態を伴っていたことは疑いない。言うまでもなく、互酬とは贈与と返礼との相互関係によって成立する社会的関係だからである。
　　筆者は旧石器時代に限らず、先史時代の社会構造や集団関係を把握しようとする場合、生産様式ではなく交換様式に主眼を置いた研究を進めてゆくべきと考える。石材の交換関係への着目はそうした研究戦略に沿ったものと位置づけている。

引用・参考文献

安蒜政雄・戸沢充則 1975「関東の遺跡　砂川遺跡」『日本の旧石器文化2　遺跡と遺物　上』雄山閣出版

国武貞克 2000「石材消費から見た領域—台地外石材による遺跡連鎖を標識として—」『石器文化研究』9

栗島義明 1987「先土器時代における移動と遺跡形成に関する一考察」『古代文化』39—2

栗島義明 1991「旧石器時代遺跡の構成」『日本考古学協会　宮城・仙台大会』

栗島義明 2003「石材環境から見た移動と領域―非在地系石材から見た石材交換システム―」『旧石器人たちの活動をさぐる』大阪市学芸員等共同研究
栗島義明 2005「ナイフ形石器「砂川類型」の分布」『紀要』5　さいたま川の博物館
島田和高 1996「移動生活のなかの石器作りの営み―砂川型刃器技法の再検討―」『駿台史学』98
田村　隆・沢野　弘　1987『研究紀要』11　千葉県文化財センター
田村　隆 1992「遠い山・黒い石」『先史考古学研究』2
田中英司 1979「武蔵野台地Ⅱb期前半の石器群と砂川期の設定について」『神奈川考古』7
田中英司 1984「砂川型式期石器群の研究」『考古学雑誌』69―4
戸沢充則 1968「埼玉県砂川遺跡の石器文化」『考古学集刊』4―1
野口　淳 2009『武蔵野に残る旧石器人の足跡　砂川遺跡』新泉社

図版・表に関連した主な遺跡報告書

大宮市遺跡調査会 1986『西大宮バイパスNo.4遺跡　一般国道16号バイパス関係Ⅱ』
大宮市遺跡調査会 1989『西大宮バイパスNo.5遺跡　一般国道16号バイパス関係Ⅲ』
神奈川県教育委員会 1980『寺尾遺跡』
神奈川県埋蔵文化財センター 1984『栗原中丸遺跡』
㈶かながわ考古財団 1997『宮ケ瀬遺跡群Ⅻ』
川口市教育委員会 1985『叺原遺跡（先土器・縄文時代編）』
北本市遺跡調査会 1996『提灯木山遺跡』
吉祥寺市南町1丁目遺跡調査会 1996『東京都井の頭遺跡群』
御殿山遺跡調査会 1987『井の頭遺跡群　武蔵野市御殿山遺跡第1地区D地点』
㈶埼玉県埋蔵文化財調査事業団 1995『西久保／金井上』
㈶埼玉県埋蔵文化財調査事業団 1996『栗屋／屋渕／中台』
㈶埼玉県埋蔵文化財調査事業団 1996『坂東山／坂東山西／後B』
㈶埼玉県埋蔵文化財調査事業団 1998『富士見一丁目遺跡』
埼玉考古学会 1997『埼玉考古　別冊第5号―特集号　埼玉の旧石器時代―』
砂川遺跡調査団編 1974『埼玉県所沢市砂川先土器時代遺跡―第2次調査の記録―』
世田谷区教育委員会 1988『廻沢北遺跡Ⅱ』
東京都建設局 1983『多聞寺前遺跡』
東京都住宅局 1989『練馬区高稲荷遺跡』
東京都住宅局 1993『練馬区武蔵関北遺跡調査報告書』
東京都埋蔵文化財センター 2002『東京都練馬区富士見池北遺跡』
中村遺跡発掘調査団 1987『中村遺跡』
西国分寺地区遺跡調査会 1999『日影山東山道武蔵路』
練馬区遺跡調査会 1987『東京都練馬区　葛原遺跡B地点調査報告書』

2 縄文後期の集落と土器塚
―「遠部台型土器塚」の形成と加曽利B式期の地域社会―

阿 部 芳 郎

はじめに

　関東地方東部の縄文時代後期の遺跡に、土器塚と呼ばれる多量の遺物集中地点が形成されることは良く知られている。土器塚とは特定箇所から大量の土器が出土することによって特徴づけられているが（福家・坪井1883）、その性格や成り立ちについてはほとんど検討されたことがない。千葉県中央部の印旛沼沿岸に分布する土器塚は、明治時代より多くの考古学者たちによって発掘が行われ、そこからは大量の加曽利B式土器が出土することで著名である（江見1909、甲野・和島1939）。

　近年の筆者らによる印旛沼沿岸地域の調査によって、土器塚の残される遺跡はこの地域の遺跡群のなかでも偏在性をもつことがわかっている（阿部2000a）。小論ではこれまでの土器塚の調査事例を検討し、さらに筆者が調査を継続してきた千葉県佐倉市遠部台遺跡と曲輪ノ内貝塚の調査成果をもとに、後期中葉における土器塚の特質とその形成背景について検討を加える。

1　土器塚とは何か

　土器塚という用語は、福家梅太郎による記述によれば、地表面に大量の土器が散布している状況を表現した用語である。また用語自体の概念は不明ではあるが、語彙としては江戸名所図絵に「目黒の土器塚（かわらけづか）」という記載が見られるので、慣用的にカワラケが散布する場所を示す用語として定着していたと見てよい（福家・坪井1883）。この用語の誕生に関する歴史的脈絡が正しいとするならば、土器塚という用語には時代や構造を規定する意味は、本来的に含意されていないことになる。

　江見水蔭は「国分寺停車場構内の遺物散布地」を土器塚として記述しているし（江見1909）、地表に貝殻が散乱した状況を貝塚と説明した用語と対にして、土器が多量に散布する状況を土器塚と表現している。また大野延太郎による遺物包含層の説明では、本来は地下に埋没していた遺物が耕作などによって掘り起こされたものが地表に散乱した状況を指摘している（第1図）（大野1938）。

　江見が調査した千葉県佐倉市江原台遺跡は、江見自身の著作のなかでは「江原台の土器塚」と紹介されており、「まるで煎餅を踏み潰したかのように」大量の土器片が散布していた状況を説明している。しかし江見は江原台遺跡の土器塚を発掘し、地表に散乱する大量の

第Ⅳ章 行為の時間情報 —遺跡形成における時間性と単位性—

第1図 遺物包含層と土器塚・遺物散布地の関係（大野1938に加筆）

土器が地中においても厚い層をなして堆積していることを明らかにした（江見1909）。したがって、これは先に紹介した「国分寺停車場構内の土器塚」とは異なる事実を含意している。つまり、「国分寺停車場構内の土器塚」は地表面における大量の土器の散布という現象のみを意味するのに対して、江原台の土器塚の場合は、地表に散乱する土器の要因である地表下における土器包含層の存在をも含むという点で、やや異なる意味あいをもっているからである。

しかし、土器塚がどのような要因で形成されたのかという問題点にたどり着くまでには、甲野勇による土器製作集団の村の想定が行われ、土器塚が失敗品の廃棄場所と推定されるまで、なお多くの時間を要した（甲野1948）。考古学黎明期の好事家たちは、こうして地表面に散乱した遺物を採集し、ここぞと目星をつけた場所に蛮勇の鍬をふるったのである。土器塚とは、江戸時代以来の慣用的な表現として流布し、多くの場合こうした地表面における遺物の散布状態を表現したものと考えられる。

2　土器塚の発掘

土器塚の地中の状態が注目されはじめたのは、先述した江見水蔭の「江原台の土器塚」が記録上の嚆矢ではないだろうか。以後、江原台遺跡の土器塚をめぐって、その性格を解明する視点が甲野勇の調査によって呈示され、また江原台遺跡をとりまく印旛沼周辺の遺跡のなかで、実際的な調査が試みられる機運を生み出した。また、土器塚は地理的な区分でいえば印旛沼南岸から利根川下流域という、古鬼怒湾奥部地域にかけて集中して分布していることが知られる（第2図）。さらに不明であるが茨城県福田貝塚や椎塚貝塚も、多くの加曽利B式土器が出土していることが報じられており、土器塚の一例と考えられる部分があるが、詳細な記録を欠いており、不詳とせざるを得ないのは惜しまれる点である。次にこれらの地域の土器塚の調査事例に注目してみよう。

（1）新貝塚と「米沢村の土器塚」

千葉県神崎町で発見された「米沢村の土器塚」は、藍原伝によって調査された（藍原1936）。

2 縄文後期の集落と土器塚 ―「遠部台型土器塚」の形成と加曽利B式期の地域社会―

　藍原によれば台地上には2ヵ所の貝塚があり、土器塚は斜面にかかる山道の傍らに少量の土器片の散布と地表が塚状をなしていたという記述があり、地表面には遺物の散布は目立たなかったが、この部分を発掘して膨大な土器が出土したという。藍原はそのなかで「唯完形を想像し得るもの及び資料価値のあるものを没収したに過ぎなかったが、それでも205個に上り、参考品は300を超える程度」を選んで採取した。報告された資料は、図から判断すると堀之内2式から加曽利B1式、同2式までの土器に少量の石皿と磨石などの石器である（第3図）。図示された資料の範囲では、その中でも加曽利B2式土器が主体をなしているようである。また藍原の採取した遺物が復元可能なものに限定されたため、粗製土器や精製土器の比率などは残念ながら不明である。報告資料は精製土器を中心としており、小形の鉢や深鉢、釣手土器、浅鉢などきわめて豊富なバラエティーから構成されていることがわかる。なお、耳飾や土偶など加曽利B式期を特徴づける特殊な遺物は出土していない。

　藍原は土器の出土状態を観察し、土器層は大きな掘り込みが埋没して窪地化した部分に、レンズ状に堆積していることを明らかにした（第3図）。そして土器層下部は3.5mまで掘り下げたが、ついに底面には達しなかったという。藍原の示した断面図からは、土器塚の形成される以前に巨大な「落ち込み」が存在した可能性が考えられる。

　また神崎町西之城貝塚の報告中には、1951年夏に早稲田大学考古学研究室による調査が実施されたという記載が見える（西村1955）。神崎町史における金子浩昌氏の記載によれば、土器塚の性格解明のためにトレンチ調査を行ったが、後期の土器が出土したとのみ記され土器塚の性格解明には至らなかったという（金子1985）。

　藍原の調査所見に基づいて土器集積層の構造を推測すれば、土器塚は江原台遺跡の土器塚とは異なり、ほとんど攪乱を受けない状態で発見され、土器層そのものが良好な遺存状況を保っていたようである。しかも、山林であった当時の地表面に若干の高まりが確認されている事実からすれば、まさに名実ともに土器塚という名にふさわしい遺構であったのだろう。

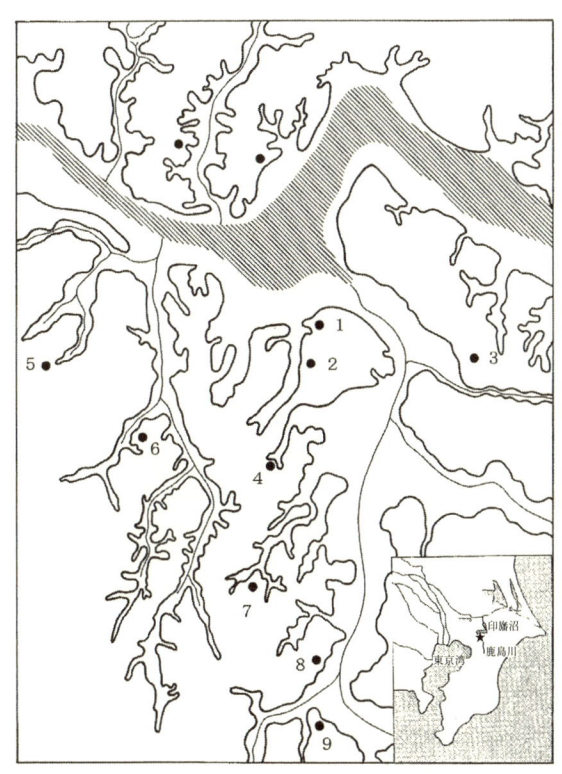

1：遠部台遺跡　2：曲ノ輪内貝塚　3：岩名天神前貝塚
4：吉見台遺跡　5：井野長割遺跡　6：神楽場遺跡
7：千代田遺跡　8：島越台貝塚　9：前広台貝塚

第2図　印旛沼南岸の後晩期集落

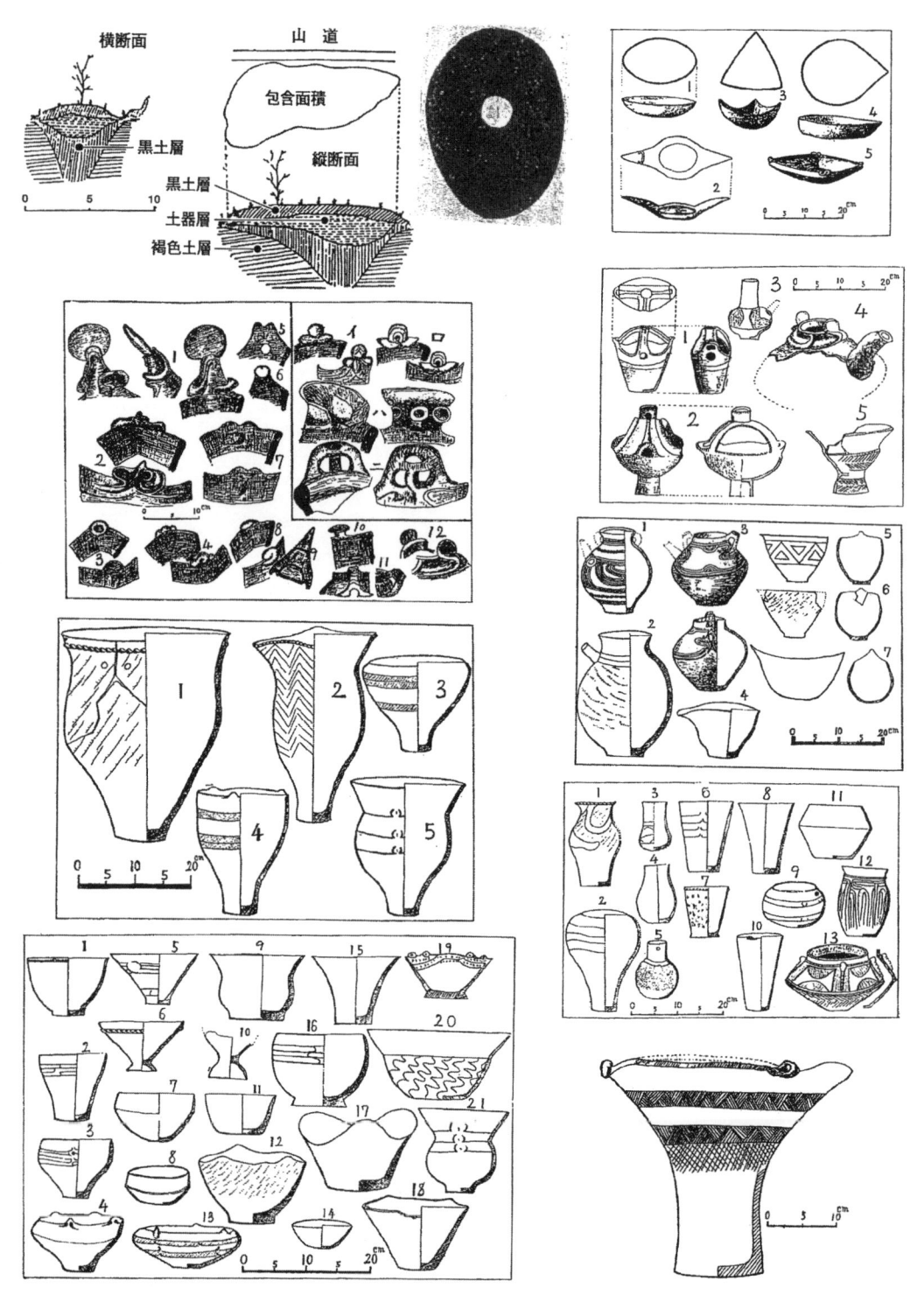

第Ⅳ章　行為の時間情報 —遺跡形成における時間性と単位性—

第3図　「米沢村の土器塚」の断面と出土遺物

166

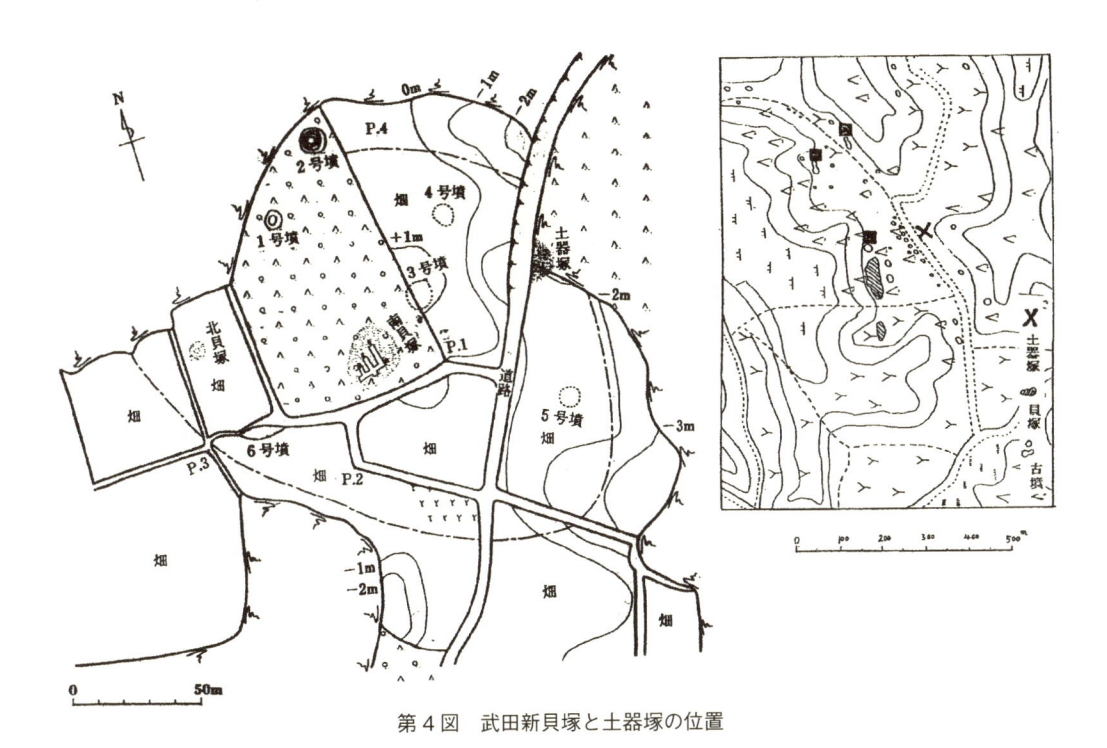

第 4 図　武田新貝塚と土器塚の位置

　さらにまた西村正衛氏は、今度は武田新貝塚の調査を1952年に行い、測量図の作成により貝塚と土器塚の位置関係が明らかにされたのである（西村1984）。この時の発掘は地点貝塚に限定されていたが、土器塚の地点とともに遺跡全体の測量調査が行われた（第4図）。
　この調査は、遺跡のなかの土器塚の位置を記録した事例として注目されてよい。遺跡は南東側から浅い谷が入り込み、それを取り囲むように北貝塚と南貝塚と呼ばれた地点貝塚が2ヵ所点在している状況がわかる。土器塚は、地点貝塚が点在する台地東側の緩斜面に位置している。西村による台地上の地点貝塚の発掘では、中期終末の加曽利E4式の住居址が最下面に発見され、その上に加曽利B式から安行1式期の貝層と焼土址、遺物包含層が発見されている（西村1984）。土器塚は、これらの遺構と遺物包含層が広範囲に形成された集落遺跡の一角にのこされたものと考えることができる。

（2）佐倉市遠部台遺跡の土器塚

　印旛沼南岸に位置する遠部台遺跡は、1932年に大山史前学研究所によって発掘が実施され、台地上に残された2つの地点貝塚と土器塚が調査された（池上1937）。曲輪ノ内貝塚とは直線距離にして700mあまりで、両者は江原台の台地の上で至近の位置関係にある。土器塚から出土した土器は、その後山内清男によって加曽利B式土器の中位部分（加曽利B2式）の標式資料として利用されたことでも著名である（山内1939）。『史前学雑誌』第9巻第3号に掲載された報告は池上啓介によって執筆されているが、池上自身はこの調査には参加していない。池上は参加者からの伝聞をもとにして調査状況をまとめ、土器の分類を行い報告したのである（池上前掲）。池上が調査の詳細を聴取した所員は竹下次作である[1]。

第Ⅳ章 行為の時間情報 —遺跡形成における時間性と単位性—

第5図 遠部台遺跡の土器塚の検出状態と出土土器 (池上 1937 より)

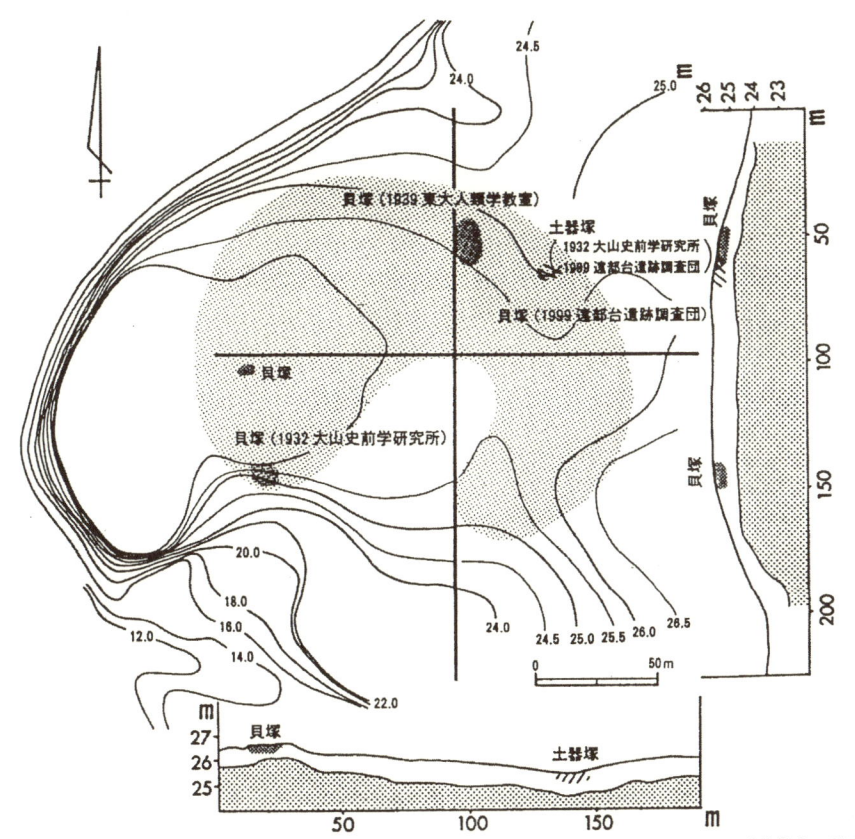

2 縄文後期の集落と土器塚 ―「遠部台型土器塚」の形成と加曽利B式期の地域社会―

第6図 遠部台遺跡の土器塚と貝塚の位置

スクリーンは遺物散布の濃密な範囲

　池上の報告によると、大山らは当初、江見水蔭が発掘を行った江原台遺跡（曲輪ノ内貝塚）の土器塚を調査する計画があった。しかし、現地での聞き取りにより、近隣の遠部台遺跡に有望な地点が存在することを知り、急遽調査地を遠部台遺跡に変更したといういきさつがある。したがって、大山たちは江原台遺跡自体に研究の対象を固定していたわけではなさそうだ。

　遠部台遺跡に到着した大山たちは3ヵ所にわかれて発掘を開始した。2ヵ所が地点貝塚で、のこる1ヵ所が土器塚であった。大山は土器塚の調査を担当した（阿部 2002）。『史前学雑誌』第9巻3号の巻頭には、遠部台遺跡の調査状況の写真がある（第5図左上）。『史前学雑誌』は会員の投稿原稿のほかに、大山史前学研究所の調査成果を公開する役割も担っていたので、巻頭写真に遺跡の調査状況が掲載されることは、とりたてて珍しいことではない。しかし、遠部台遺跡の報告で掲載されたのは、おびただしい土器片の出土状況であった。

　報告によると、麦畑の表土を剥ぐとすぐ下には、夥しい土器を含む層が20cmほどの厚みでほとんど土をまじえない状態で堆積していたという。その中から発見された土器は池上によって分類され、遠部第1類から第5類までに比較的簡単に区分できたという（池上前掲）。

　山内清男が関東地方の後期の土器編年を構築する際に注意したのは、こうした出土状態に

169

おける一括性と池上の分類であったようだ。土器塚の下面からは、大形の壺形土器（遠部第3類土器）が斜めに横たわった状態で出土しており、その付近から管玉が1点出土している（第5図上段右）。調査面積のわりには復元できた土器も豊富であり、しかも年代幅は短いものであった。大山は以後いくつかの著作のなかで、遠部台遺跡の土器塚の調査を事例として、縄文時代における土器の大量製作を指摘する（大山 1944）。

遠部台遺跡は印旛沼に面した台地上に立地しているが、遺物は台地の南側から入る小支谷を取り囲むようにして散布している（第6図）。地点貝塚は、径約100mほどの環状の軌道上に位置している。遺跡の中央は谷頭につづく低地が入り込んでいる。土器塚も貝塚などの位置する環状の軌道上に位置することが確認できる。こうした類例は近隣の遺跡では曲輪ノ内貝塚、井野長割遺跡などがある。なお、地表面上で調査した結果からすると、土器塚は大山らが発掘した1ヵ所のみであることが推測できた（阿部 2000a）。

（3）江原台遺跡（曲輪ノ内貝塚）の土器塚

古くは江原台遺跡と呼称されていたが、現在では別地点の縄文時代中期と弥生時代後期から古代にかけての複合遺跡に江原台遺跡の名称が限定的に使用され、江見の「江原台遺跡」は、現在では曲輪ノ内貝塚として登録されている遺跡を指す。江見水蔭による『地中の秘密』に記載された土器塚の発掘が著名であるが、この記載がきっかけになって多くの研究者が発掘を繰り返した。しかし、今日に至るまで筆者による報告（阿部 2007）以外に、具体的な発掘の詳細を記した正式な報告書が刊行されたことはない。筆者は2003年より、遺跡の形成過程を解明するために小規模な発掘調査とともに遺跡の全体の地形測量を実施し、土器塚の位置を記録した（第7図）。

断片的な記録としては、1936年に実施された後藤守一による明治大学史学部員による発掘と1939年に行われた東京大学の人類学教室による和島誠一らの発掘がある。和島と酒詰の概報のなかには土器塚のおおよその位置が記され、江見水蔭と明治大学の調査地点が図示されている。筆者らの測量図によれば、遺跡は中央部に比高差1.7mほどの窪地を有し、西側から入り込む谷頭につながっている状況がよくわかる（第7図）。酒詰の記載によれば、この窪地は「間野谷津」と呼称されており、曲輪ノ内貝塚とは別地点として区分されているが、実際は同一の遺跡の地点ごとの呼称であった。しかし、酒詰の記載には細かな微地形によって遺跡を観察する視点がみられ、「谷奥型環状遺丘集落」の構造を考える際には有意義である。

それによると土器塚の位置は、環状構成の高まりの北端部にやや距離をおいて立地していることがわかる。その規模は10×10mほどであったらしい。江見も後藤も、そして酒詰や和島も決して広くはない土器塚に調査区を設定したらしい。

明治大学史学部員による調査は、そのなかでも発掘面積が広く調査区の測量図が現存する[2]。また出土した資料は、明治大学博物館に保管されている。復元された資料の多くは斜線文を描く加曽利B2式であるが、一部にB3式や安行1式土器を含んでおり、これらの復元個

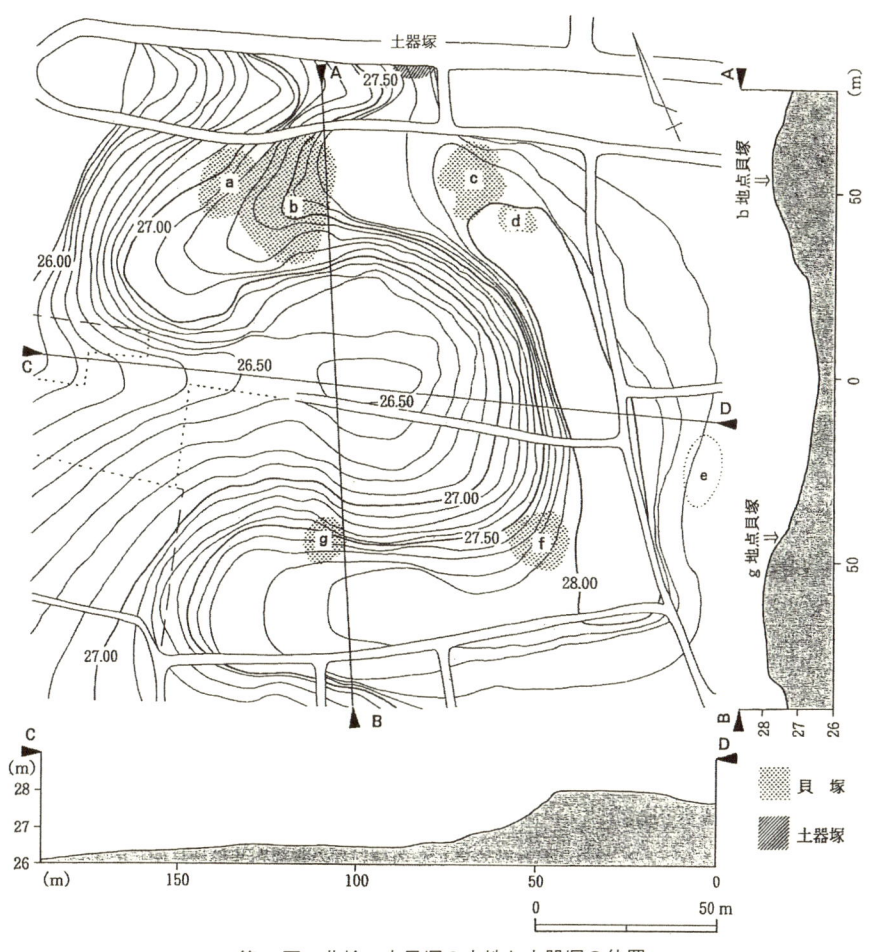

第7図　曲輪ノ内貝塚の立地と土器塚の位置

体の一部が山内清男の『日本先史土器図譜』第Ⅳ輯に掲載されている（山内 1936）。筆者らによる現地の聞き取りでは、明治大学は土器塚以外にもその南側の地点貝塚と包含地でも小規模な調査をしたという[3]。

　したがって、明治大学収蔵資料のすべてを土器塚出土の資料と限定して考えてしまうことは間違いである。現在記録類を含めた分析をしている最中ではあるが、収蔵された土器片は8割以上が加曽利B式の紐線文粗製土器であり、なかには調査区を示すらしい記号が注記された資料も存在する。これらは土器塚地点のトレンチ出土である可能性が高い。2006年に筆者らが土器塚に設定した試掘坑からも夥しい量の土器片が出土したが、それらは遠部台遺跡の土器塚とは異なり、明確に集積ブロックを形成していないことや、出土した土器片の下面に金属によるものと思われるキズ（耕作痕）が残される資料を複数含むことなどから、撹乱された土器集積層であったと考えられる。そこから出土した土器の9割程度が紐線文土器の破片であった。

　これらの土器の特徴は、口縁部の断面形や紐線文の特徴から加曽利B2式の新しい部分か

ら、一部でB3式にいたる、やや新しい時期の特徴を有しているもので遠部台遺跡の土器塚の土器とは一部で重複する部分を含むが、異なる点も多い。また和島、酒詰、甲野らの東京大学人類学教室の調査でも「土器片の多いことものすごいもので、30センチから50センチまで、全部土器片であった」という（酒詰1967）。これらの大半が粗製土器であったこと、さらに接合率が著しく低かったことなどが指摘されている（酒詰1939）。甲野はこのような状況から後世の撹乱によって壊されてしまった可能性を考え、土器塚の土層を観察したが、撹乱の痕跡はなかったというから、曲輪ノ内貝塚の土器塚は、本来的に加曽利B式の粗製土器の破片を主体とした集積構造をもっていた可能性が高い。

今日的に考えると、曲輪ノ内貝塚の土器塚という用語には2つの意味があったように思える。ひとつは江見が指摘した煎餅を踏み潰したかのような土器片が散布する遺跡の局所を示した場合と、その周辺を広く一体として土器塚と呼称した可能性である。事実、江見は『地中の秘密』のなかで、土器塚から出土した遺物として晩期の土偶などを含めて紹介している。明治大学収蔵資料についても、一部で晩期の亀形土製品などの加曽利B式期以外の遺物が含まれている。

本来の曲輪ノ内貝塚の土器塚のあり方は、加曽利B2式から同3式期にかけて粗製土器の破片を主体として形成された集積層であった可能性が高いが、収蔵資料のなかには加曽利B2式の古い部分の土器が数個体存在する。江見の記載のなかにも類例が存在するが、これらが土器塚において、どのような状態で存在したかということは今日では確認のしようがない。筆者の調査でも、土器塚の至近の位置で加曽利B2式から同3式期の良好な包含層と遺構が検出されているので、その区別は一層困難である（阿部2007）[4]。

（4）吉見台遺跡の土器塚

吉見台遺跡は、北側から溺れ谷が入り込み中央部に窪地をもつ集落遺跡である（第8図）。典型的な「谷奥型環状遺丘集落」の一例である。古くは「飯郷村の貝塚」と呼称され、また酒詰によって、曲輪ノ内貝塚と同様の土器塚が存在することが指摘されている（酒詰1939）。

甲野勇は大山史前学研究所の所員であった際に遠部台遺跡の土器塚を、そして東京大学人類学教室の助手のときには酒詰仲男や和島誠一らと曲輪ノ内貝塚の土器塚を調査した経験をもっていた。これらの調査経験は、甲野に「土器を作る部落」の存在を想定させたのである（甲野1948）。甲野はこうした想定のもとに、土器作り工人のアトリエを発見する目的で1958年に吉見台遺跡の発掘を計画した。

学習院大学の史学部の学生を主体とした発掘が計画され、土器塚とその周辺が調査された。調査自体は台風のために充分な発掘ができなかったが、後期から晩期の遺物が多数出土している。発掘区からは粘土塊や柱穴などの遺構の一部を検出したが、土器製作のアトリエの特定までには至らなかった。吉見台遺跡の土器塚は台地の斜面部に形成されており、トレンチ調査の結果、多数の加曽利B式土器の出土が確認されたが、接合するものが少ない点が指摘されている。

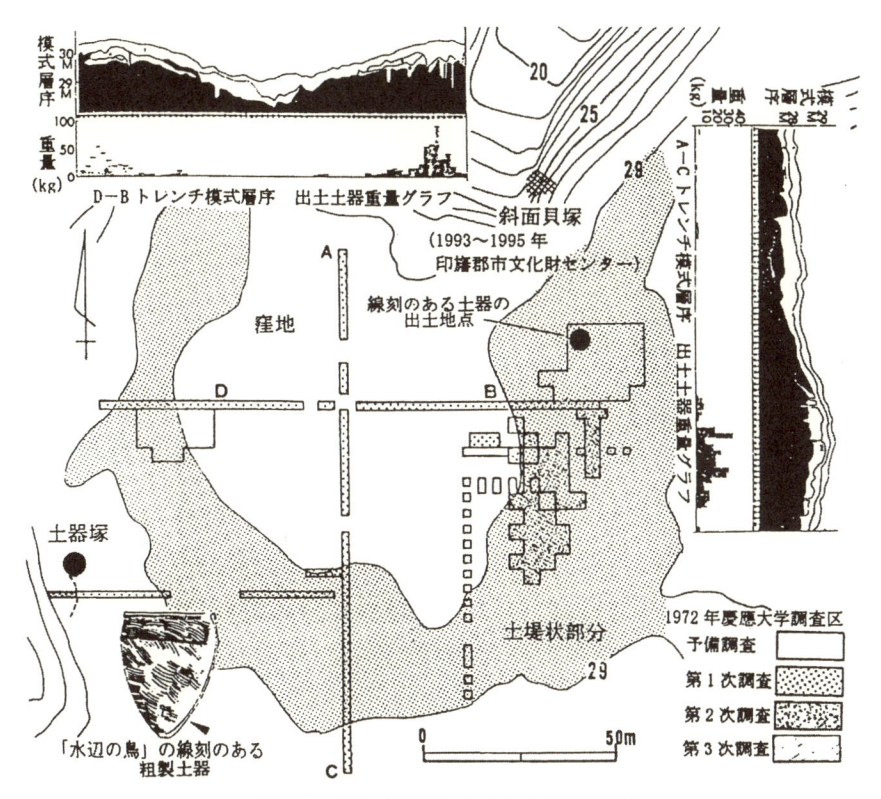

第8図 吉見台遺跡の立地と土器塚の位置

　吉見台遺跡の土器塚の調査はこの後に慶応大学による調査の際にトレンチが設定された。やはり斜面部に堆積した土器層を調査し、その結果は甲野の所見と類似しており、加曽利B式土器を主体としていること、土器片の接合関係が少ないことなどが指摘されている。報告者の近森氏は土器集積層が表土層の直下に存在することなどから、土器塚が縄文時代以降に形成された可能性を指摘している（近森1983）。しかし、土器集積層の中から新しい時代の遺物が出土した事実はないようだ。したがって、むしろ本来土器層の上に堆積した土層が耕作によって撹乱された状況と考えるべきかもしれない。これは、遠部台遺跡や曲輪ノ内貝塚の土器塚でも同様にして認められた状況である。

　その後、慶応大学の調査のあとに実施された宅地造成による調査などによって遺跡の全体が検討されるにおよんだが、広域に平坦部が調査された発掘報告が現時点では未完である。しかし、これまでに部分的に公表された全体図などから検討する限り、土器塚はこの1ヵ所のみであり、しかもその位置は環状を呈する集落の外縁部に位置することは確認できる（第8図）。

（5）　井野長割遺跡の土器塚

　井野長割遺跡は、1969年に小学校の校庭の造成によって存在が明らかにされた遺跡である。1970年には慶応大学による調査が行われ、約2.5mの高さをもつ塚状の盛り上がりが確

第Ⅳ章 行為の時間情報 ―遺跡形成における時間性と単位性―

セクション図中のトーン部分は第1号住居跡上層のマウンド状遺構の堆積土中から掘り込まれたピット。平面図のトーンも対応する。

マウンド状遺構出土遺物

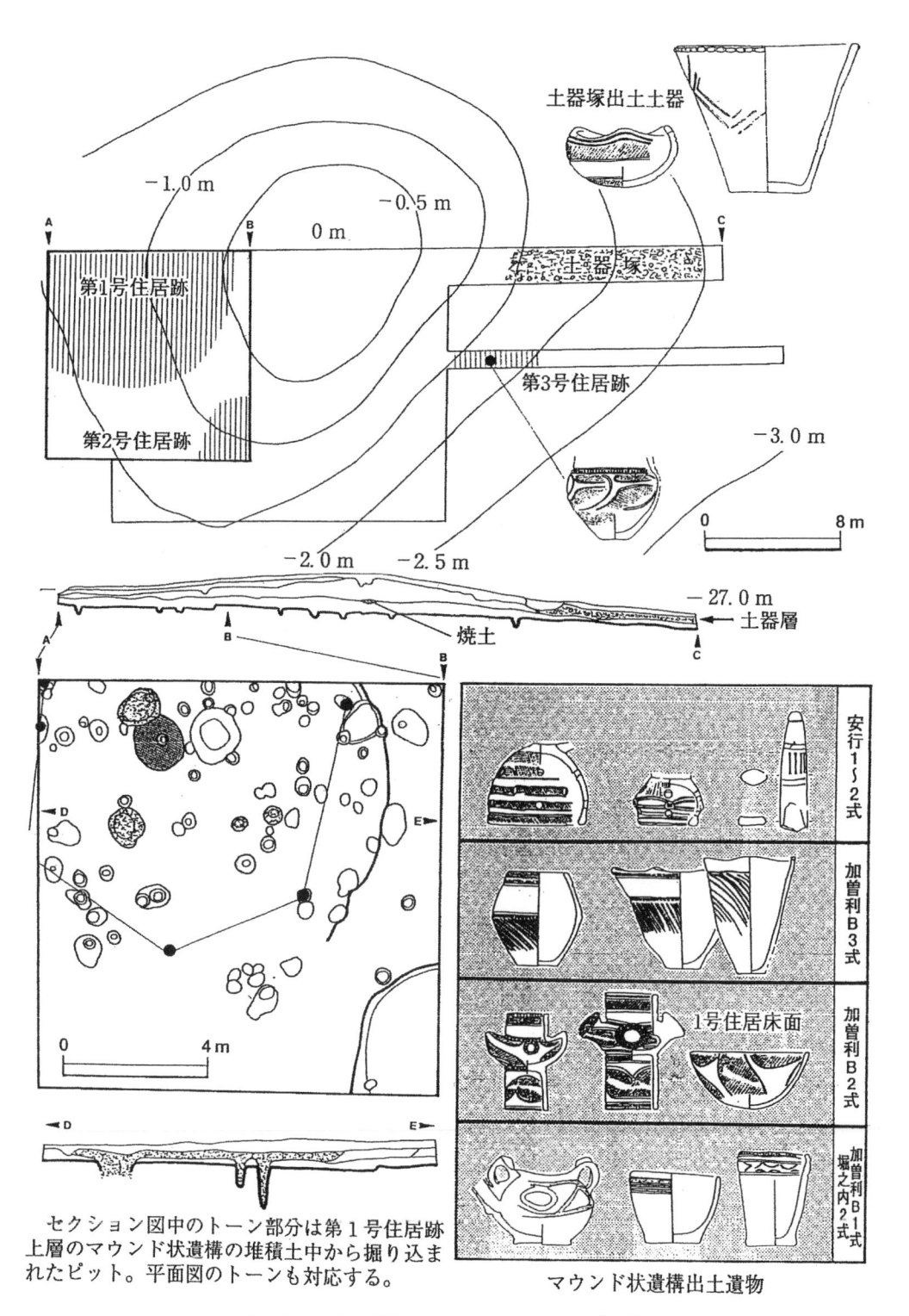

第9図　井野長割遺跡の土器塚と「マウンド状遺構」

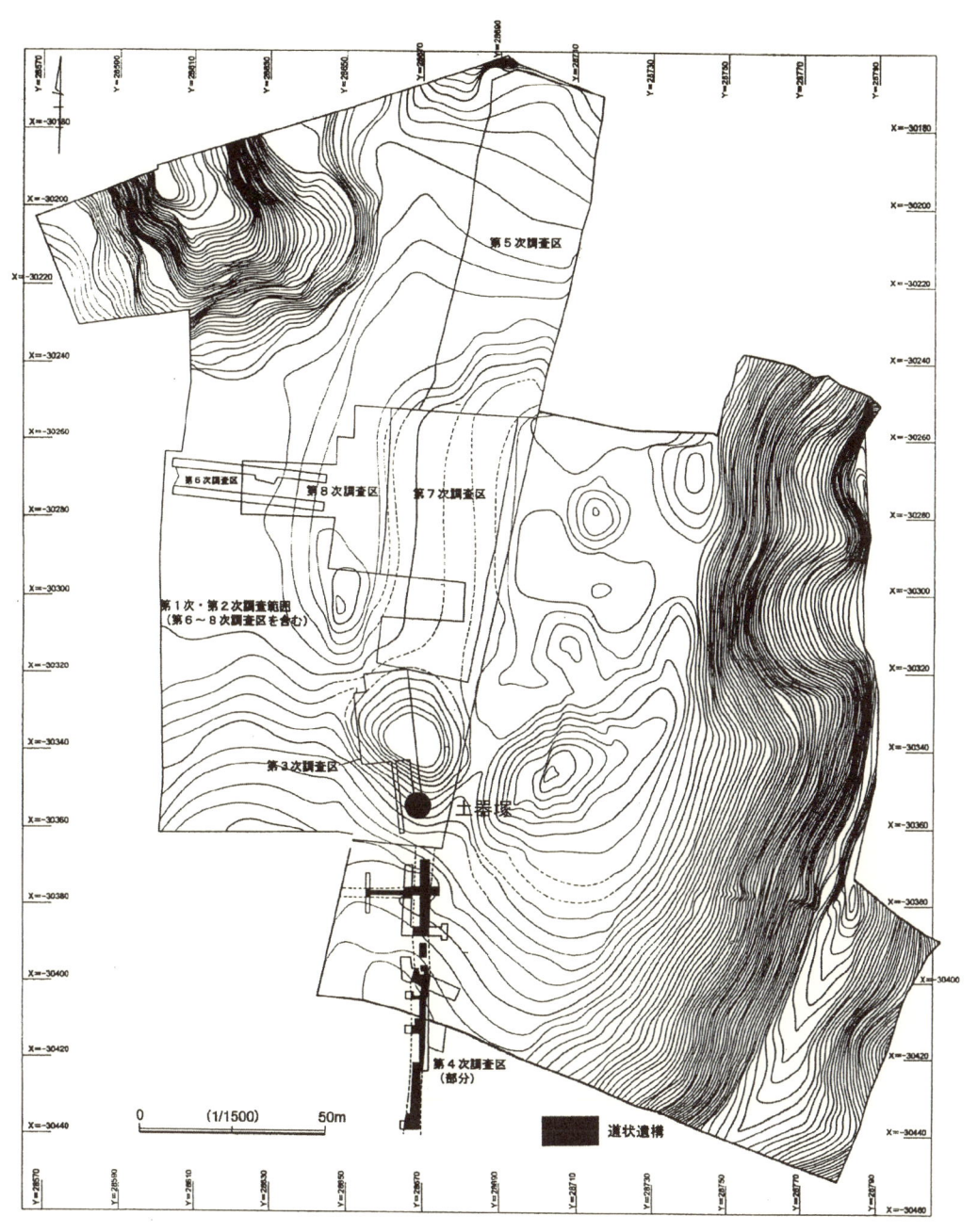

2 縄文後期の集落と土器塚 —「遠部台型土器塚」の形成と加曽利B式期の地域社会—

第10図　井野長割遺跡の立地と土器塚の位置

認され「マウンド状遺構」と呼称された。そして「マウンド状遺構」の下面からは、加曽利B2式期の焼失住居と堀之内2式期の住居が検出された。加曽利B2式期の住居の床面からは2点の台付異形土器が完形で出土している（第9図）。

床面には「マット状」の繊維製品が炭化した状況で発見され、柱穴には柱材の根元が炭化した状態で樹立して検出されている。住居は完掘されていないが、推定で直径が8mほどの大型住居になる可能性が高い（阿部 2000a)[5]。

土器塚は、このマウンド状遺構の裾の部分に形成されている。報告書の出土状況の写真によれば、夥しい量の土器片が堆積している状況が確認できる。さらに発掘ではコラムサンプルが採取されたという記述にも見るように、層状の堆積があったことがわかる。

マウンド状遺構の断面図によれば、この住居の上から水平に堆積した土層があり、その上に焼土址が発見されていたり、この面から掘り込まれた柱状のピットが検出されていたりすることは、マウンドの形成が遺構構築面の累積の結果であることを示す点で重要である。マウンド内から出土した遺物の層位的な関係は不明であるが、安行1式期以降の土器が出土している。また、出土した石剣のI字文の彫刻などから晩期中葉までの活動があったことがわかる。

土器塚に関係するマウンド状遺構の形成過程で注意されねばならないのは、土器塚から出土した土器が加曽利B2式から同3式にかけてのものであることと、焼失住居の構築の前後関係が明確に把握できていない点である。明確な層位的関係が識別できないほど、両者の時間が近接していたのか、あるいは住居の構築と土器塚の形成の開始期は異なっても、以後の利用期間が時間的に共存していた可能性は充分に考えられるであろう。

井野長割遺跡は、以後の調査によってマウンド状遺構が環状に配列された、いわゆる「環状盛土遺構」として理解され、国の史跡として指定された。小学校による遺跡の削平部分も含めた全体の復元図によれば、土器塚が形成されたのは、発見の当初は「マウンド状遺構」と呼称された、高まりの外縁部分に相当していることがわかる（第10図）。

3　土器の集積行為と加曽利B式期の土器塚 ―「遠部台型土器塚」の提唱―

印旛沼沿岸の加曽利B式期の土器塚はこれまで整理したように、いくつかの共通点が指摘できる。この特徴の中でも注目されるのは、形成期間がいずれも加曽利B式期を中心としているという点である。

また一方で、これに先行する時期で印旛沼沿岸に土器塚の名称を付した調査記録があるので紹介しておこう。

佐倉市宮内井戸作遺跡　井戸作遺跡は大規模な調査が実施された後晩期の集落遺跡である。土器塚として説明されたのは、集落へとつづく道状の遺構の脇である（第11図）。ここから出土した土器は、堀之内1式土器と加曽利B式土器である。出土状況の詳細は不明であるが、写真や簡単な記載からみると複数の集積ブロックが折り重なって土器層を形成するのではな

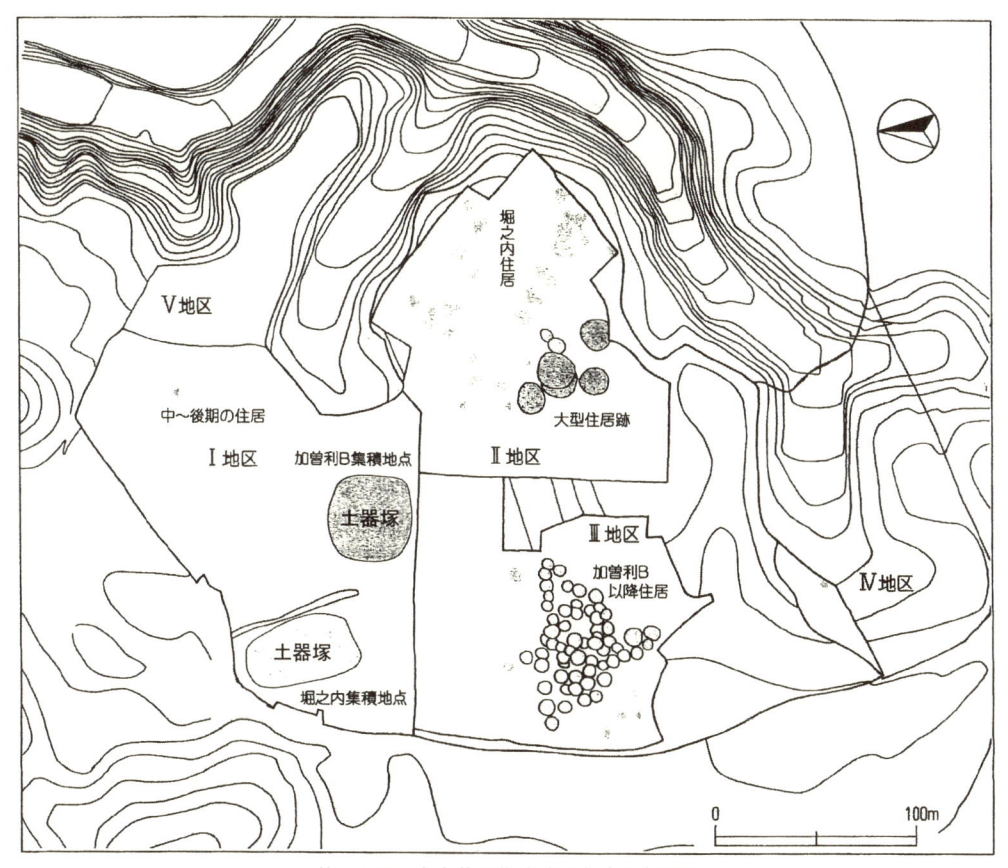

第11図　宮内井戸作遺跡の立地と土器塚

く、面的にまとまりをもつ土器片が集中しているようである。さらにその位置は集落の居住空間からは離れた位置にあり、これまで紹介してきた加曽利B式期に居住エリアに付随して集中的に土器を集積させた土器塚とは異なる点が明白である。

　また同様な事例は佐倉市井野長割遺跡でも確認されており、やはり道状遺構の脇に小規模な土器の集積が確認されている。時期は堀之内1式期である。土器塚という概念が冒頭に説明したような土器片の空間的な集中を一元的に示すものと考えれば、こうした状況を土器塚と呼称することは間違いではない。しかし現象を概念化する際に一番重要な点は、概念化によって人間の行為の詳細や意義を説明し得るかという点であろう。この点で報告書には、土器の集積状態が記録されておらず、土器型式と集積の形成過程などの説明が明示されていないのは、惜しまれる点である。掲載された記録からは、集積過程を復元できる所見は記されていないものの、後期前葉から中葉にかけて行われた連続的な廃棄行為の痕跡と考えておきたい。

　これらの土器塚と、曲輪ノ内貝塚や遠部台遺跡の土器塚との違いの1つとして注目されるのは遺跡内における土器塚の位置である。曲輪ノ内貝塚、遠部台遺跡、新貝塚、井野長割遺跡などの土器集積層は、遺跡の残存状況にもよるが、形成地点は中央の窪地をとりまく集落

の外縁部に位置している。外縁部が遺跡の平坦部に相当する曲輪ノ内貝塚や遠部台遺跡、井野長割遺跡などがある反面、吉見台遺跡は斜面にかけて土器層が堆積している。これは立地上の違いとして区別されるべきかもしれないが、一方で集落全体の構成からみた場合、居住エリアの外縁部に相当する位置として考えることができ、そこに共通の規範が見えてくる。

　土器塚の遺跡内部での特性が確認できたが、土器塚を構成する土器そのもののあり方はどうであろうか。

　この点についてはいまだに詳細なデータが蓄積されているとはいえないが、現在筆者が分析の途上にある遠部台遺跡の土器塚を基にして検討したい。

　「土器集積ブロック」と集積行為の復元　遠部台遺跡の土器塚は土器集積層という概念で、周辺の遺物包含層の散在的な遺物包含状態と区別している。さらに調査によって検出した集積層は、視覚的にも接合関係からみても、本来はさらに小さな土器片の集合から成り立っていることが判明した。これを調査記録の単位として「土器集積ブロック」と呼称し、分析の単位として記録した（阿部 2000b）。

　土器集積層の最上部は耕作による攪乱が認められたため、この部分は50cm方眼のグリッドで一括取り上げをした。遺存の良好な集積部分は破片をまとめた単位が識別でき、それは水平に積み上げた単位（水平集積）と隙間に縦に挟み込むように集積をさせたもの（縦列集積）に区別できる（第12図）。これらの集積の内部は、特定の器種にかたよりをもつ破片から構成される場合が多い。集積を構成する土器型式は加曽利B2式を主体としており、しかも斜線文を特徴とする精製土器とそれに伴う無文浅鉢や紐線文粗製土器などである。

　これらの「土器集積ブロック」の中には堀之内式や安行式などは１片も混入していない点も重要である。かつて大山史前学研究所によって調査された集積層は、斜線文の復元個体を多量に含むもので、調査地点自体が土器塚の内部での器種の偏在性をもつ集積部分を含んでいた可能性が高い[6]。

　一方で下層の土器集積はその様相を大きく変化させ、土器塚の中心部付近には完形や大形の遺存状況の良好な個体が集積する。しかもこれらの集積は、精製の深鉢や鉢形といった数種類の器種がひとつのまとまりを形成する場合が多く、斜線文をほとんど伴わず、磨消縄文を多用する土器が主体をなしている（第13図）。

　下層において古い土器の集積が確認できるのは、土器塚のほぼ中心部に限定され、その周囲は破片を中心とした土器集積層が形成されている。大山史前学研究所がかつて調査した地点は、土器塚の中心部からはややはずれた位置にあたる（第13図）。そのことは大山史前学研究所の出土品が、加曽利B2式土器の標式とされている斜線文を主体とした豊富な土器群から構成されている事実からも矛盾しない。

　また土器塚の南西部分には、集積層の最下面に堀之内２式の最終段階の土器群（第14図）がまとまって検出された部分がある。それは数個体の土器片が上下に重なり、層状の厚みをもって上下に集積することなく、平面的に検出できたものである。個体集積は加曽利Ｂ１式

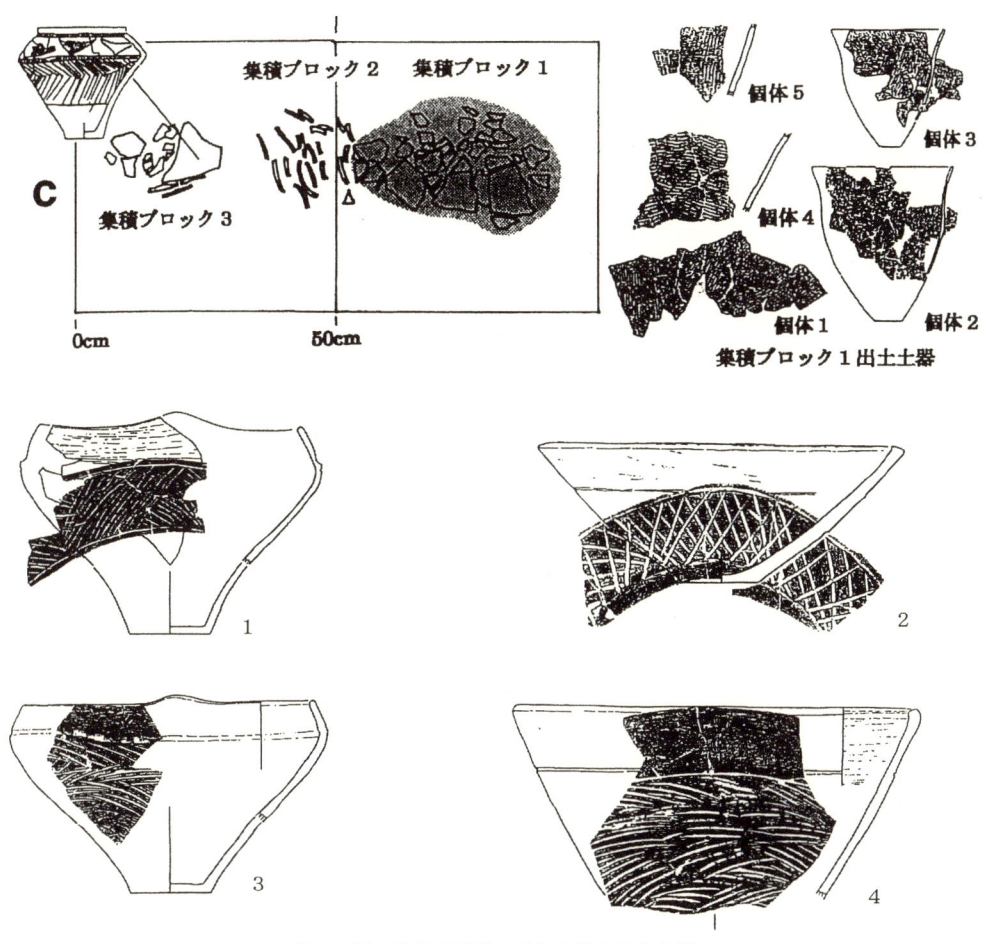

第12図　遠部台遺跡の破片集積と出土土器

土器の新段階以降であるために、土器塚の形成とは時系列の上では直接的なつながりを指摘し得ないが、「米沢村の土器塚」などでは図版の一部に堀之内2式の出土も認められることから、加曽利B式期の土器集積行為に先行して両遺跡に共通する現象として注意を要するかもしれない。

遠部台遺跡の土器塚は以上に説明したように、方法の異なる集積方法によって塚状の構造物を構築している可能性がある。とくに「個体集積」から「破片集積」への移行段階で、縦列や水平の集積が一体化して列状を成す点は、崩れにくい塚状の構造を維持するための手法であった可能性が高い。またこの高まりのほぼ中央部分を通るように、道状の遺構が構築されている事実も見逃せない（第13図上段）。道状の遺構はレベルの上では土器集積面の最下底面に構築されており、道の面には摩滅して砕片化した土器片が敷き詰められたように食い込んでいた。

以上に検討を加えたように、加曽利B式期の土器塚は、「谷奥型環状遺丘集落」のような環状構成をもつ集落の外縁部に形成されている事実を確認することができる。さらに遠部台

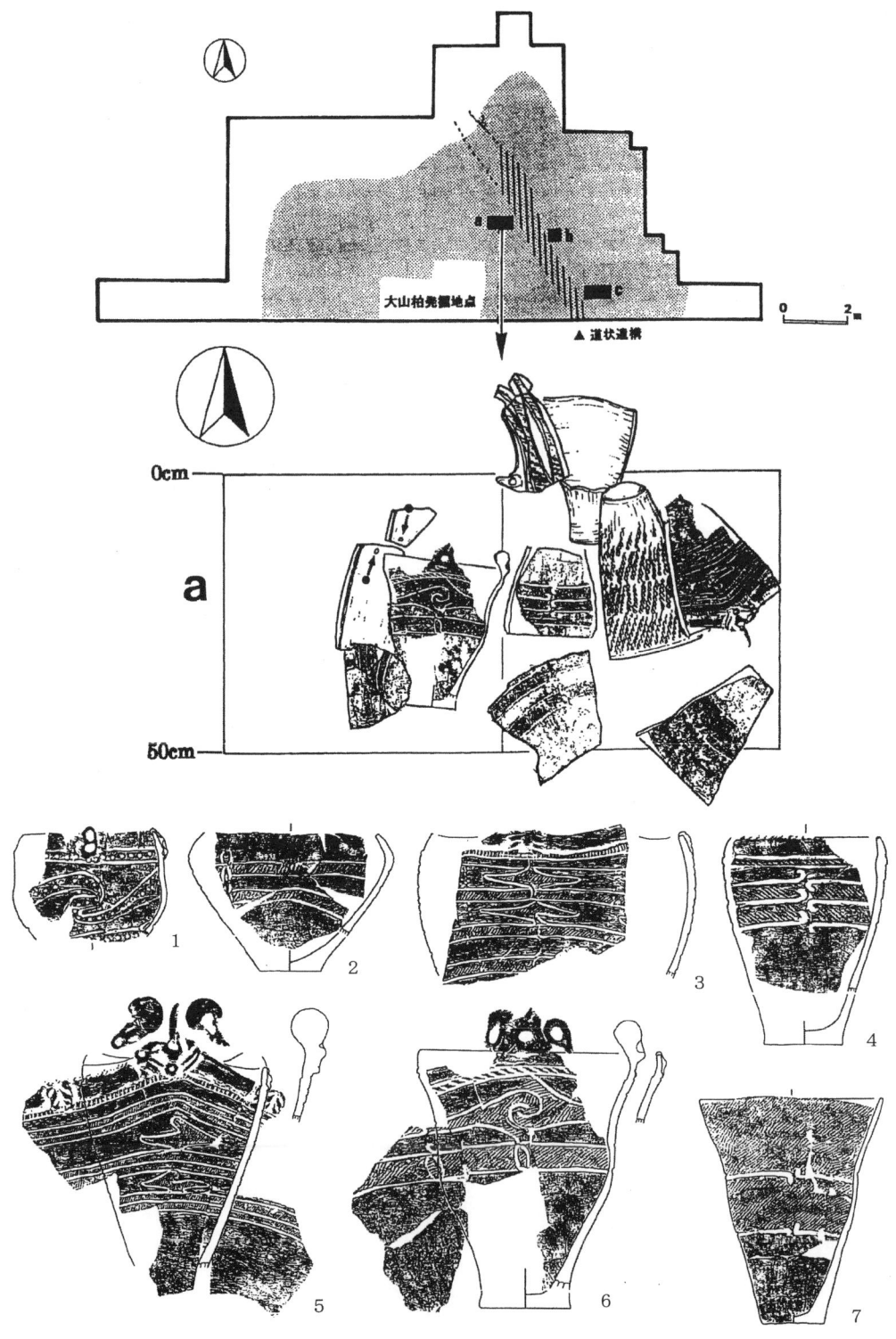

第Ⅳ章 行為の時間情報 —遺跡形成における時間性と単位性—

第13図 遠部台遺跡の個体集積と出土土器

第14図 遠部台遺跡の土器集積下面の土器

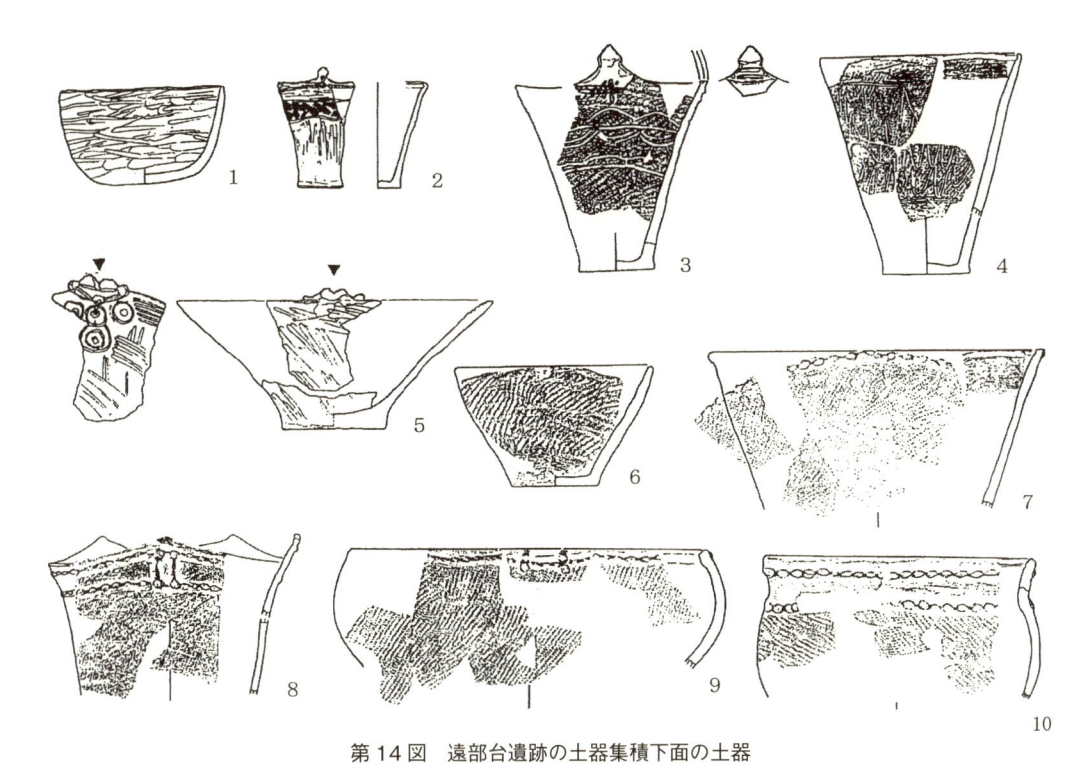

遺跡の調査によって、意図的な土器の集積の累積が塚状の構造物を構築していた可能性も見えてきた。

　土器集積ブロックのなかには、煤の付着や被熱による赤変が認められる土器も多く、その大半が使用された土器であることがわかる。さらに深鉢のなかには補修孔のあいた土器が含まれることも少なくはない。これらの事実は、繰り返して使用した土器の最終的な処理行為として土器塚が形成されたことを示唆するであろう。補修孔のある土器をもちいた集積ブロックを微細に観察した場合、ひびの両側にあけられた補修孔をもつ土器片が接近して出土している例も確認されている。補修孔は植物繊維の紐などでかがって破損の拡大を防ぐものであるが、そうした補修を施された土器が長期間放置されていたならば、紐は腐朽してはずれて原位置を保つことは考えにくい。

　集積ブロックで確認された原位置を維持した補修孔土器のあり方は、土器がその機能を失って、集積されるまでの場面にいたるまで、それほどの時間を置かなかったことを意味するのではないか。この推測は、煮沸用の土器の大半に煤や炭化物が遺存している事実からも指摘できる。

　こうした事実をもとにして考えると、土器塚は土器の消費とは時期を違えて、他所に保管した土器を用いて一時期に構築したのではなく、1個または数個体程度の土器が機能を焼失した段階で順次土器塚へと持ち込まれ、予め決められた空間に器種を単位として集積されたと考えるのが自然である。こうした作法を器種の「分別配置」と概念化し、初期の土器塚の

構築作法と考えることができるであろう。

　このようにしてみた場合、加曽利B式期に形成された土器塚は、単なる土器の廃棄の結果にできた廃棄層とは異なる成り立ちをもつことが理解できる。また短時期に塚状の構造物を作ろうという意図は、集積行為の在り方からすれば否定的である。つまり、土器塚とは景観的な側面が重視された構造物ではなく、規範にそった集積行為の累積性を象徴する遺構と考えるべきなのである[7]。

　遠部台遺跡で明らかにされた土器集積層の構造をもとにすると、加曽利B1式の新しい段階は器種の分別配置によって集積が繰り返され、新期にはそれを覆うように破片集積に変容したのだ。そのことは加曽利B2式の精製土器に、斜線文が多用される時期に形成の主体をもつ曲輪ノ内貝塚や吉見台遺跡、井野長割遺跡の土器塚の接合関係が低いこととも整合している。

4　加曽利B式期の地域社会と土器塚の形成

　加曽利B式期の土器塚は、利根川下流域から印旛沼沿岸に集中している。戦前から繰り返し発掘が行われたにもかかわらず、これまでに正式な報告が行われたのは、米沢村の土器塚と遠部台遺跡以外にはない。しかも、両遺跡とも戦前の調査であり、調査方法も土器を掘り出す作業が主体となったらしく、土器の出土状況に関しては明確ではない。土器塚の性格が不明であるのは、これまで詳細な記録が公表されることなく、個人的な発掘によって大半が掘りつくされてしまったことがその一因であろう。

（1）遠部台型土器塚の形成

　検討を加えた土器塚は、いずれも加曽利B式期を形成の主体としている点で共通している。そしてまた、これらの遺跡では大半が、中期終末から晩期前葉まで継続した長期継続型の集落遺跡である点でも一致している。さらに、遠部台遺跡、曲輪ノ内貝塚、吉見台遺跡、井野長割遺跡、新貝塚などの諸例で確認できたように、土器塚は長期継続型の集落遺跡の中で、1ヵ所だけに形成されている点も一致している。さらに土器塚が、その環状の空間に付随するように外縁帯に形成されている点は注意すべきであろう。

　遺跡自体の遺存状況の良好な佐倉市井野長割遺跡では、この環状の空間に遺丘が形成されている。土器塚は、マウンド状遺構と呼ばれた遺丘の裾野部分に形成されていることが復元できる。井野長割遺跡の遺丘の下面からは堀之内2式期と加曽利B2式期の住居が発見されており、後者は焼失住居で床面からは2点の異形台付土器が出土している。遺丘の裾部分に形成された土器塚は概報によるかぎり、加曽利B2式から同3式期に及ぶようである。

　これらの遺跡は、「谷奥型環状遺丘集落」として筆者が概念化した集落形態である（阿部2005）。表面的には環状構成の集落の外縁部に1ヵ所だけが形成される遠部台型土器塚は井野長割遺跡の遺丘と土器塚との位置関係を参考にすると、すでに指摘したように環状に配列された遺丘の中の、特定の遺丘に付随して形成されたものと考えることができるであろう。

これは遺跡内の地点貝塚が、環状の居住空間に5ヵ所前後が分散して点在するあり方とは対照的なあり方である。

こうした状況から推すと、遠部台型土器塚は環状を呈する居住空間の一角に形成されたものであり、その位置や形成過程に指摘できた土器集積行為の特性などからも、集落内の特定集団がその構築に関わったものと考えられる。

(2) 遠部台型土器塚と土器製作

遠部台遺跡の土器塚は、加曽利B2式期を中心として形成された。これらの時間的な経過のなかで、前半期の個体集積から、いわゆる斜線文を多用する加曽利B2式期に破片集積へと作法が変化する。しかし、一貫しているのは、集積の単位が特定の器種の組み合わせに限定されている事実であり、とくに形成の初期段階においては器種の分別配置と概念化した様相が認められる。

これらの集積行為の規範にくわえて、すでに述べたように個体集積の中には、補修孔をあけて補修された土器が原位置で出土している事実からも、それぞれの土器が長期間にわたって他所に放置または保管、集積されたものが、一時期にこの場所へと持ち込まれて土器塚を形成したとは考えにくい。

すなわち、遠部台型土器塚とは土器型式が加曽利B1式から同B2式へと推移する時間のなかで、多次的な集積行為の集合によって形成されたものであり、土器塚の内部には器種のまとまりを違えた複数の独立した集積空間が存在したことをうかがわせるのである。分別配置と命名した土器集積行為は、その基本的な集積の空間単位である。土器塚を形成した集団は、こうした土器集積行為の規範を継承した集団なのである。土器集積層の下面において検出された土器は、精製・粗製の両者があるが、傾向として精製と粗製の配置は区別されていること、土器塚全体のなかでの組成率の詳細は今後の問題であるが、とくに下部においては精製土器が多いという事実は指摘でき、この組成は加曽利B式期の一般的な土器組成とは異なる点は見逃せない。

精製土器のなかには、東北南部地域の土器群との関係を示唆する土器も存在し、その様相は加曽利B1式土器の関東地方内部での地域差というよりも、むしろ東北地方南部地域との関係を示唆する土器が目を引く（第13図3・5・7）。いわゆる「斜線文」と呼ばれる文様系列も、一部ではそうした関係のなかで生成されたものであろう。

土器塚における土器の配置行為からは、こうした土器型式を構成する複雑な文様系列の生成に関する地域間関係と、土器塚の形成集団との係わりを積極的に考えてみるべきかもしれない。しかし、集積行為にみる単位性は、遠部台型土器塚の後半期になると、破片集積に変化するだけではなく、むしろ紐線文粗製土器がその主体を成すように変化する。

地文縄文を施文する紐線文粗製土器は西部関東の加曽利B式土器と比較した場合、圧倒的な組成比率を示すとともに素文化の傾向が顕著であり、この点に注目すると、下総台地から常総台地にかけての地域性の指標にもなる。遠部台型土器塚の形成に関与した集団は、これ

らの土器製作伝統を維持・管理した社会的な役割を担ったものと考えられる。

（3）土器型式の枠組みと集団関係

　遠部台型土器塚を形成する遺跡において、土器塚以外の包含層からも多くの加曽利B式土器が出土することが通有である。遺跡内において土器塚へと運ばれて集積される土器は、遺跡の中で消費された土器の一部であったことは動かしえない事実である。したがって、これらの事実は遺跡内において使用済の土器の処理に作法の違いがあったことを暗示するであろう。

　また、遠部台型土器塚の存在は遺跡群の内部においても偏在性が強い点からみて、土器塚の形成集団は相互の遺跡間の土器塚形成集団で緊密な関係を維持したことを示唆する。現時点において、遠部台型土器塚と形成時期や土器の出土状況が類似しているのは、神崎町に所在する「米沢村の土器塚」と呼称された新貝塚の土器塚であろう。

　一方で遠部台遺跡と至近の位置にありながら、曲輪ノ内貝塚の土器塚は形成の主体的な時期が加曽利B2式の後半から加曽利B3式期に求められる。したがって遠部台遺跡の土器塚との時間的な関係は、一部で重複する可能性を有するものの、その主体的な時期をたがえていたことは間違いない。

　むしろ、井野長割遺跡、曲輪ノ内貝塚、吉見台遺跡の土器塚は、紐線文粗製土器を主体としていることや、土器の接合率が低いこと、さらには土器の年代が加曽利B2式から同3式期である点で共通性が高く、遠部台遺跡の土器塚に後続して形成された可能性が高い。

　推測されたこれらの状況から、印旛沼南岸の遺跡群では遠部台遺跡にはじまる土器塚形成が次期にその数を増やした可能性が高い。さらに、こうした土器製作集団の動向が、加曽利B1式の後半から加曽利B2式期にかけての型式変化の核心を担った可能性を考える必要性がある。おそらく土器塚の形成に関わった集団は、かつて甲野勇が指摘した専業的な土器製作行為に専従した製作工人集団というよりも、我々が土器型式として概念化する際の、その指標をなす、文様や形態などを創作、維持する情報環境を管理し、その情報伝達の中枢に位置した可能性が強い。

　土器塚が谷奥型環状遺丘集落を構成する単位と目されるマウンドに付随して形成された井野長割遺跡を代表例として、遠部台型土器塚のすべてが環状構造の外縁帯に付随するようにして、1集落に1ヵ所のみが形成されるという規範は、土器塚を遺跡形成との関わりで考える際に見事に一致している重要な事実である。筆者はこれらのマウンドは、継続的な居住活動の累積の結果に形成された居住集団の単位的な生活痕跡の累積と考えている（阿部ほか2004）。したがって、土器塚の形成は集落構成員のなかでも、とくに限定された居住集団によって維持管理されていたものと考えたい。甲野勇がかつて想定した「土器作りのムラ」とも関係するが、土器という容器製作を統制する特定集団の存在を、土器塚に近接した遺丘を形成した集団が担った可能性を指摘したいのである。

　筆者は印旛沼沿岸地域における土器製作の器具や粘土残滓の出土状況の検討から、縄文時

代は基本的には自給的な土器製作が展開されたと考えている（阿部 2003）。しかし、土器製作の規範や変化の方向性の選択といった属性変化の情報管理という側面において、そのことに専属的に関わった集団が存在した可能性は高いと考えている。加曽利B1式から加曽利B2式土器への変化のダイナミズムは、こうした集団関係の成立によって進行した型式変化なのではないか。

　また、ちょうどこの時期に印西市西根遺跡などに見るような、低地での活動の活発化とそこでの土器の大量消費は、土器の生産量を増加させた主要な要因でもあろう。

　小論では土器塚の形成に関わる事実の検討から、加曽利B式期の土器製作の特性について言及したが、すでに指摘したように遠部台型土器塚は加曽利B3式期以降には存在しない。土器の型式論とは別に、加曽利B3式から曽谷式、そして安行1式への型式変化は、加曽利B式土器とは異なる構造性を有して進行したと考えるべきであり、その意味では土器型式の時間的な推移という均質で物理的な側面とは異なる人類社会の多様な構造を型式変化の背景に想定する必要が出てきたのである。

＊この論文は、「縄文後期の集落と土器塚—「遠部台型土器塚」の形成と加曾利B式期の地域社会—」（2009『千葉縄文研究』3　pp.79-100）を一部改変し転載したものである。

　注
1）筆者は2000年に竹下次作氏より直接当時の調査状況をうかがった。池上の記述には誤りはないが、詳細な発掘の経過については記述されていない。詳細な状況については、遠部台遺跡の最終報告書において明らかにしたい。
2）筆者らは2006年に天理大学において、後藤守一の調査記録類を精査した結果、江原台遺跡の調査地点の測量図と出土土器の拓本の存在を確認した。
3）筆者らが曲輪ノ内貝塚を調査した際に、複数の地権者の方より明治大学の後藤守一の調査地点を御教示いただき、測量図との整合性を現地で確認した。
4）土器塚の南側の遺丘の高まり部分を調査したが、調査区内においても加曽利B2式や同3式、安行1式、前浦式などの包含層や遺構がモザイク状に分布していることが明らかになった（阿部2007）。
5）大型住居と広く呼称されている遺構について、筆者は大型竪穴建物址と呼称して捉え、一元的に遺構の機能を理解する考え方は慎重であるべきだと考えている。井野長割遺跡の焼失住居で注意されるのは、床面から2点の異形台付土器が出土している点である。加曽利貝塚東傾斜面の大型竪穴建物址と共通しており、集落のなかでも他と区別される位置に相当する可能性がある。
6）土器集積ブロックを構成する土器片は形態や文様に共通性が多く、また複数のブロックが一定の範囲に累積している状況がある。これらは、一定の場所に繰り返し土器を集積させた行為の連続性を示すであろう。
7）「環状盛土遺構」や環状貝塚も含めて、昨今の遺跡の理解には、形成の過程を無視したり、また、その過程の分析に詳細を尽くさずして抽象的で結論的な解釈論を展開する向きがある。筆者は遺跡や遺物に痕跡化することがない行為が存在することを否定するつもりはない。しかし、それらの理解は痕跡として残された遺構や遺物の詳細な分析なくしては、遺跡自体の理解に際して、まったく論理的な根拠を持ち得ない。それらの解釈論が、一遺跡中心史観とでもいうべき

経験的・賛美的傾向をもつことも批判されるべき特徴の1つである。

引用・参考文献

藍原　伝 1936「下総国香取郡米沢村の土器塚に就いて」『考古学雑誌』27—11
阿部芳郎 1998「縄文土器の器種構造と地域性」『駿台史学』102
阿部芳郎 2000a「縄文時代における土器の集中保有化と遺跡形成」『考古学研究』47—2
阿部芳郎 2000b「千葉県遠部台遺跡における土器塚の研究」『日本考古学協会第70回総会研究発表要旨』
阿部芳郎 2002『失われた史前学』岩波書店
阿部芳郎 2003「縄文時代後期における遺跡群の形成と土器のライフサイクル」『土器から探る縄文社会』
阿部芳郎 2005「「環状盛土遺構」の形成と遺跡群の成り立ち」『日本考古学協会第71回総会研究発表要旨』
阿部芳郎 2007『縄文時代における地域社会と遺跡形成に関する構造的研究』（平成15～18年度科学研究費補助金基盤研究（C-2）研究成果報告書）
阿部芳郎ほか 2000「縄文後期における遺跡群の成り立ちと地域構造」『駿台史学』109
阿部芳郎ほか 2004「縄文時代後晩期における谷奥型遺丘集落の研究」『駿台史学』122
天野忠良 1959『千葉県佐倉市吉見台遺跡概報』学習院高等学校
池上啓介 1937「千葉県印旛郡臼井町遠部石器時代遺跡の遺物」『史前学雑誌』9—3
江見水蔭 1909「江原台の土器塚」『探検実記　地中の秘密』
大野延太郎 1938「土中の日本」（遺物編）『中央史壇』9—4
大山　柏 1944『基礎史前学』弘文社
小川和博 2004「千代田遺跡群」『千葉県の歴史』資料編考古Ⅰ
小倉和重 2004『井野長割遺跡（第5次）』佐倉市教育委員会
金子浩昌 1985「千葉県香取郡米沢村大字新所在の土器塚」『神崎町史』資料集1　神崎町教育委員会
甲野　勇 1948『縄文土器のはなし』未来社
甲野　勇・和島誠一 1939「千葉県印旛郡地方石器時代調査」『考古学雑誌』29—7
酒詰仲男 1939「千葉県印旛郡地方遺跡概説」『人類学雑誌』54—8
酒詰仲男 1967『貝塚に学ぶ』学生社
高谷英一・喜多裕明 2000「宮内井戸作遺跡」『千葉県の歴史』資料編考古1（旧石器・縄文時代）千葉県
近森　正 1983『佐倉市吉見台遺跡発掘調査概要Ⅱ』佐倉市遺跡調査会
西村正衛 1955「千葉県西之城貝塚」『石器時代』2
西村正衛 1984『石器時代における利根川下流域の研究』早稲田大学出版局
福家梅太郎・坪井正五郎 1883「土器塚考」『東洋学芸雑誌』19
林田利之 1999『吉見台遺跡A地点』印旛郡市埋蔵文化財センター
山内清男 1939『日本先史土器図譜』第Ⅳ集
山内清男 1967『日本先史土器図譜』第Ⅳ集
八幡一郎・米内邦夫 1972『千代田遺跡』四街道遺跡調査会

3 縄文時代遺跡における活動痕跡の復元と時間情報
―土器型式の制定にみる層位認識と遺跡形成に関わる問題―

阿部 芳郎

はじめに

　縄文土器の型式学的研究は、今日までの縄文時代研究の主流をなしてきたといっても過言ではない。山内清男を中心とするいわゆる「編年学派」により、日本各地の土器編年が構築される道筋が示され、併行して進められた遺跡の発掘と土器の研究から、各地で土器編年が構築された。こうして縄文土器の時間的・系統的な連続性と地域間の関係が整備されてきた。

　こうした作業によって、今や縄文土器の研究は世界の新石器時代のなかで最も精緻な編年体系が構築された。縄文土器の型式学的研究の成果の一端は、時間的な単位として利用され、近年では土器自体に付着した炭化物の理化学年代を測定し、型式の存続時間や縄文時代全体の年代的な枠組みを構築する研究も盛んである。こうした新しい動向のなかで、戦前においてその大綱を構築したいわゆる「山内編年」は、今日においてもなお、型式の実在性は不動であり、また土器型式の年代順が逆転したりして、その秩序を失ったことはないことも重要である。

　こうした成果は理化学年代独自の編年構築ではなく、現存の土器型式を拠り所に型式単位の炭素年代を測定し、土器型式に実年代を与えるという現今の手法においても確認することができる。

　このように戦前より営々と続けられてきた縄文土器の型式学的な研究は、大別から細別へという段階を経て、さらに今日ではこれを基にして、より詳細化が図られている。

　その一方で、これらの土器研究の成果を遺跡自体の構造を解明するための方法として用いる視点が確立し、原位置論（麻生 1975）の援用や、土器の接合関係に着目した遺跡形成論的研究がその後に展開してきた。しかし、ますますの細かさを増す土器型式学や層位学的な現象の認識論の中には、「型式は層位に優先する」または「層位は型式に優先する」といった着眼する現象の一方を過大に重視しすぎるために、両者の認識のあいだに排他的関係を形成してきたのもまた事実である。層位と型式は時間的な情報によって成り立つ性質をもつ以上、両者の認識の論理や着眼する現象の差異を検討せずに遺跡における人間活動の実態にせまることはできないであろう。

　本論では縄文土器の型式の制定方法とその着眼点に遺跡形成論的な視点から検討を加え、土器型式のもつ時間情報の成り立ちと遺跡形成論との関係について考察したい。

第Ⅳ章　行為の時間情報 ―遺跡形成における時間性と単位性―

1　層位論と型式論

（1）土器型式の制定と層位論

　山内は縄文文化の研究方針の中で、縄文土器の型式は「実在し動かし得ないもの」（山内1937）と定義し、その後の編年研究の道筋を示した。歴史における実在性とは、時間的な情報を重要な根拠の1つとしている。そのため、土器型式の制定と編年は、重要な研究課題とされてきた。

　ここでは山内による土器型式の制定の方法について、時間情報の特性を考察するために、いくつかの事例を掲げて検討を加える。

　関東地方における縄文中期と後期土器の編年作業において、山内清男、甲野勇・八幡一郎らによる千葉県加曽利貝塚の調査は著名であるが、それは「土器型式の内容決定、層位的事実、年代的考察に向かって僕等を躍進せしめた」という（山内1928）。

　具体的には「加曽利E地点貝塚発掘の土器、加曽利B地点貝塚発掘の土器は各別個の一型式と認められる」成果を、層位学・型式学的手法を用いて確定したのである。このような土器型式の年代的な関係は、「加曽利B地点貝塚の貝層以下の土層には「堀之内式」が稍多量、「加曽利E式」に近縁な土器が少量発見」されたとあるように、土器の層位的な出土状態を確認しながら、相互の土器型式の年代的な関係を考察したことからも窺える。

　また、加曽利E式と堀之内式の関係に層位的な根拠を与えた事例としては、同じ千葉県にある下総上本郷貝塚の発掘成果がある。調査は台地上に形成された地点貝塚に10地点におよぶ小発掘を行ったものであり、それは「最初の採集に於いても地点によって土器の型式が異なる。当時の慣用語によれば、薄手も厚手もある。これは僕らの興味を引き」土器編年構築のための組織的な発掘を試みたのである（第1図）。

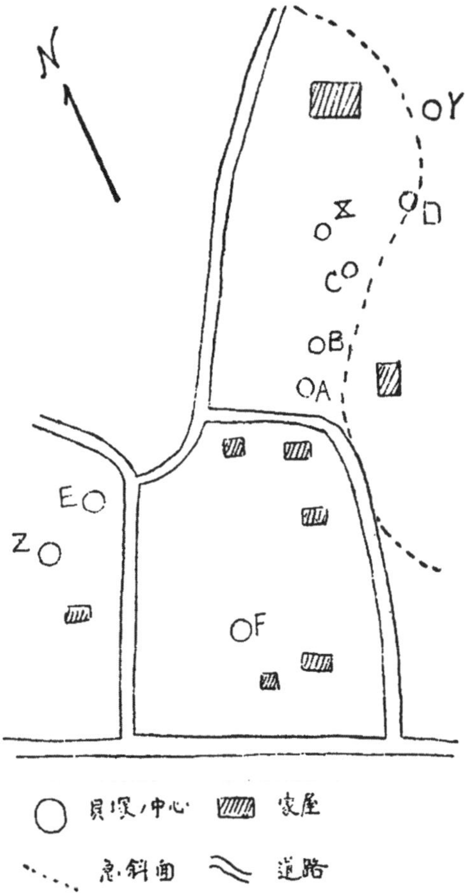

　当時の土器型式の層位的な関係は、加曽利貝塚の加曽利E式とB式の他に、「犢橋貝

上本郷貝塚は中期から後期の地点貝塚が台地上に点在しており、土器型式の時間的な関係を解明する目的で、図中〇印の部分の発掘が行われた。

第1図　山内清男による上本郷貝塚の調査地点
（山内1928より）

3 縄文時代遺跡における活動痕跡の復元と時間情報 ―土器型式の制定にみる層位認識と遺跡形成に関わる問題―

調査区の約半分が掘り下げられ、貝層の断面が見える。周囲には
2段に新聞紙が敷かれた上に土器が置かれている状況が見える。
第2図　山内清男による「子母口第2区貝塚」の調査状況 (江坂1995より)

塚（下層堀之内、上層安行）、貝殻坂（上層堀之内、及加曽利E式、下層繊維ある土器）、姥山（最上層堀之内、次に加曽利E、次に阿玉台）」(山内1928) 程度であった。山内が目的としたのは、一遺跡内における地点貝塚の小規模調査によって、相互の土器群の特徴を比較する作業と、それらのまとまりをもつ土器群の層位的な出土状況の把握にあった。山内はこうした手法を、複数の遺跡の発掘において実施してその整合性を確めて地方別の編年を構築したのである。

東北地方の大木式や大洞式の諸型式の制定も、ほぼこの手法を基本にして進められ、遺跡での地点間の土器群の比較によって型式が設定された。そして、地域単位での編年を相互に比較して広域編年を構築した[1]。これらの作業は、完形土器などに注目した比較ではなく、主に層位を重視した破片資料の出土状態の確認と、それらのまとまりを単位とした型式学であった[2]。

つぎに資料の限られる中で制定され、その経緯が記載された土器として子母口式土器を掲げてみよう。

本型式の制定の端緒は、山内が大山史前学研究所による発掘資料を熟覧し、「子母口式の名称を与え、年代を茅山式の直前に推定し」たものであったが、その後に山内自身が独自で子母口貝塚を発掘し、「多量の土器片」を得たとともに、近隣の大口坂貝塚の発掘を行い、

第Ⅳ章　行為の時間情報 —遺跡形成における時間性と単位性—

第3図　山内清男による縄文土器の土器編年表（山内 1937）

「下層に子母口式、上層に茅山式が発見される事実」を得て型式の存在を確定したものであるという（山内 1941）。しかしまた、「尚資料不足のため、不明な点が多く、自信を以ってこの式の内容を説き得ない」とした（山内前掲）。

こうした記述と少ない資料は、その後の研究の進展に少なからぬ影響を及ぼし、子母口式土器不在説が比較的近年に至るまで存在したことも、また事実である（瀬川 1982 など）。その後、山内自身が調査した子母口貝塚と大口坂貝塚の資料が公開され、型式研究の推進もあり今日では型式の実在は動かぬものになった（金子 1992）。

それでは山内は土器型式の存在を確定するために、具体的にどのように発掘を行ったのだろうか。残された資料をもとに検討を加えてみよう。

江坂輝彌は山内の 1937（昭和 12）年の子母口貝塚の発掘を回顧し、その中で山内の発掘は層毎に出土した土器は新聞紙の上において、その場で観察を加えたという。江坂氏の提供した発掘状況の写真のなかには、確かに発掘地点の脇に広げられた新聞紙の上に土器が置かれている状況が見て取れる（第 2 図）。

これらの成果は「縄紋土器型式の細別と大別」（1937）としてまとめられ、本州を 9 つの地域に区分して早期から晩期にいたる地域ごとの土器編年が示されたのである（山内 1937）（第 3 図）。

（2）層位学的な発掘成果と『日本先史土器図譜』

山内はこのような遺跡の調査と土器の観察を通じて土器型式を制定し、やがて個々の型式の解説を加えた『日本先史土器図譜』を刊行する（以後『図譜』と略す）。その刊行は 1939（昭和 14）年 7 月より開始され、1941（昭和 16）8 月に及ぶまでのあいだに行われ、全XII集が刊行されている。

ここでは遺跡における層位認定と型式の細別との関係を考えるために、堀之内式の解説を検討してみよう。堀之内式土器については 1940（昭和 15）年の第VI輯には 9 枚の写真図版とともにその解説があるが、ここには「堀之内式はその後新旧二型式に細別された。また関東地方のうちでも多少地域的な差異を持って居り、たとえば武蔵相模のものと、下総のものとは勿論共通した器形装飾を有するが、幾分異なったものを含んでいるようである」とし、細別と地域差の存在を指摘している[3]。

『図譜』の刊行は 3 年間および連続して行われている。「縄紋土器型式の細別と大別」は 1937（昭和 12）年刊行であるから、『図譜』の刊行より 2 年ほど早い。しかし、山内の『図譜』の構想は、周到に準備された掲載資料の構成などからみて、すでにこの頃には完成していたと推測して間違いないであろう。

『図譜』に示された資料は、早期を除いては、すべて完形か全体が復元されているもので占められている。しかもそれらの大半の資料は山内自身の発掘資料ではなく、多くの研究者や採集家の所蔵品で占められている。個々の遺跡の発掘において層位差や型式差を確認した資料の大半は土器片であったことから、『図譜』という性格上、全形を窺える資料を厳

選して編集したのであろう。

　しかし、たとえばここで取り上げた堀之内式のように、新旧の細別が『図譜』において解説されている反面で、古い部分（堀之内1式）と新しい部分（堀之内2式）の層位的な違いの確認が、具体的にどの遺跡の調査で成されたものなのかを説明した解説はみられない。

　『図譜』第Ⅲ輯の刊行された1939（昭和14）年10月には加曽利B式（古い部分）が刊行され、その冒頭で「加曽利B式は関東地方縄文式後期のうち後期の中程に位する型式であって、大正13年下総千葉郡都村加曽利貝塚B地点貝層の土器を標準として認められたものである。同時に自分が指摘した堀之内式及び安行式と共に所謂薄手式（縄文式後期及晩期の三区分）として今日一般化して居るが、当時の型式制定は不確実であって、現在では各式共若干の細別を必要とするのである。堀之内式は明らかに新旧二型式に分かれ、安行式は四型式となり、加曽利B式、安行式間には曽谷式が介在することが判明した」と述べ、1938（昭和13）年以後、型式の実在を検証する作業とともに細別が進行したことが述べられている。

　それ以後もこれらの細別が、層位的な上下関係から検証されたという具体的な解説はみられず、編年表と『図譜』で説明された細別の関係を示す記述は示されていない。山内自身の発掘調査による型式と層位の確認状況については先にも触れたが、これらの中にも細別の上下差は指摘されていない。また、すでに述べたように、たとえば加曽利貝塚の発掘においてもB地点とE地点という地点差が土器型式の区分に重要視されており、さらに垂直層位による出土状態が新旧関係の確認に利用されている。これは、先に指摘した子母口式の検証における大口坂貝塚の事例においても同様であった。

　以上のように山内の記述から、遺跡の発掘の成果をとりいれた山内の型式編年の組織とは、「加曽利E式」や「堀之内式」、「加曽利B式」といった型式的なまとまりが遺跡における地点差や垂直的な層位差によって検証されたことを示すものであり、細別については、まとまりをもった他の遺跡の資料が同一遺跡の別地点における出土状態（水平層位）と、出土した土器自体の型式学的な比較によっていたことがわかる。

　とくにこのことは加曽利B式（中位の古さ）の標本構成に良く表れており、19個の標本土器の内、2個を除いた17個が近接した2つの遺跡（千葉県遠部台遺跡・江原台遺跡（曲輪ノ内貝塚））から選別されている。両遺跡ともに、一括性の高い土器塚から出土した資料から構成されたものである（山内1939）。

（3）『日本先史土器図譜』の標本配列にみる時間的階層性

　『図譜』における標本土器は、型式の特徴をもっとも良く表す復元個体資料が厳選されたものであるが、型式を構成する個々の資料の配列にはどのような意味があるのだろうか。ここでは後期の土器型式に注目して、ふたたび、標本土器とその解説に注意してみよう（第4図）。

　堀之内2式の精製深鉢は図版57と58であり、手始めにこれらの関係を考えてみよう。まず、図版57の2個体に共通するのは、胴部上半に渦巻き文などのモチーフを描く磨消縄文による文様が描かれている点である。そして、「口縁は内側肥厚し、外側僅下方に細い隆線

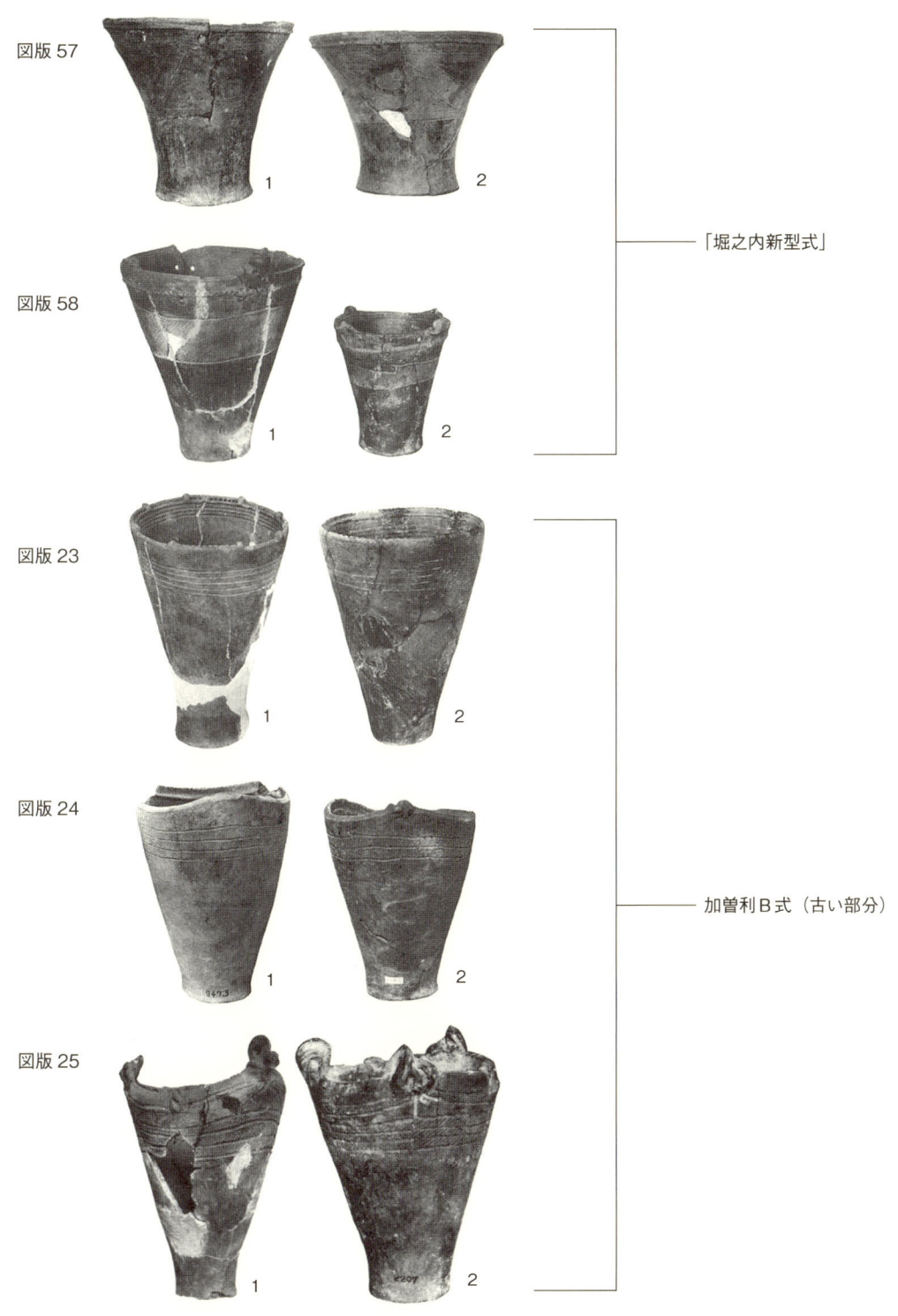

3　縄文時代遺跡における活動痕跡の復元と時間情報 —土器型式の制定にみる層位認識と遺跡形成に関わる問題—

図版 57　　　　1　　　　2　　　　┐
図版 58　　　　1　　　　2　　　　├──「堀之内新型式」
図版 23　　　　1　　　　2　　　　┐
図版 24　　　　1　　　　2　　　　├── 加曽利B式（古い部分）
図版 25　　　　1　　　　2　　　　┘

各図版には2個ずつの深鉢が掲載されており、解説文では図版58から図版25にいたる型式学的な流れが配慮されている。

第4図　『日本先史土器図譜』における資料配列と型式変化

193

が繞って居る」点が具体的に記述された特徴である。

図版58では「口内側には横線二三条が加えられて居るが、これは来るべき加曽利B式に於いて良く発達し、23、24の如きものを生じて居る」とした。

図版57の土器との連続性は記述にはないが、口縁部の「細い隆線」が写真に確認される。図版57は「来るべき加曽利B式」との関係が配慮されている点が確認できる。

加曽利B式の（古い部分）の精製深鉢は、図版23と24と25である。ともに2個体ずつが掲載されている。図版24では「口縁に大なる高低はなく、上端には小突起、刻目を有し、内面には数条の横線を主とする文様がある」として、堀之内新型式との連続性を示唆する。さらに口縁内面にみられる文様について「この主の内紋様は堀之内新型式のあるものから系統をひいたものである。」として、前型式（図版57）からの連続性を説明している。

堀之内2式において図版57は「来るべき加曽利B式」との関係が指摘され、加曽利B式の古い部分の最初の図版の標本では、「堀之内新型式のあるものからの系統」が指摘され、両者の系統的連続性の理解が図られている。

加曽利B式の古い部分の深鉢の構成はどうであろうか。

図版28の標本土器は、「二例共概形は23に近似するが、口縁に3個の突起ある点が異なって居る。口端の外側は斜面をなし、内側に近く細かい刻目を付けて居る。更にその下は溝と隆線が加えられて居る。写真には見えないが、1）に於いては内面三条の横線があるが、2）には見られない。」となる。

図版23の土器とは異なっている点と口縁内面に「溝と隆線が加えられ」「1）に於いては内面三条の横線」に変化していることが示され、これによって連続的な変化の認められることを解説している。

図版25では「二例共深鉢形で口頸部僅かに内傾する。口縁に突起3個を存し、突起間には細かい刻目が付けられて居る。外面は平滑。頸部に平行線的な磨消縄紋がある。」記述に見える図版24との連続性は、図版28の口端の「内側近く細かい刻目」が「突起間」の「細かな刻み目」へと連続することである。

写真では図版24の2個体には3単位の小突起があり、ここを頂点として口縁が緩く波状化している特徴が、図版25では突起の発達とともに波状化が顕著になる状況が見て取れる。

このように、堀之内新型式から加曽利B式の古い部分への連続性は、図版58の堀之内式新型式の個体と図版23に示された加曽利B式の古い部分の最初の2個体のあいだで説明されていることがわかる。これは図版57よりも図版58の方がより加曽利B式に近く、加曽利B式の中では、図版23がより堀之内新型式に近い位置にあることを示唆するものである。

さらに図版23—24—25は口縁内面の文様や口端の刻み、突起と口縁の波状化という現象が一連の型式変化を伴って進行する状況を説明したものとして説得的である。

『図譜』における標本土器の配列と記述を手掛かりにして、標式土器を観察すると堀之内式新型式から加曽利B式の古い部分への連続的な変化を読み取ることができる。これが細別

型式の内部における、より細かな時間的単位であることを示すであろうことは想像に難くない。

そうであるならば、山内の土器型式学における時間的認識は、加曽利E式や堀之内式、加曽利B式などの遺跡層位における大別の組織と、それを骨組とした堀之内旧型式と新型式、加曽利B式（古い部分）・（中位の部分）・（新しい部分）という細別があり、さらに『図譜』における標本土器の配列に見られる細々別ともいえるような、個体の型式学的な観察によって示唆された型式の時間的推移という3つの階層性をもつことが理解できる。

これらのもっとも細かな時間的単位が、遺跡の一括遺物や層位的な関係として検証されたものであったかを確認する記述や資料は見当たらないものの、標本土器に2個ずつの個体が厳選して選別

第5図　茨城県陸平貝塚出土の加曽利B式土器
（杉山 1928 より）

され、簡潔な記載の中に見える属性の系統性や時間的な変化は、きわめて明解に理解できるように配慮されている。仮にこれらの標本個体の配列を一部でも変えた場合、ここで指摘したような堀之内新型式から加曽利B式（古い部分）への順調な型式変化を追うことはできない。

とはいうものの、これら一連の型式変化が、堀之内2式から加曽利B式への変遷の全体を示すわけではないことも、また確かである。たとえば、当然山内の目に触れたはずの東京大学人類学教室収蔵の茨城県陸平貝塚出土の加曽利B1式の精製深鉢（第5図）などは、内文の発達が認められないかわりに口縁は突起を中心にして波状化している。こうした特徴の土器の存在は、『図譜』の土器とは類似しつつも、異なる系列の存在を示すものであろう。

これを山内の予測と見るか、細別の示唆とみるかは今日では意見のわかれるところであろうが、山内の資料中にある加曽利B式を整理・紹介した安孫子昭二氏は「この微妙なその配置の順に時間的な経過を示唆したもの」（安孫子 1998）と指摘し、当該型式の研究の中にその意図を読み取る評価もある（菅谷 1996 ほか）が、ここでは当該型式の研究現状の詳細には立ち入らない。

（4）大山史前学研究所による層位の認識

土器型式の認定における層位の確認として、ほぼ同じ時期に多くの貝塚を調査し、山内もその成果に大いに依拠した大山史前学研究所の層位確認の事例を比較してみよう[4]。

大山自身も考古学の方法論を整理するなかで、層位論的な認識を重要視している。大山の著書『基礎史前学』（大山 1944）のなかでは事例紹介とともに解説されているが、大山の層位認定は「史前学上の層位学的研究は無条件で如何なる場所でも行い得るのではない」とし、

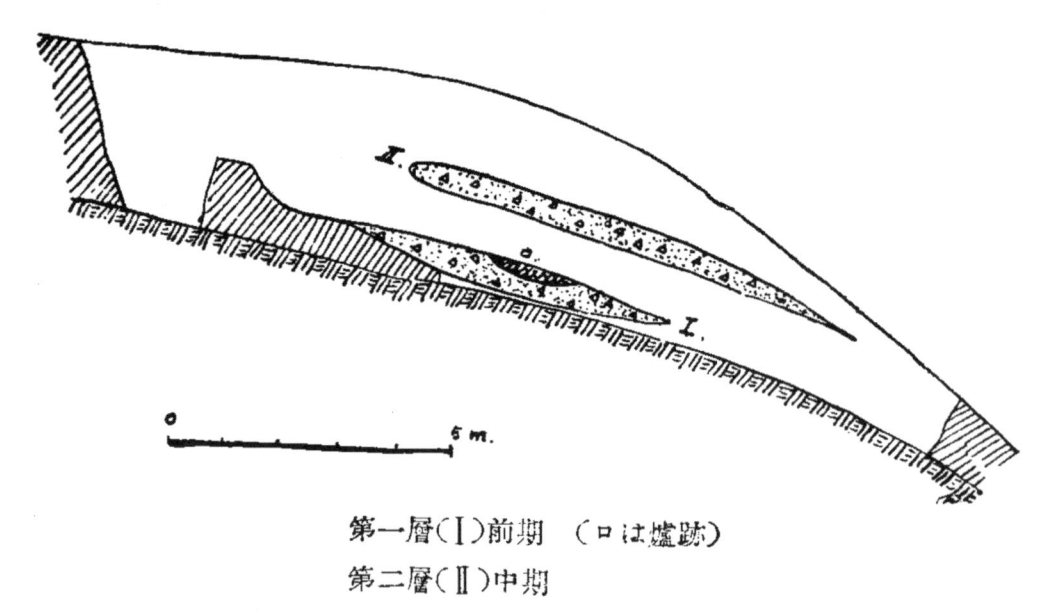

第Ⅳ章　行為の時間情報 —遺跡形成における時間性と単位性—

第一層（Ⅰ）前期　（ロは爐跡）
第二層（Ⅱ）中期

上部の貝層（Ⅱ）は、中期で間層を挟んで前期の貝層（Ⅰ）が堆積している。貝層（Ⅰ）は前期初頭の花積下層土器を出土し、上面（ロ）には炉址が発見されている。大山は具体的な生活痕跡がわかる面の累積状況を層位的な違いと捉えた。

第6図　埼玉県花積貝塚の層位（大山 1944）

「もっとも理想とする所は洞窟の如き限られた地域である。これなら最初に棲んだ住民の其上に、第二第三と次々の住民が来ても大約直上に住むから、容易に層位も出来る」と指摘しているように、単なる土層や貝層などの堆積物による層位区分だけでなく、明確な生活面の累積を前提としたものであった。

　たとえば、埼玉県花積貝塚の調査では、第1回目の調査で上層の貝層に加曽利E式（大山史前学研究所の「勝坂式」）が包含されており、中間土層をあいだに挟んで堆積した下部貝層からは繊維を含む縄文土器（「蓮田式」・後の「花積下層式」）の出土が見られ、両者は層位的に区分できるものと考えられたが、議論に決着をみず、その問題を解決するためにより広い範囲での間層の存在を確認する目的で第2回目の発掘を実施した[5]。

　そして、区分の根拠とされた時期を異にした生活面の累積があったことから、「典型的な層位のあるものを発見したが、此の如き例は稀である」としている。なお、大山はこの事例は単に中間土層の存在のみならず、前著の注において「両者の断面を確認して、上下に夫々住居跡があることを発見している」と述べ、その確実性について住居の構築を伴う生活面の累積の確認によっている点を補足した（第6図）。

　後年に甲野勇は発掘に参加した竹下次作による指摘を踏まえて、下層から出土した前期の土器を花積下層式土器と命名して前期初頭の土器型式として提唱している（甲野 1935）。

　山内の層位的な出土状態とは、決して広くはない発掘区の中で貝層や土層といった層の構成物の違いや土色などによって行われたものであり、大山が花積貝塚で行ったような開地遺跡における層位の平面的な広がりの確認を前提とし方法とは、やや認識が異なる。

3 縄文時代遺跡における活動痕跡の復元と時間情報 —土器型式の制定にみる層位認識と遺跡形成に関わる問題—

　山内とは異なる大山のこの層概念は、当時の欧州の旧石器研究に精通した洞窟遺跡における欧州の先史学の視点と方法そのものであった。さらに大山は層位のほかに、海水準の移動などの自然現象を「時の法則」と呼び、貝塚の分布の変化などの諸現象に客観的な年代差を求め、関東地方における貝塚の組織的な発掘を進めたのである[6]。

　大山の遺物の出土状況の確認方法で、もう1つ指摘しておきたいことがある。それは層内における遺物の出土状況の観察である。

　大山が加曽利貝塚を調査したのは、山内らの調査後の1937（昭和12）年である。大山らは南貝塚の発掘を実施し5ヵ所の調査地点を設けたが（第7図）、各地点において、後期の貝層下の土層から中期の土器が発見されることについて言及し、東

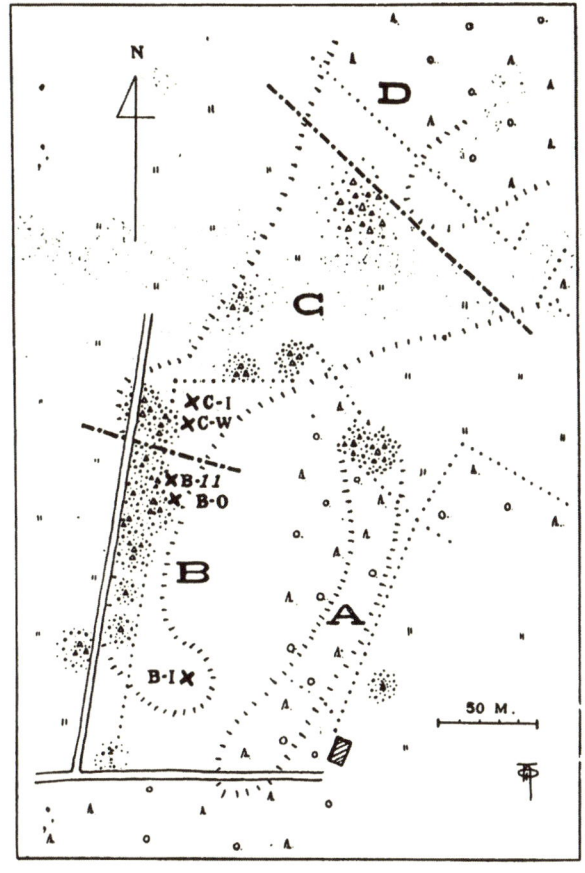

第7図　大山史前学研究所による加曽利貝塚の調査地点
（大山ほか 1937）

京大学人類学教室の発掘で確認された成果を引用しつつ「中期縄文式土器が貝層下の黒褐色土から出土すると云ふ事実は局部的な一事象ではなく、少なくとも、本貝塚B地点及びC地点に於ける一般的事実と称しても過言ではなかろう」とした（大山ほか 1937）。

　さらにB地点付近に設定した調査区（BⅠ点）では、貝層下の土層に発見された後期の住居址における遺物出土状況のなかで、中期の「土器片は相互に接合することもなく、而も土器片の縁が磨滅した個々の破片である。且又、此等の土器片は住居址床面に出土するものなく、床面上より約30糎上層にある点より、少なくとも本発掘点に於いては、既に廃棄せられた後期の住居址上に混入したものと想像せられる。後期に於いて住居址をローム面まで掘り下げて構築する場合、適々中期縄文式土器の存在する位置に於いて、この構築が行はるるものなれば、当然以上の如き現象を呈する事を想像するに難くない」としている（第8図）（大山ほか 前掲）。

　大山らの調査報告には、「確実なる発掘と、綿密なる出土状態の研究」にある点が主張され、「偶々小地域の発掘に於いて、往々陥り易き層位的見解の過信に対し、一顧を擁す可き一事例を、発見し得た」のであり「遺跡と遺跡との夫々研究の外、其両者間の連鎖をなす

197

今日的にみると、第2段以後の土器にはより後出の堀之内式や加曽利B式を含むようである。

第8図　加曽利南貝塚貝層下出土土器（大山ほか 1937）

出土状態の研究とが、かく一致して其帰納を確実ならしむると云ふ原則」を指摘し、「層位的事実の存在を確認するには、各層夫々に住居跡や墳墓等の如き、確実なる狭義の遺跡を発見することが、もっとも安全精確であるということも考え得る」とした（大山前掲）。

　このように、山内と大山の遺跡における層位の理解には、相異なる着眼点と主張があることを具体的な発掘記録の中に確認することができる。そして、これらの方法による縄文文化の区分と土器編年は、1935（昭和10）年の「ドルメン」石器時代特集号において確認することができる（第9図）。

　大山らの縄文文化の編年は、前期・中期・後期からなる3期区分であり、山内の5期区分よりも時間区分の単位が大きい。さらに各期の内部を時間的連続として構成する土器型式も、山内13型式・大山5型式と制定された型式数の差は歴然としている。しかし、鳥居龍蔵による「厚手式」と「薄手式」の人種民俗論的な理解が広く行われていた明治期の考古学を、科学的精神によって解明に赴くための研究として推し進めた大山の遺跡形成論的な遺物出土状態の記述と土器編年も、今日的にみた場合注目すべきであろう。

　山内も大山史前学研究所の調査資料に多くを依拠している事実からしても、大山らの調査の精度が山内のそれと大きく異なっていたと考えることはできない。むしろ、この時期の考古学における型式と編年に関する方法や認識の差として考えるべきであろう。一方反面で

日本石器時代の遺跡と遺物（編輯部編）附錄

東日本に於ける縄紋式土器型式一覽表

略號：← 型式移行を示す　＝ 同期併存を示す　□ 未命名の一型式

地方	後期	中期	前期	提唱者	文献 題目	文献 書名	年
關東地方	大森式	→陸平式		八木奘三郎・下村三四吉	下總國香取郡阿玉臺貝塚探究報告	人類學雜誌 一〇の九七	明治二七年
關東地方	薄手式	―厚手式		鳥居龍藏	有史以前の武藏野	武藏野三の三	大正九年
關東地方			諸磯式（本式の年代的位置は厥ト上下せり）	八木奘三郎 榊原政職 大場磐雄	甲州諸磯石器時代の土器 相模國諸磯石器時代遺跡調査報告 諸磯式土器の研究	人類學雜誌 一三の一三九 考古學雜誌 一一の八 考古學雜誌 一四の九 一五の一	明治三〇年 大正一〇年 大正一三・四年
關東地方	安行式←加曾利B式←堀之内式←	加曾利E式←勝坂式←阿玉臺式←	諸磯式←蓮田式←茅山式←子母口式 田戸上層式←田戸下層式　三戸式	山内清男	斜行縄紋に關する二三の觀察	史前學雜誌 二の三	昭和五年
關東地方	余山式（薄手系）←堀之内式（薄手系）	加曾利式（厚薄中間系）　楢原式（諸原手系）　阿玉臺式（預厚手式）	諸磯式（準厚手系）　茨輪式（準厚手纖維胎を含む）	杉山壽榮男	縄紋土器	日本考古圖錄大成	昭和六年
關東地方	大森式←	勝坂式←	諸磯式←蓮田式←指扇式	大山柏	Vorläufiger Bericht über die Chronologie der Jomonkultur der Steinzeit in Kwantô (Mittel-Japan)		昭和七年
關東地方	第四群（第一一類←第一〇類）←第三群（第九類←第八類←第七類）←	第二群（第六類←第五類←第四類）←	第一群（第三類←第二類←第一類）	八幡一郎	北佐久郡の考古學的調査		昭和九年
關東地方	安行式←加曾利B式←堀之内式←	加曾利E式←勝坂式←阿玉臺式←	諸磯式←黒濱式←蓮田式←花積下層式←茅山式←子母口式	甲野勇	關東縄紋式土器の年代的變遷（未定稿）	史前學雜誌 七の三	昭和十年
東北地方	宮戸式←寶ヶ峰下層式←（凹曲線縄紋期）（獺澤式ヲ含ム）	大木式……青島式（凸曲線縄紋期）		松本彦七郎	宮戸島里濱及氣仙郡獺澤介塚の土器 日本先史人類論	現代之科學 七の五・六 歴史と地理 三の二	大正八年
東北地方	龜岡式（大洞A'←A←C₂←C₁←BC←B）←□←□←	大木10―9式←同8式←同7式	←大木6―3式←同2―1式←室濱式←槻木上―下層式	山内清男	斜行縄紋に關する二三の觀察	史前學雜誌 二の三	昭和五年
東北地方	(a) 出奥式 (b) 津輕式 (c) 奥羽薄手式 (d) 奥羽式　陸奥式　奥州式			(a) 鳥居龍藏 (b) 喜田貞吉 (c) 長谷部言人・大場磐雄 (d) 諸家			
東北地方		圓筒土器		長谷部言人	圓筒土器文化	人類學雜誌四二の一	昭和二年
東北地方	龜岡式←□←□←□←	□←□←圓筒土器上層式←	圓筒土器下層式	山内清男	斜行縄紋に關する二三の觀察	史前學雜誌 二の三	昭和五年
東北地方		一王寺式土器b形←	一王寺式土器a形	宮坂光次	青森縣是川村一王寺遺跡發掘報告	史前學雜誌 二の六	昭和五年

ドルメン 第四卷 第六號 添附

第９図　土器編年案の対比（『ドルメン』（1935））

山内と大山の遺跡調査による層位認識には、大きな違いがあることが確認できた。さらにまた、両者の層位的な出土状況から導かれた解釈にも異なる点があることがわかる。

本来遺跡の中の遺物は、考古学的にどのような情報を内在させているのであろうか。

2 遺物の出土状況からみた層位の形成過程

山内の指摘にあるように、縄文土器の型式は年代学的な単位である。土器型式とは、遺跡から出土した土器の特徴を型式学的に抽象化した概念であるため、『図譜』の検討においても指摘したように、その全体を示したものではない。それでは遺跡の内部において、一定の時間的なまとまりの中の土器群とは具体的にどのようなあり方を示すのであろうか。

この問題を考えるとき、はじめに考古学のなかで慣用的に使われてきた「遺物包含層」という用語と、それによって示される現象について確認しておきたい。

大野延太郎は遺跡において、一定の厚みをもって遺物を含んで堆積する土層のことを「遺物包含層」と呼称した（第10図）（大野 1938）。それは「先住民に由て、残されたる遺物が、其当時の地上に動かされずして、元の儘に存する場所」で「必ず幾尺か土壌を以て覆われ、其の遺物の如きも堅く包含せられておるもの」であり、さらに遺物包含層の中においても、遺物の包含状態は「恰も地層中に鳥の飛翔するような有様に見える」と、埋存状況についての観察が行われている。

これらの指摘は、「遺物包含層」の内部において、遺物は必ずしも均質的に包含されているのではなく、面的にも深度においても一定の集中部を形成していたことを認識していたことを示唆する。

その集中部や遺物の粗密、遺構との共伴関係などが、遺跡の内部には痕跡として累積しているのである。山内の土器編年における層位論は、貝層や土層などの堆積物の違いや土層の色調によって区分された層位をまとまりとした土器群の単位性の確認を主眼としている。しかし、土器群の層位的なまとまりをただちに型式に置き換えたわけではなく、「貝塚の層序をきちんと見きわめ、層ごとに懸命に掘りつづけ、出てくる土器片の一つ一つに目を通す」

第10図　大野延太郎による遺物包含層の模式（大野 1938 に加筆）

（岡本 1995）という方法で、掘りながら型式と層位の関係を観察したのであろう。
　一方、大山の認識は時間的な境界性が自然的な要因によって形成されたものを基準としたものであり、大山自身が層位的な関係の具体的事例として掲げた埼玉県花積貝塚は、貝層などの人為的な堆積物の内部を区分するというよりも、前期初頭と中期後葉の貝層間の土層の存在と、住居という居住面の垂直的な累積を時期区分の根拠として認定したものであった。
　さらに加曽利貝塚では、包含層の内部における土器の遺存状況や接合率などを参考にして、層位ごとの時間的単位性や竪穴住居の構築などに伴う、古い包含層の攪乱と遺物の二次的な移動現象などに着目している。
　大山をはじめとした史前学研究所の方法は、土器片の磨滅状況や接合関係などに注視し、遺物としての土器片の由来について検討したものであり、土器型式としてのまとまりの確認とは別に、遺跡形成論的な視点が明確である。
　土器編年を確立するために土器の出土状況をつぶさに観察した山内と大山らの調査は、遺跡における時間的な区分の認識方法とその着眼点に大きな違いをもつように見える。
　縄文土器編年の大綱がほぼ確立した現在、両者の視点と方法をどのように学史的に評価し、また今日的に継承すべきであろうか。

3　遺物分布空間の構成と居住痕跡

　この点の検討が本論の目的とする点であるが、次に筆者が具体的に関わった遺跡の調査事例を紹介しながら、土器型式の細別と遺跡形成の関わりについて検討を加えよう。
　神奈川県綾瀬市にある上土棚南遺跡は、縄文時代後期前葉の集落遺跡である。台地端部か

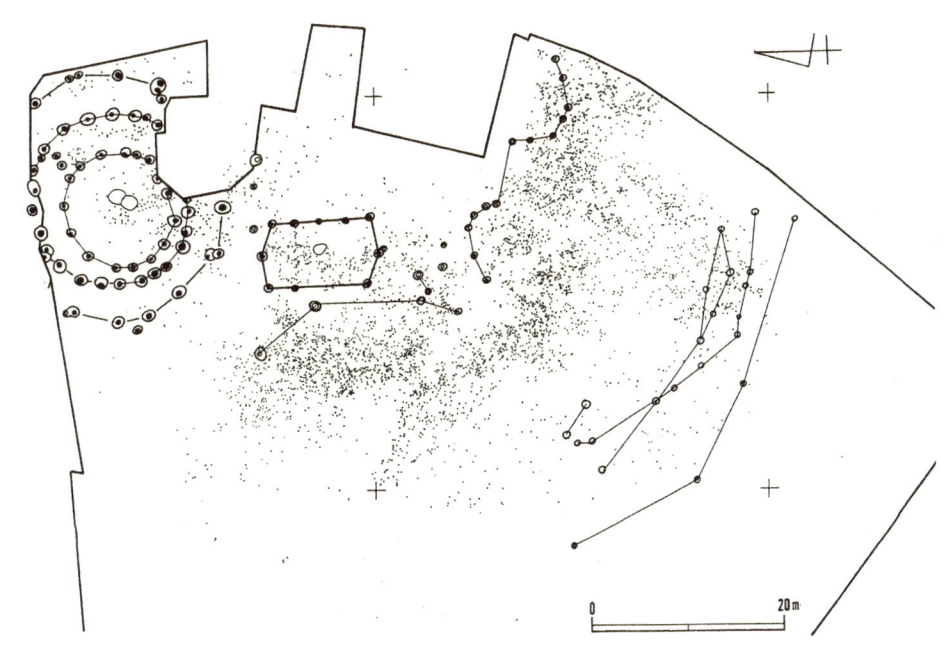

第 11 図　神奈川県上土棚遺跡における遺構と遺物の分布状況

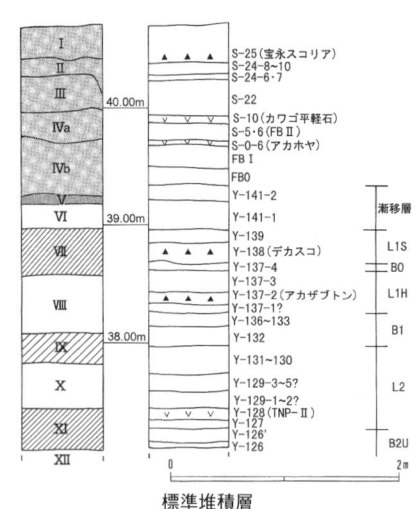

第Ⅳ章　行為の時間情報 —遺跡形成における時間性と単位性—

黒色土層中に面的に広がる弧状の遺物群。遺物の出土深度は上下で10cmほどの厚みをもつが、土壌学的な区分はできない。

第12図　上土棚南遺跡の遺物出土状況

ら中央部にかけての約2,600㎡が調査された（矢島・阿部1988）。その結果、台地の端部に平地式住居1棟とこれに隣接して掘立柱の長方形柱穴列が1棟発見された。そして、これらの居住空間を取り巻くように、大量の遺物が分布する弧状の廃棄空間が形成されていた（第11図）。

　遺物は第Ⅲ層から第Ⅳ層と呼称された土層を中心にして出土しており、出土レベルや層位差などは確認できなかった（第12図）。発掘調査で、遺物は微細な土器片を除いて全点について、出土位置と標高を記録して取り上げており、調査後の整理では、これらの出土地点を基にして、遺物相互の接合関係の検討と個体識別作業を行った。

　出土した土器では、後期前葉の堀之内1式と同2式が圧倒的な主体を占めており、早期・前期の土器が少量含まれる。図上復元もふくめて、復元できた堀之内式土器は46個体におよぶ。これらの土器はⅢ層下部からⅣa層にかけての数十cmの幅のなかで集中して出土したものであり、堀之内1式と2式を区分できるような有意な層位的関係は確認できていない。

　まず、土器の分類であるが堀之内1式から同2式にかけて、すでに山内清男が指摘したように、関東地方の西南部と東部地域では地域差をもつ土器が存在する（山内1940）。さらに堀之内式土器は西南部の地域性を重視し下北原式という名称も用いられており、両地域の地域的な差異が縮小した堀之内2式でa〜b式への3細別が行われている。ここでは報告書で筆者が行った型式の細別を基本にして分析を進めることにする（阿部1998a）。

　そこでは下北原式は（古）・（中）・（新）の3細別を行い、堀之内2式の3細別を加え、6細別の型式連続として後期前葉土器群を編年した。この型式細別を単位とすると、上土棚南遺跡では、下北原（中）式を始まりとして、下北原（新）式と堀之内2a式の出土が確認できた。これらの型式学的な検討において、おおむね堀之内式後半から同2式初頭ごろまでの集落跡として考えることで異論はないであろう。

202

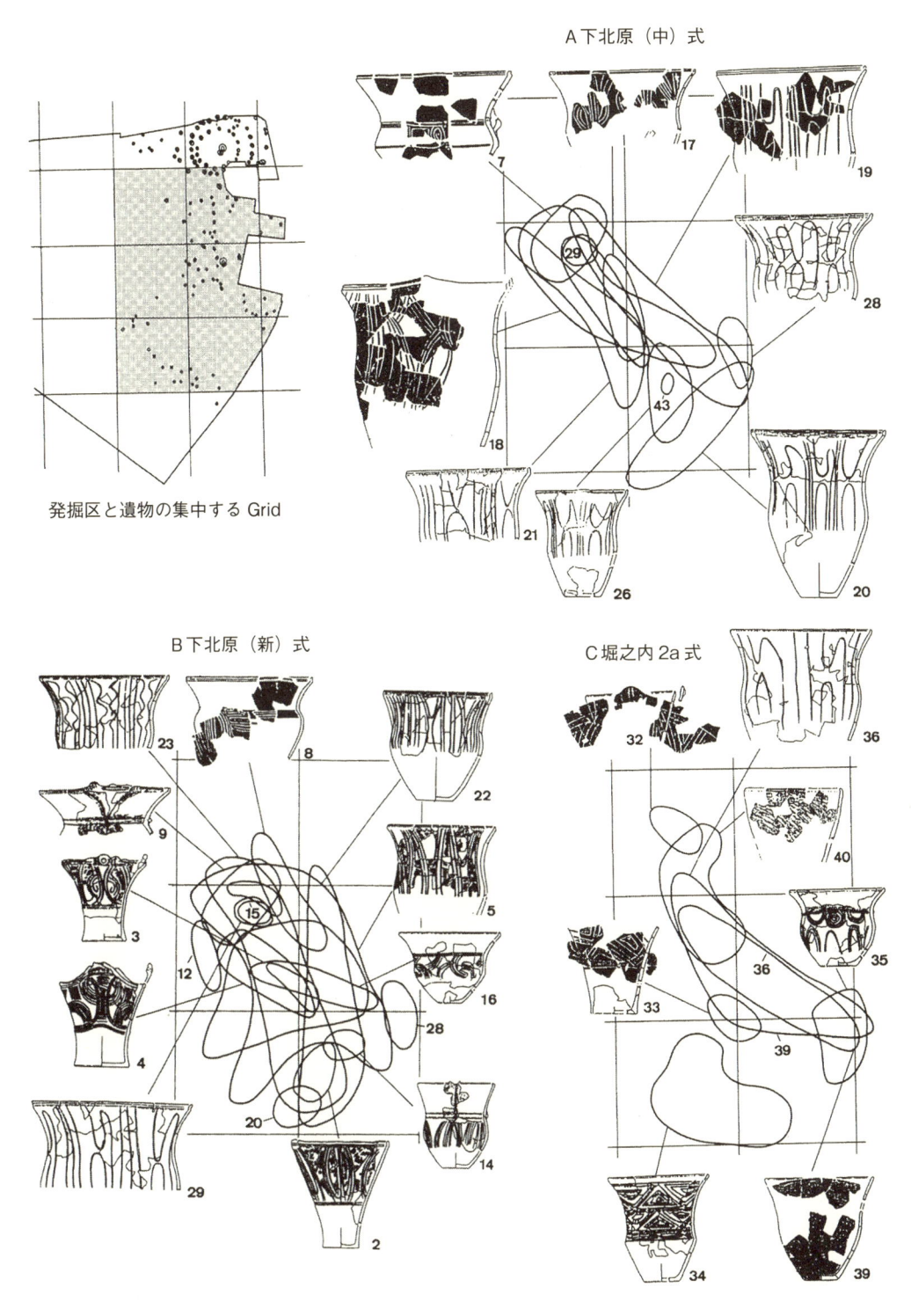

3 縄文時代遺跡における活動痕跡の復元と時間情報 —土器型式の制定にみる層位認識と遺跡形成に関わる問題—

A 下北原（中）式

発掘区と遺物の集中する Grid

B 下北原（新）式

C 堀之内2a式

個体毎の破片の分布状況を3細別された時期毎にみても当初から弧状の遺物分布空間が形成されていることがわかる。

第13図　細別土器型式ごとの個体分布状態

第Ⅳ章　行為の時間情報 —遺跡形成における時間性と単位性—

　土器はすべて破片となって出土しており、先述した遺構の内部および周辺に分布し、その中でもとくに遺構を取り巻くようにして形成された弧状の廃棄空間に集中する状況が観察できる（第11図）。

（1）土器の空間分布と接合関係

　つぎに型式の細別を単位として、それらの復元個体の空間的分布を観察してみよう。個体の空間的なまとまりとしては、接合関係をもつ、あるいは接合はしないが同一個体と判定できる土器片の広がりを確認し、それをひとまずの空間分布の単位として考え遺構配置図の上にプロットした。

　下北原（中）式期では個体数は少ないものの、個体資料の分布は弧状分布の内部に収まるように分布している状況がわかる（第13図A）。

　つづいて、下北原（新）式は遺跡形成の盛期であり、一番個体数が多いが、その分布はやや広がりをもちつつも、ほぼ重複している（第13図B）。そして本遺跡形成の最終段階である堀之内2a式土器は、復元できた個体数は減少するものの、やはり、それ以前の型式と同様にして、空間的な重複をもって土器が廃棄されていることがわかる（第13図C）。

　これらの型式細別における時間的単位と、その連続性が正しいものとすると、本遺跡は細別3型式にわたり、ほぼ同じ空間に破損した土器が連続的に廃棄されていたとすることができるであろう。

　さらに興味深いことに、弧状に広がりをもつ廃棄空間の外縁部と内帯を区画するかのようにして、柱穴状の土坑が分布していることである（第11図）。台地中央部は遺物の分布が希薄であり、おそらくこの部分には当時森林等が広がっていたものと推測され、杭列と遺物廃棄空間は居住空間と森林のあいだに形成された空間であったことが指摘できる。

　層位的な差異を識別できず、また空間的にもほとんど重複して形成された複数型式から構成される遺物の集中部は、このような分析を加えることによって、遺物集中部の形成の経過を時間的に区分して、その動態をとらえることができる。

（2）土器集積ブロックにおける砕片化過程

　調査区内の遺物分布を概観するならば、集中部として認識できる空間のなかにも、なお分布の粗密が存在することがわかる。これらの集中部で細小の単位を構成しているものに集積ブロックと呼称している遺物の集積がある。これらの遺物の相互関係について検討してみよう。

　第14図は同一個体の土器片で構成されている集積ブロックである。この集中は18片の破片が接合している。接合は破損面の切りあい関係の読み取りから、隣り合う破損面の新旧関係を読み取ることができ、これをもとにすると、砕片化の順序の概略を復元することができる（第14図右上)[7]。

　さらにこの接合観察の過程で、個体の中には破片同士の色調が著しく異なる接合関係が存在することがわかってきた。一般に縄文土器の胎土には多くの鉄分が含まれており、被熱の

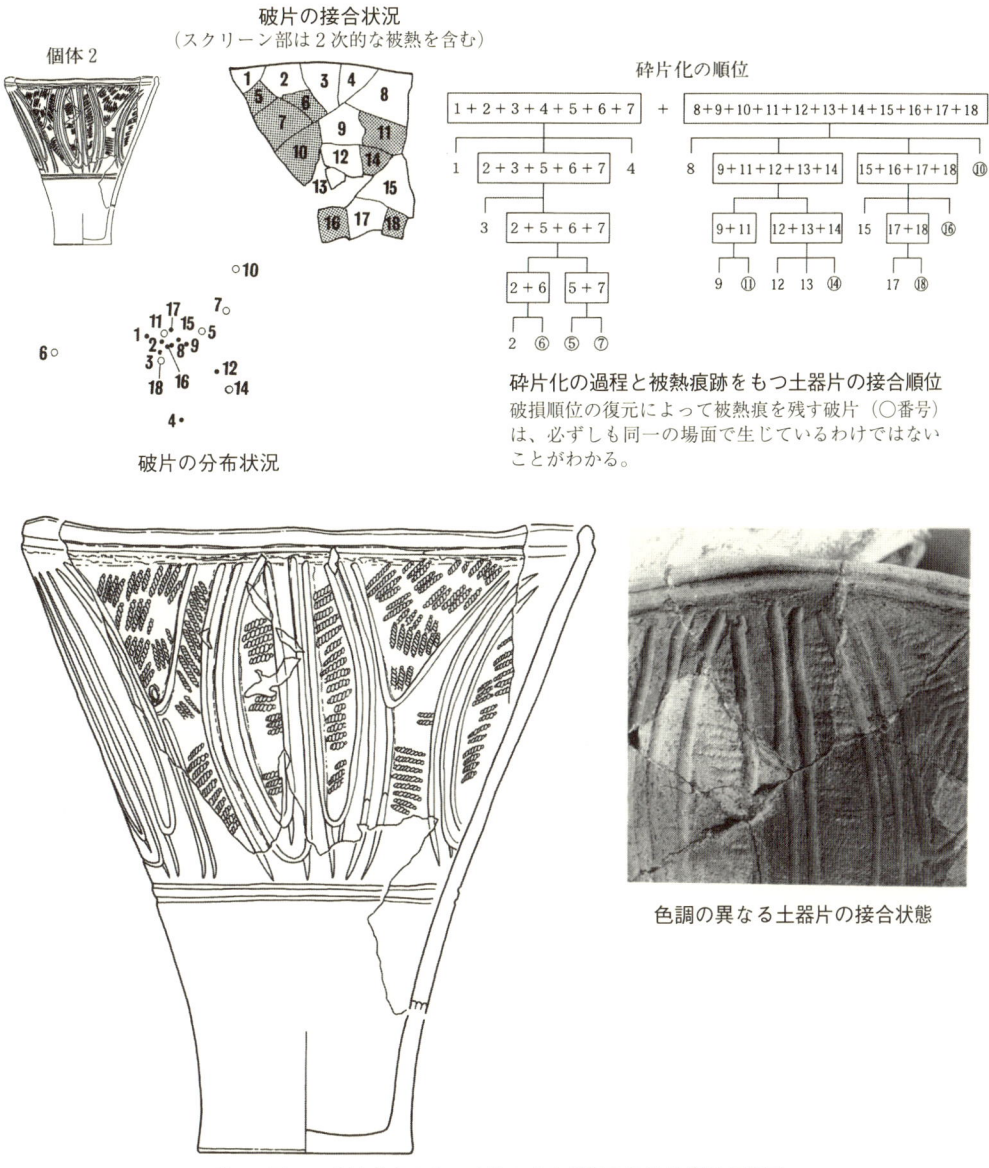

3 縄文時代遺跡における活動痕跡の復元と時間情報 —土器型式の制定にみる層位認識と遺跡形成に関わる問題—

第14図 二次焼成痕をもつ破片の出土状況の砕片化順位の復元

状況によって赤色や黒色などに色調を変化させる。したがって、この様な部分的な色調の変化は、土器片になった後に個別的に二次的な被熱を受けたことを示す痕跡と考えられる（第14図右下写真）。

　こうした集積ブロックを複数個所で分析してみてわかるのは、これらの被熱した土器片は、それのみでのまとまりをもたずに土器集積ブロックのなかに含まれていることである。したがって、この個体は他所で砕片化が進む経過の中で、その一部が被熱する場面を経過し、最終地へと持ち込まれたと推定することができる。

　このような場合は、1個体の土器破片は多次的な位置の移動を経て、最終的には遺物包含

層へと埋没してゆくと判断することができる。この破片の移動要因が具体的にどのような行為によっているのか、直接的にそれを解釈することはできないものの、上土棚南遺跡のような地形面がほぼ水平で自然的な要因での移動が考え難い状況のなかでは、多次的な不要物の片づけ行為[8]などの人為的な活動の所産として考えるべきであろう。

こうして居住活動における継続的かつ計画的な廃棄活動の連続が、遺跡内において重複した土器型式の空間分布を形成したのだ。

本遺跡の居住空間では、平地式の住居跡において、3回にわたる壁柱穴の建て替えと1回の炉の作り替えが確認できているから、土器片の集中部の形成はこうした固定的な施設を利用した継続的な居住活動のなかで、繰り返し行われた累積的な廃棄行為の結果であったと推測することができよう。

4　廃棄活動の復元と層位論

土器型式の制定、または型式の年代的な関係の根拠とされてきた遺跡における土器の出土状況は、狭い発掘範囲の中で認識された層位的な関係が、年代的な序列を確定する際には有効に作用していることが山内清男の一連の研究から追認できた。

その一方で、こうした土器群のもつ属性の時間的関係をより広い空間において確認しようとする場合、その条件はかなりの制約を受ける。それは、多くの遺物集中が短期的かつ局所的な行為であったことに起因しているのであろう。

こうした現象の要因を考える場合、そもそも時間的な差を反映するとされる層の形成由来が問題となろう。山内清男が型式の認定に用いた発掘の事例は、大半が貝塚遺跡であった。そして多くは貝層の上部や下部、または同一遺跡内における異なる地点の貝塚同士といったように、人為的な堆積物である。

しかし、多くの場合、一定の厚さをもつ貝層は、複数の廃棄行為の累積から構成されるものであり、貝種や破砕度、土や灰などの混入物などから区分される視覚的なまとまりとして分層されるものである。山内の記述に従えば、土器型式の観察は、こうした一連の行為の累積である堆積層を単位としていることは明白である。

それでは山内は、こうした人為的な堆積構造をまったく配慮しないままに遺跡の発掘を行ったのであろうか。

そのことを検討するために、1924（大正13）年5月に実施した福島県小川貝塚の概報を見てみよう。この原稿は山内と八幡一郎が執筆し、調査概要として福島県に提出した報告であり、「遺跡之部」を山内が「遺物之部」を八幡が分担執筆しているもので、『先史考古学論文集第11集』に再録されている（山内1969）。この調査は「日本先史時代について発掘調査をはじめたばかり」（山内前掲）の頃のもので、原稿の発掘調査の記述のなかには貝塚の調査の進行の中で、「土器片、その他の遺物は貝層底より深さ約二十糎に占位して夥しく多量、それより下は土の質は同様であるが、遺物の存在を見ない」または、「土器群ならば第一区

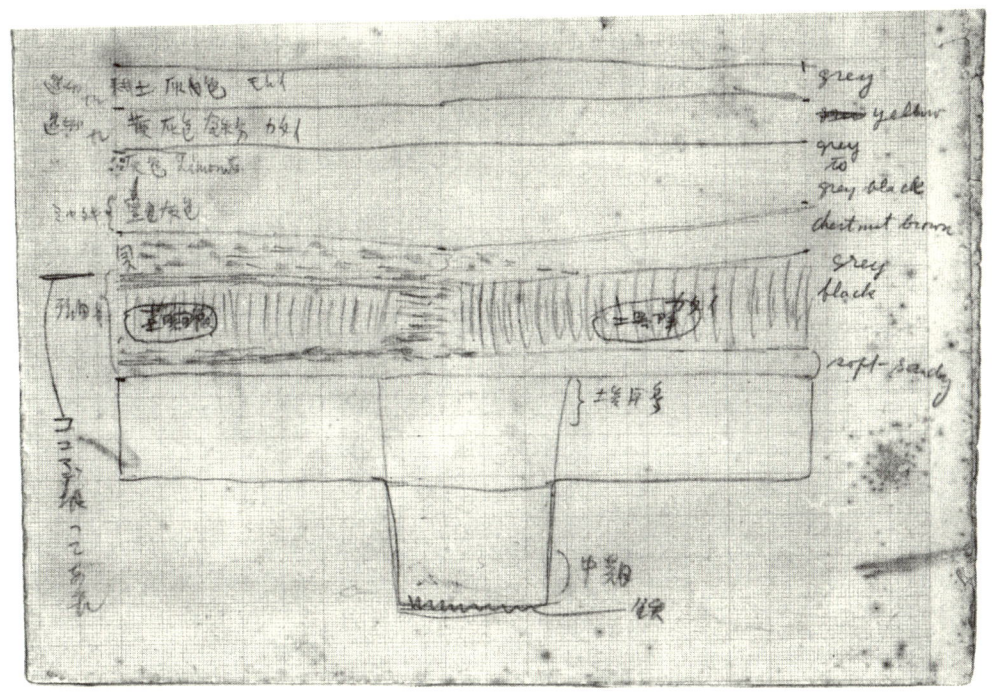

第15図　福田貝塚貝層断面図（泉・松井 1989）

北側、東側、第三区中央部、皆貝層下部に存在して居たが、皆狭小で数片又は数十片位の土器片が集合して居ただけである」といったように、同じ層や面においても遺物の出土状況が単一ではなかった状況が記述されている。

　さらに「貝層中には灰層が数重に重なって西壁に行く程増大」する状況や、「貝層には灰層に境された一期一期があり」空間的には局所的ではあるが、貝層がより細かな時間的な単位から構成されていることが記されている。

　山内の層位論は、人為堆積物を主体とした層位を対象としたものであったのだ。だからこそ、狭い範囲の発掘での観察に効力が発揮されたのであろう。

　この報告には、これらの小単位をなす土器群の層位的・型式学的な観察が記録されていない。しかし、この記述から山内は研究の比較的初期の頃から、遺跡における層位の詳細な観察と記述を行っていたことは十分に理解できる。

　しかし、また一方において1950年に行われた岡山県福田貝塚の発掘で残された貝層断面（第15図）にはそうした細やかな遺物の出土状況や堆積物の記述は認められず、山内の層位と型式の認識が一貫した精微さをもっていたかを保証することはできない。むしろ、時と場合によって、出土状況と型式学的理解の優先度を変えて柔軟に対応していた可能性が高いだろう。

　上土棚南遺跡で指摘した集積ブロックとは、廃棄物の遺存状況などが異なるものの、山内が記述した同一面における土器片のまとまりと時間単位としては同質のものと考えて良いで

第Ⅳ章　行為の時間情報 ―遺跡形成における時間性と単位性―

あろう。

　小論では遺跡内において形成された遺物の集積の性格を解明するために、これらの土器片の接合関係を検討し、接合順序から、それを基にして時間的な遺跡形成の経過を逆行して砕片化の順位を復元した。この作業によって、本来完全な形であった土器がどのように最終的な包含状態に至るかという経過を分析した。

　その結果、破片の集積単位は同一個体であっても、他所で破片となったものが集められて二次的に廃棄されたと思われるものが圧倒的に多く、さらにまた、その過程で部分的に被熱している破片の含まれる場合もあり、土器が破損してから遺物包含層を形成するまでの過程で、さまざまな行為と場面を経過している状況が復元できた。縄文時代遺跡において、ほぼ常態として広く認められる破損率の高さと接合率の低さは、こうした多次的な遺物の集散によってもたらされた、ひとつの特性と考え得る。こうした推測は、完形に復元できる土器が少ない状況が一般的な多くの遺跡において広く適合するであろう。

　それでは、土器の破損という現象はどのような時間的情報をもつのであろうか。筆者は、土器がさまざまな要因により破損して破片になる過程を「砕片化」と呼んでいる（阿部2000）。砕片化の過程には、大きく2つの場面を想定することができる。その1つが、完形の土器が機能を消失する段階で起こる器体の破損である。

　煮沸用土器などでは、煮沸による器体の劣化により、亀裂が発達し破損する。通常、この段階で器体は多数の小破片になることはなく、2，3の大形の破片に壊れる場合が多い。また初期の亀裂の発達段階で、補修孔などによって亀裂の発達を防いだり、アスファルトなどによる補修を行ったりする場合もある。

　これらは、復元個体で見られる器体に対して縦方法に一筋に通る古い段階で生じた亀裂にその場面の可能性が考えられる。しかし、多くの個体資料は、以後も砕片化が進行する場合が多く、こうした大破片を単位にして、さらに亀裂が発達し、砕片化が進行している場合が多い。

　この段階の亀裂は、不規則な砕片化の過程を示すものである場合が大半であり、とくに煮沸用土器では被熱部位の砕片化が著しい。したがって、廃棄後の自然の営力による破損にも配慮する必要がある。さらに破損には先史地表面において破損し、破片になってから二次的に移動した場合や、埋没後にその場に固定された状態での踏みつけや埋没後の土圧によって、現位置をとどめた状態で砕片化する場合もある。

　このように砕片化の過程には大きく2つの場面が想定できるものの、個々の資料に対して厳密な区分を行うことは難しく、遺跡内における層位の形成や埋没状況などを観察しながら相互関係を考慮しながら慎重に解釈する必要がある。したがって、土器の砕片化は、時間の流れにしたがって砕片化が進行するという原則がある一方で、同時期に多数の破片に破損する場合や、比較的長い時間の緩やかな経過のなかで順次砕片化が進行する場合などが想定される。このような土器の砕片化現象の理解を前提とするならば、遺跡の中において土器破片

の接合関係をもって、ただちに土器の接触する面や、そこから推定される諸現象の同時期性、または時差（新旧関係）などを証明する時間情報として利用とすることはできない[9]。

　土器が使用や落下によって破損する場合、多くは器体に対して縦方向に亀裂が生じ、大片に破砕される。事実、個体の砕片化の過程を復元すると、器体に対して縦方向に発達した大きな破損面を、その初期の段階で確認することができる。

　本来であれば、こうした破損の初期的な状況で破片をまとめて廃棄すれば、上土棚南遺跡で確認できたように部分的な接合にとどまる集積ブロックは形成されないはずである。したがって破片接合率の高いこうした状況が観察できる場合としては、廃絶した土坑や竪穴住居などの窪地に一括で廃棄された土器群などがその候補となるであろうが、そうであっても一括性は累積的な活動を包み込んだまとまりとして理解すべきものであろう。一回性の廃棄と多次的な廃棄かの分析も重要な論点になる。この様な「一括土器」の出土状態における形成過程については千葉県遠部台遺跡における土器塚の分析において、意図的な土器集積の累積課程として解釈したこともある。

　いずれにしても、上土棚南遺跡においては、ひとつの先史地表面に存在する遺物の多くは、多次的な遺物の移動を経過してもたらされたものであることが指摘できる。そしてまた、これらを層位的に上下の関係として区分することは土壌学的にも困難であった。これらの比較的短い期間で行われた連続的な遺物の集積は、貝層など貝種や採集季節などの構成物に時間的固有性が認められ、さらに識別しやすい1回の廃棄単位における容量の大きな堆積作用に拠らなければ視覚的な識別は困難であろう。

　しかし、一方において、これらの遺物群には型式学的な分析を先行させることで、細別の難しい集積の形成過程を時間的に分解し、時間経過を再構成することが可能となる。さらに、型式学的な土器の認定とは別に、接合物としての土器片の特性から砕片化の過程を分析することによって、それらがいかなる空間的な広がりを形成して、時間的な経過を経た単位性を示すものであるのかを判定することは可能であろう。

　このように、遺跡において埋存する個々の遺物は、方法論的にはあくまでも「出土状況」という現象面における単位性として認識すべきものである点は多言を要さない。反面でこうした遺物集積に読み取ることができる人間行為の復元は、さまざまな行為の空間的展開と時間的累積から出来上がっている遺跡構造の理解に重要な情報となる。

　また、山内の土器型式学において重視された層位的な関係とは、山内自身が遺跡の発掘において認識した時間情報のすべてではないことも確認した。各地の遺跡の発掘の中で、それらをつぶさに観察した結果としての出土遺物の多量性や、型式学的なまとまりを重視して、型式編年の上で適切な事例を抽出したのであって、それは先述した山内の遺跡の調査方法を見ても追認できる。

　これまで、型式学と層位学の関係は、その認識の過程をつうじて「型式が層位に優先する」あるいは「層位が型式に優先する」とした対極の認識が定式化していた[10]。しかし、一

枚の層の中に遺物が均質的に含まれる事例は極めて少なく、大野延太郎がすでに指摘しているように、層の一部に局所的に集中することが多いし、事例として掲げた上土棚南遺跡での遺物の出土状況などもその一例に含めて考えられるであろうが、これらの形成要因も多次的な人間活動の痕跡の累積したものであり、単純な型式の時間性（製作の同時性）を示すことは極めて少ないであろう。

　これらを型式の混在としてのみ認識し、研究対象から疎外するか、または、そこに先史人類の複合的・累積的な活動痕跡を抽出する枠組みを構築するかで、遺跡形成に関する理解は大きく異なることになる。その意味では大山が指摘した、層内における遺物混入の要因は、土器型式の細別化という時間情報と土器個体の砕片化の過程を復元することにより、一定程度の復元が可能である。

　縄文時代研究における層位学と型式学の関係を、以上の学史と実例の分析を加えて整理するならば、遺跡内における情報はより複雑な構造性を有しており、これらを取り出す階層的な分析手法の準備が必要とされるであろう。

　冒頭、本論で課題とした型式論と層位論の相互関係は、「行為・または現象が型式と層位に優先する」とすることによって、遺跡形成論と土器型式期の新たな展開が約束されるであろう。

注
1）大村裕は東北地方の中期の編年について、関東地方の加曽利E式の細別編年との対比が大きな意味をもつことを指摘している（大村 2010）。
2）興野義一により公開された大木式土器写真セット（興野 1996）によれば、キャビネット版の大木式の写真はすべて破片資料によって構成されており、「大木1式」から「ほぼ大木10式」までが分類されて撮影されている。そこに層名や地点名の記載は見られない。
3）こうした山内の指摘を受けて、近年の堀之内1式土器の研究は、武蔵野台地や相模野台地と下総台地の土器群とのあいだに地域性を認める前提が形成され、西南部地域の土器群に下北原式土器の名称を使用する場合もある。
4）山内は関東地方の土器編年を構築するために自身の手による発掘だけでは、なお資料が不足したため、大山史前学研究所の発掘資料などを熟覧している。とく山内が重視したのは、その出土状況であり、すでに指摘した神奈川県子母口貝塚などの出土事例など破片資料などにも詳細な検討を加えている。大山史前学研究所の収蔵資料は、当時において出土状況が記録された膨大な資料群であった。
5）花積貝塚の出土土器をめぐる研究所内での評価と第2回目の調査の理由については、実際に調査に参加された竹下次作氏より直接教示を受けた。それによると、すでに第1回目の発掘で上部の貝層と下部の貝層から出土する土器の特徴に違いがあることが竹下氏により注目され、甲野勇が時間的な差異を検証するための第2回目の発掘を大山柏に進言し、追加の調査が実施されたものであったという。大山自身もその成果については肯定的であったという。
6）大山は「時の経過を追ふて成立すべき、何等かの自然法則」に着目し、遺物の型式学以外に層位学、動物編年学、植物編年学、「史前地形学」などの利用を提唱している（大山 1944）。
7）土器が破損する順序は亀裂の新旧関係を観察することによって行うが、その新旧関係はあくま

でも隣り合う破損面の関係であり、破片である場合は、その両端部の破損関係を読み取ることはできない。
8）不要物の廃棄が一時的な場合は、破損した土器などは個体単位に廃棄され、かつ砕片化が進行しない状況で埋没する可能性が考えられる。しかし、1次的な廃棄の片づけや、可燃物と混合されて燃焼処理が行われることもあったに違いない。とくに定住的な居住形態では、そうした空間管理が行われた可能性が高く、砕片化とともに土器片が異なる履歴を経験する場合も想定される。肉眼で確認が可能なのは被熱による色調変化などがある。
9）近年では縄文集落の研究において、遺跡内における遺構の同時性・異時性を検証するために土器片の接合関係を検討した事例もあるが、上記した土器の砕片化という現象の時間情報の特性から、一律的に同時性や時差など時間区分の根拠として用いることはできないであろう。
10）小林は層位論と型式論の一方に正統性を主張することは不毛であり、両者は補いあって利用・認識すべきである点を主張している（小林1975）。補い合うことによって何が明らかにできるか、という問題が本論の中心的な課題である。

引用・参考文献

麻生　優 1975「『原位置論』の現代的意義」『物質文化』24
安孫子昭二 1998「加曽利B式土器資料」『縄文後期加曽利B式・中国地方の陶棺・下総国分寺・尼寺資料』山内清男　考古学資料9　奈良国立文化財研究所
阿部芳郎 1998a「上土棚南遺跡出土の後期土器の分類と編年」『上土棚南遺跡第3次調査』綾瀬市教育委員会
阿部芳郎 1998b「第3節　遺物のライフサイクルと廃棄ブロックの形成過程」『上土棚南遺跡第3次調査』綾瀬市教育委員会
阿部芳郎 2000「縄文時代における土器の集中保有化と遺跡形成」『考古学研究』47—2
阿部芳郎 2006「縄文土器のライフサイクルと情報整備に関する基礎的研究」『明治大学人文科学研究所紀要』第58冊
泉　拓良・松井　章 1989『福田貝塚資料』山内清男考古資料2　奈良国立文化財研究所
江坂輝彌 1995「山内清男先生と子母口貝塚を発掘した頃の思い出」『利根川』16　利根川同人会
大村　祐 2010『縄文土器の型式と層位』六一書房
大山　柏ほか 1937「千葉県千葉郡都賀村加曽利貝塚調査報告」『史前学雑誌』9—1
大山　柏 1944『基礎史前学』弘文社
大野延太郎 1938「土中の日本」（遺跡之部）『中央史壇』9—4
金子直行 1992『子母口貝塚資料・大口坂貝塚資料』山内清男考古資料5　奈良国立文化財研究所
岡書院 1935『ドルメン』特集　日本石器時代
岡本　勇 1995「山内清男先生と田戸遺跡のことなど」『利根川』16　利根川同人会
興野義一 1996「山内先生供与の大木式土器写真セットについて」『画竜点睛』山内先生没後25周年記念論集刊行会
鎌田俊昭 1975「関東・東北地方における先土器時代中期石器文化の地域性と共通性」物質文化25
甲野　勇 1935「関東地方に於ける縄紋式石器時代文化の変遷」『史前学雑誌』7—3
小林達雄 1975「層位論」『日本の旧石器文化』1　雄山閣
菅谷通保 1996「南関東東部後期中葉土器群の様相」『後期中葉の諸様相』縄文セミナーの会
杉山寿栄男 1928『日本原始工芸』
瀬川裕一郎 1982「条痕文土器」『縄文文化の研究』3　雄山閣
芹沢長介 1974『古代史発掘』Ⅰ　講談社
福家梅太郎・坪井正五郎 1883「土器塚考」『東洋学芸雑誌』19

第Ⅳ章　行為の時間情報 —遺跡形成における時間性と単位性—

矢島國雄・阿部芳郎 1998『上土棚遺跡第3次調査』綾瀬市教育委員会
山内清男 1928「下総上本郷貝塚」『人類学雑誌』10 雑報
山内清男 1937「縄紋土器型式の細別と大別」『先史考古学』1—1
山内清男 1939『日本先史土器図譜』第Ⅲ輯
山内清男 1940『日本先史土器図譜』第Ⅵ輯
山内清男 1941『日本先史土器図譜』第Ⅶ輯
山内清男 1969「福島県小川貝塚調査概報」『山内清男先史考古学論文集』第 11 集

あとがき

　遺跡から出土する考古資料は実に多岐にわたるものであるが、伝統的な日本考古学は、これまで土器や石器といった個々の人工遺物の集成と分類に多くの労力を注ぎ、その結果として精緻な遺物の編年が完成し、それに裏打ちされた文化の動態が捉えられつつある。

　一方こうした遺物の編年研究からみた場合、個々の遺物の時間的な位置づけは遺物の型式学的な手法による新旧の時間的前後関係、共伴による共時期的関係の確認によって編年上のタテヨコの関係が求められてきた。しかし反面で、考古資料における時間的な情報は土器を中心とした「年代学的単位」という概念に閉じ込められてきた一面がある。

　本書ではさまざまな行為や現象として痕跡化された遺物や遺構のもつ時間情報を取り上げ、それを人類史を復原する場合、どのように取り出し、また認識を共有化するかという問題意識のもとに、動物考古学や関連理化学の研究手法をも加えて取り組んだ学際的な研究の成果である。

　この研究は、常々わたしたちの間で議論されてきたことで、人間の行為そのものが「過去」にどのように痕跡化しているのか、そしてその痕跡を時間という概念をもちいていかに整序化・関係化できるのかという共通の問題意識と深く関わっている。歴史学における時間という概念は、過去を認識するための座標軸としても重要である。しかし、時間情報は単に経過する歴史事実の時間的目盛としてだけでなく、行為や現象の単位性や連鎖構造としての意味も含まれる多元的な広がりをもつ概念である。

　行為の単位性の認識とその連鎖、空間的な広がりとその変異などが人間社会の文化的な特性を表現することもある。本研究ではこうした観点から、さまざまな資料や現象を対象として検討を加えた。この研究を通してわたしたちは、人類史という「過去」の時間情報の奥行きと広がりのもつ構造性の、まだ、そのほんの入り口を見たに過ぎない。

　なお、本研究にご参加いただいたり、また助言を惜しまれなかった研究者の方々との協業が、2009年の秋に明治大学に特定課題研究ユニット日本先史文化研究所を設立する契機の1つともなったことは、大きな副産物ともいうべきものであり、本研究において共有された課題が、個々人の重要な研究テーマとなって、現在でもユニークな研究として進められていることも巻末に書き留めておくべく成果の1つである。

2012年　3月2日
阿部　芳郎

執筆者略歴 （掲載順）

阿部 芳郎（あべ・よしろう） 1959 年生
明治大学文学部教授　明治大学日本先史文化研究所所長
主要著作論文　「縄文時代の生業と中里貝塚の形成」『中里貝塚』2000　「貝食文化と貝塚形成」『地域と文化の考古学』Ⅰ、2005　『失われた史前学』岩波書店、2004

吉田 邦夫（よしだ・くにお） 1947 年生
東京大学総合研究博物館教授
主要著作論文　「火炎土器に付着した炭化物の放射性炭素年代」『火炎土器の研究』同成社、2004　Pre-bomb marine reservoir ages in the North Western Pacific., *Radiocarbon*, 52, 2010　『アルケオメトリア―考古遺物と美術工芸品を科学の眼で透かし見る―』東京大学総合研究博物館、2012

谷畑 美帆（たにはた・みほ） 1966 年生
明治大学日本先史文化研究所客員研究員
主要著作論文　「東京湾沿岸における縄文時代人骨に見られる古病理学的研究について」『東京湾巨大貝塚の時代と社会』雄山閣、2009　『O 脚だったかもしれない縄文人』吉川弘文館、2010　「変形性関節症」『古病理学事典』同成社、2012

樋泉 岳二（といずみ・たけじ） 1961 年生
早稲田大学非常勤講師
主要著作論文　「東京湾地域における完新世の海洋環境変遷と縄文貝塚形成史」『国立歴史民俗博物館研究報告』81、1999　「貝塚からみた生業活動と縄文社会―動物資源利用から縄文後期下総台地の地域社会を探る―」『縄文社会を探る』学生社、2003　「貝殻成長線からみた縄文集落の形成」『考古学ジャーナル』563、2007

栗島 義明（くりしま・よしあき） 1958 年生
埼玉県立史跡の博物館学芸員
主要著作論文　「隆起線文土器以前」『考古学研究』35―3、1988　「森の資源とその利用」『考古学の挑戦』岩波ジュニア新書、2010　「ヒスイとコハク」『移動と流通の縄文社会史』雄山閣、2010

2012年3月30日 初版発行		《検印省略》

●明治大学人文科学研究所叢書●

人類史と時間情報
―「過去」の形成過程と先史考古学―

編　者	阿部芳郎
発行者	宮田哲男
発行所	株式会社 雄山閣
	〒102-0071　東京都千代田区富士見 2-6-9
	ＴＥＬ　03-3262-3231㈹／FAX 03-3262-6938
	ＵＲＬ　http://www.yuzankaku.co.jp
	e-mail　info@yuzankaku.co.jp
	振替：00130-5-1685
印　刷	ワイズ書籍
製　本	協栄製本株式会社

©YOSHIRO ABE 2012　　　　　　　　　　　　Printed in Japan
ISBN978-4-639-02210-7 C3021　　　　　N.D.C.210　213p　27cm